U0111764

大展好書　好書大展

品嘗好書　冠群可期

大展好書　好書大展
品嘗好書　冠群可期

少林功夫③

少林三絕

氣功・點穴・擒拿

德 虔 編著

大展出版社有限公司

目　錄

>>>

4

第一章
少林正宗氣功

▶▶▶▶▶▶▶▶▶▶▶▶▶▶▶▶▶▶▶▶▶▶▶▶▶▶▶▶▶▶▶▶

第一節 概 述

一、少林氣功源流

據《武僧傳》、《少林寺誌》、《少林武僧集錄》等文獻記載，少林氣功始於北魏時代的稠禪師。北魏太和十九年（公元 495 年），孝文帝為西方天竺僧人跋跎在嵩山修建了少林寺。不久，跋跎收慧光、稠（後稱僧稠）等入沙門，皈度為僧。稠只因身小體弱，常被他僧戲弄。為免受欺辱，稠立志習武。後其輕功之精，能躍身至樑，踏牆急行。僧稠不僅擅長武術氣功，而且對禪學深有研究，禪功造詣亦高，有禪坐 7 日，不飲水米，不動聲色之能。眾僧在他的感召下，為健體興禪，廣布佛法，也多練武術氣功。

北魏孝昌三年（公元 527 年），菩提達摩來少林寺，在五乳峰下的濁洞面壁 9 年，出山後授禪機於少林，使禪宗漸得盛行，禪靜的內功亦更加深廣。

至唐，因少林寺扶唐有功，太宗皇帝准可備僧兵，從此

少林武功得長足發展。由於歷代少林寺僧人習武練功之風不絕，使少林氣功不斷發展，並出現過眾多身懷絕技的氣功大師。如：宋年間的首座僧洪溫大和尚，精於硬功和椿功，耄耋之年尚能頭頂百斤，雙膝架人；元代的惠矩和尚，明代的行可和尚皆善輕功，可跨澗越崖、隔牆熄燭、丈外制人；清康熙年間的武尼清玉有蹬萍渡水之功；近代的恆林和尚能拳擊石碎；再如當今德禪法師的外功「風擺柳」，素雲和尚的內功「雙盤膝」，俗家弟子馮根懷的鐵頭功、掌粉磚等等，不勝枚舉。

少林寺僧在練功的同時，還對少林氣功進行了收集和整理，從事了大量編撰工作。如宋代福居和尚所編《少林拳譜》、明代行洪和尚所編《少林氣功集錄》等典籍，匯集各路少林氣功，為後人留下了寶貴的少林武術資料。

8

在漫長的歷史年代中，少林氣功在少林寺院及民間不斷地豐富和發展著。只是到了近代，由於國勢衰敗，再加戰禍、饑荒頻仍，少林寺的命運也和整個國家的命運一樣，每況逾下。特別是 1928 年，軍閥石友三火焚少林寺，大火蔓延四十餘天，不僅燒了寺院主要殿堂，而且歷代珍藏和傳抄的少林拳譜和氣功資料，皆化為灰燼。寺僧四散，衣食無著，哪裡還談得上習武練功呢？

解放後，人民政府十分關懷少林寺的復修和少林武術的發展，先後撥款千萬元，用於修復寺院，寺僧們也陸續歸院，重登練武臺，使少林武術氣功得以恢復。國家投資興建的「少林演武廳」將再匯全國武林氣功高手，培育出更多的氣功新秀。盛世之年，少林氣功必定會大放奇彩，發揚光大。

二、少林氣功的特點

少林氣功是我國最早的氣功流派之一，在練法、內容、風格、形態和用途方面，有以下幾方面的特點：

（一）靜純恆穩

主要指內功的坐禪法，即按禪法坐定後，腦與心，眼與耳，即進入虛無狀態，雷聲震天，刀逼頭腹，不僅生色不動，而且禪位形體不改。

（二）靜中求動

指少林內功中的行勁法，如伸拳丈外熄燈、彈指隔牆制人和揮氣行經治病等，都是靜中求動之法。

9

（三）緩運急發

指外氣功的輕功和硬功，即取式入位後緩緩運氣三循（也叫三周），然後對準把位或行標，急速發氣迸勁，達到靜而霎動。氣由丹田來，依舊丹田發。特別注意以意領氣，氣與力合，以氣壯力，以力制人。

（四）內容豐富，練法較多

少林氣功無論年老年少，體強體弱，或男或女，均可酌情選擇學練，達到健身、祛病和防衛之目的。

（五）用法別奇，迸勁迅疾

主要指外氣功，要沉疾迸驟，反覆丹田，即是「氣沉丹

田，剎那間，發氣迸勁一眨眼。」無論是輕功的騰飛，還是硬功的粉磚，均如此迅疾。

三、運氣宗法

（一）基本法則

歌訣：

> 少室長燈明四季，禪影伴燈靠眞氣。
> 穀水只能潤肌膚，唯有宗氣維身力。
> 氣功練成三妙皆，一靜二鬆三勻細。
> 靜皆心空獨有一，萬物如石沉海底。
> 鬆皆放肌如流沙，血隨氣運緩緩下。
> 呼吸深長細而勻，長短相等毫不差。

少林氣功初練的基本法則有四，即「靜、鬆、勻細、恆」。

1. 靜

練氣功時思想要完全集中。有歌訣曰「莫看面前仙女行，莫思門外玩活龍，莫懼金刀取首級，仿似獨君深山行。」具體說來，就是練功時要思想集中，排除一切雜念，其法是意守「丹田」。因「丹田」是男子之精室，女子之胞宮宅室，也是氣海（即氣之腑）的聚地，「丹田即氣海，能消吞百疾」，所以意守丹田是練氣功的首要原則。

拳譜云：「舌抵上腭攝眞氣，氣注丹田成神威。」練氣功時，一是意守丹田，二是舌抵上腭（即舌尖上卷抵住上腭），攝氣歸意，意從腦施。這樣才不至於使人身的宗、衛、元三氣流散。內經云：「氣為血之帥，血為氣之母。」

氣順血暢，血壯氣強，氣快血疾。

　　總之，血為氣壯力，氣為血導航，對氣功來說，尤其如此。攝氣即聚氣，發氣即發勁，氣到力到，氣乃精也，氣乃力也。

　　上述練氣功的方法，對初學者來說，易做難練，主要是剛開始練，思想難以集中。這裡老師父們為我們提供了一些求靜的方法，如「暗算」，即不發聲的數數，一般數到一萬左右；或以呼吸計數，即把一吸一呼定為一息，數息數，同樣數至千萬，久而久之，思想就集中了。「靜從思純來」，思想集中，心思皆「靜」。

　　2. 鬆

　　全身的肌肉要放鬆。拳譜云：「鬆者氣宜達，氣足再攝存。」在習武交手中，為了對付對方的各種攻勢，隨時採用不同方法還擊，一拳一足，皆需調氣（即換氣）。從上到下，或從下到上；從左到右，或從右到左，這些過渡皆需調氣。調氣前必先鬆氣，不鬆者難移，鬆者才透氣，才順氣。這是「鬆」在氣功中的作用。

　　3. 勻　細

　　練氣功時，要使呼吸粗細均勻，長短相宜，呼則呼盡，吸則吸滿。切忌長吸短呼，或長呼短吸。

　　4. 恆

　　要早、午、晚一日三練。拳譜云：「晨練泄廢納新氣，午練順逆精氣蓄，夜深旋氣發精銳，彈指穿木如插席。」

　　（1）早練

　　人體經過一夜平臥，體內的廢氣必然聚積。而早晨練氣功，一可舒展筋骨，泄盡廢氣；二可納入新氣，整臟振神。

（2）午　練

人體經過半天的活動，易致氣逆，失靜，散而無力。午練即可調氣歸穴，導靜倡順。但什練時間不宜過長，一般10～15分鐘即可。

（3）拔星練

也叫夜深練。夜半更深，萬籟俱寂，宜使思純心專，氣易領發。

（二）運氣方法

運氣也叫用氣。運氣的過程是先換氣，然後以意領氣，下沉丹田（即全身之氣匯聚丹田），最後發氣（發氣即發力）。內功以意領氣，外功以意迸氣，氣與力的融合即為氣功。

運氣歌訣：

四更黎明速起身，面向東南吸氣深。

三呼三吸泄廢氣，吐故納新舒肺門。

响早足跟往上提，展臂掄手向前伸。

吸則擴胸展雙肺，足跟落地臂側分。

呼氣前探吸後仰，骨節筋外展繃緊。

動則舌頂上腭處，全身宗氣聚閣門。

運氣上達崑崙峰，緩緩下注達腳心。

起落開合貫一氣，上下左右緊附身。

氣出丹田達指尖，氣回肺腑手足緊。

手滾而出氣氣摧，身滾而動攝氣存。

少林氣功妙在練，久練功深推山滾。

每日清晨，面向太陽，吸氣三口，然後運氣。上運達崑

崙，下運至腳心。手之出入，足之進退，身之左旋右轉，起落開合，練成一氣。

1.換氣

換氣也叫吐故納新，是練習氣功的準備動作。每日早晨約5點鐘起床，到空氣新鮮的地方，面向東南，挺身而站，腳立八字。先活動頭頸，然後再活動四肢、腰等部位片刻。兩手由胸前分開，由下向外、向上、向前畫弧。同時開始吸氣，當兩手平肩時，兩肘向後張，使胸部擴張。當兩臂向上越頭伸直時，腳跟離地上提，用力吸一口氣。然後兩手由頭上緩緩向前、向下，上身慢慢前俯，同時用力呼氣。當兩手下落過膝時，兩掌五指環扣交叉，盡量下按，使兩掌心著地，兩膝繃直，用力呼一口氣。然後兩手鬆開，慢慢向上畫弧，開始吸氣，上身慢慢直起。就這樣起身吸氣，俯身呼氣，一呼一吸，反覆進行5至7次。

無論練內功、外功，都必須先學練換氣。這個動作雖然簡單易學，但在氣功中卻是很重要的一環。換氣，不僅是氣功的基礎功，而且也是永恆功，要每天堅持不懈。

2.氣沉丹田

丹田的部位，寺院眾僧說法有別。東院氣功大師淳濟認為丹田在臍下一寸五分；南院氣功大師貞緒認為丹田在臍下三寸；西院氣功大師，少林寺方丈德禪法師認為丹田的部位是指臍至臍下三寸的一片；首座僧素喜武師也認為丹田是臍至關元穴（臍下三寸正中）的一片。

丹田位臍下，三寸正中間。

換氣五七循，意守在丹田。

調息聚關元，勁源在丹田。

　　意領發四梢，瘦漢擔泰山。

　　四兩撥千斤，丹田是力源。

　以意領氣，使氣入下腹正中為「氣沉丹田」。每天早上換氣後，或挺身站立，或站弓步樁、馬步樁，開始以意領氣，每時每刻都以意調息，意守丹田。

　丹田之法，為氣功之母法；丹田之氣，為虎力之源。在練此法時切記要有耐心，恆者必成。

3. 氣發丹田

　以意領氣，使氣沉丹田，漸而聚之丹田。縮腹而藏衛氣、元氣。然後動而疾發，迸丹田之氣為「氣發丹田」。「迸」，也叫發勁。少林寺已故氣功大師貞俊認為：「丹田為氣功之根，洪流之源」。意思是說「丹田」是氣功之本，是生泄元氣之府，貯勁之庫，發勁之源。當全身之宗氣、衛氣、元氣匯聚在丹田時，就可迸發出強大的力量。

　右動者，迸勁即達右；左動者，迸勁即達左；上動者，迸勁即向上；下動者，迸勁即向下；全身百節齊動者，迸勁即疾注百節，勢如山崩。

　動與迸要同時發之，周密配合，久練方見成效。開始先動手、動腳。練到數月後，再動腿、動肘、動膝。繼而練身、練躍，然後再逐步練手功、足功、腿功等。

4. 意守丹田

　意守丹田即是用意靜思丹田，默默地堅守。此法說起來比較抽象，特別是初學者更感玄妙。其實不然，常言說：「有志者，事竟成。」只要循序漸進，持之以恆，一定能夠收到滿意的效果。

　練意守丹田的時辰一般以早晨 5～7 時、上午 9～10

時、下午 2～3 時、晚 10～11 時為宜。初學者每次練 10～
30 分鐘，一年後每次練 30～60 分鐘，早晨和晚上可適當延
長一些時間。

（三）練氣要領

1.內　功

（1）因人制宜，選擇合適的形式，先練氣法（即以舌
頂上腭，閉口，鼻施呼吸，意守丹田）。

（2）以靜為綱，始終如一，或坐或站，肢體必須保持
自然，肌肉放鬆。

（3）以意領氣，思則氣到，意不可亂，氣不可逆。

（4）有始有終，不可敷衍，更不可半途而廢。

2.外　功

（1）每日清晨起床後先拔筋運氣，三呼三吸，泄廢
氣，納新氣，即吐故納新。

（2）先靜而後運氣，氣沉丹田，疾收疾發。

（3）氣與力合，腦與心合，心與意合，以意領氣。又
必須以目所視其標及於腦，由腦所策，以策意領氣，以氣壯
力，以力動氣，以氣發勁。

（4）練外功，必須由淺入深，由簡到繁，由易到難，
循序漸進，不能急於求成。

（5）練外功，必須堅守「苦與恆」的妙訣。凡屬少林
功夫者，無苦不成才，無恆不成功。苦無恆心而中途停練，
會丟功致半途而廢。

（6）練者必得其法。僅靠苦與恆，而不得其法，也難
成才。要練成真功，必須奉拜良師指教，刻苦練功，虛心學

習諸家之長，補己之短，持之以恆。

【注意事項】

（1）每天早晨三呼三吸吐故納新時，必須選擇空氣新鮮的場所，免得吸入濁氣，導致胸肺滯積，影響身體健康。

（2）過度饑餓或剛用過飯時，過量飲酒和情緒不舒暢時，不適宜練外功。

（3）練內功或外功，都必須循序漸進。切不可雜亂無章，求之過急。嚴防氣循倒置，影響身體健康和練功效果。

（4）調整飲食節律，切忌暴食暴飲。加強營養，增強體質，有利於練功。

（5）患有高血壓、嚴重心臟病等症及熱性病高熱期、結核病活動期、大病恢復期、婦女經期，禁練外功。

16

（四）氣逆凝滯與糾正

初練意守丹田，因方法不當或意亂失調，容易導致氣逆凝滯，造成下腹部脹滿，甚則串痛或全身不適。如有此症狀，可採用按摩法或針刺法解除。如氣凝下腹，產生下腹脹滿或串痛時，可用中指按壓氣海穴（臍下正中一寸五分）或關元穴5～7次，並由上向下按摩1～3分鐘，即可解除。用針刺上述穴位，亦可除患。

少林氣功也同其他門派氣功一樣。如違背練功法則和注意事項，就將導致氣血逆行，臟腑功能紊亂，即所謂「走火入魔」。為此特將違犯練功原則，出現偏差的糾正辦法提供給初學者參考。

1. 泰山壓頂

自覺氣聚頭頂，頭部有明顯的脹痛和重壓之感。此偏差

可通過改練其他功法，使全身或局部放鬆來予以糾正。也可根據自己的體質採用補瀉法，用手指點按太陽、風池、合谷、湧泉等穴，每穴點按 30～50 次，片刻即可消疾。

2. 前額凝黏

自覺氣聚前額，有前額貼了一張膏藥之感。此症狀可通過改練「十段功」中的『韋駄捧杵』，使局部肌肉放鬆，予以解除。也可用手指點按上星、太陽、風府和崑崙等穴，施瀉法來緩解、糾正。

3. 氣困纏身

自覺熱氣纏身，猶如火燒。此症狀可通過改練「風擺柳」一式，或用手指點按百會、曲池、氣海、三里等穴來解除。

4. 心慌意亂

此偏差可通過改練「行功三十一式」中的一、二式，或用手指點按內關、神門、心俞和三里等穴來糾正。

5. 胸背寒熱

自覺胸前和背部灼熱燃燒或冰冷寒顫。如有此症要立即停練。胸背發冷者，可用溫水浴洗；胸背發熱者，可自用手指點按大椎、風池、曲池和三陰交等穴，即能解除。

6. 昏沉思睡

練坐功或臥功時，練功者不知不覺地昏昏欲睡。此時氣功師或教練員可用指點按練功者的人中、百會、合谷等穴，即可復甦。

7. 腿部麻木

可施補法，用手指點按陽陵泉、三里等穴予以解除。

8. 頭緊舌強

自覺頭緊如裹，舌強難言。此症可由改練風擺柳、八段錦等柔功或用手指點按夾車、百會、合谷等穴來緩解。

9. 丹田鼓脹

自覺氣聚臍下的丹田穴處，下腹鼓脹。此症可用手指點按天樞、氣海、三里和湧泉等穴，片刻即可緩解，得到糾正。

10. 氣機衝竅

自覺氣機上衝，呼氣時猶如氣流從口噴出，吸氣時好似一股氣流直竄丹田，導致心慌不適。

此症可通過改練其他功法或進行自然呼吸來糾正。也可用手指點按神門、汽海、三里、湧泉等穴，即可引氣歸原。

11. 翻胃欲吐

自覺氣逆上衝，胃脘翻騰，噁心欲吐。此症可通過改練臥禪功或用手指由上往下點按中脘、汽海、三里等穴來解除。

第二節　內　功

一、靜禪功

靜禪功是少林氣功中內功的重要組成部分，幾乎每個僧人都會做。因為禪宗的宗旨就是空無，所以入禪則靜，靜中求純，純則為安。其法分坐禪、站禪和臥禪三種。

（一）坐禪法

分端坐勢、單盤勢、雙盤勢和插花勢。

1.端坐勢

端坐於凳上或椅上，膝關節屈成
90°，全腳掌著地，兩手自然放在兩大腿
上，上身端正，兩眼微閉，目視鼻尖，舌
頂上腭，意守丹田。（圖1）

初學者一次可先練30分鐘，以後逐
漸增至一小時。

圖1

歌訣：

> 端坐禪椅胸挺直，臂垂掌附膝上邊。
>
> 屈膝足掌輕著地，閉口微合雙眼目，
>
> 舌頂上腭視鼻尖，意守丹田勿轉動。

2.單盤勢

盤腿坐於蒲盤或較寬的木具上，左腳
放在右腿膝關節上面，腳心向右，腳尖向
前；右腳放在左腿膝關節下。兩掌在腹前
平臍相疊，右掌在上，左掌在下，兩掌心
均向上，拇指外展，其餘四指併攏，如端
彌陀印。上身端正，兩眼微閉，目視鼻
尖，自然閉口，舌抵上腭，用鼻呼吸，意
守丹田。（圖2）

圖2

初練，每次半小時，以後逐漸增至兩小時。

歌訣：

> 沙彌習法坐禪床，直腰端坐挺胸膛。

圖 3　　　　　　　　　　圖 4

單盤腿法踝附膝，垂臂環扣彌托掌。

沉手如就托佛印，合口眜視鼻尖上。

舌抵上腭守丹田，華日一周三炷香。

3. 雙盤勢

坐在蒲盤或較寬的木具上，兩腿屈膝相盤，先將右腳外踝放在左膝上，再將左腳外踝放在右膝上，兩腿交叉，架身而坐。上身端正，兩眼微閉，目視鼻尖，自然閉口，舌抵上腭，腰部放鬆，兩手按在兩大腿根部（圖 3）。氣由丹田發，上運百會，下走背中，岔分兩路，循兩胯外側下行，緩達崑崙，後達腳心，然後收於丹田。

久練之後，兩手可改為腹前平臍相疊，如端彌陀印。

歌訣：

單盤禪法三春秋，改習雙盤亦不愁。

兩足插盤逆膝上，微視鼻尖須合口。

純思田池抵上腭，丹田發氣丹田收。

精華日月一周旬，童子功法即開頭。

4. 插花勢

兩腿交叉盤坐於蒲盤或較寬的木具上，腳尖向前，上身

端正；兩手在腹前平臍相疊，如端彌陀印。兩
眼微閉，目視鼻尖，自然閉口，舌抵上腭，用
鼻呼吸。（圖4）

　　每次練半小時左右。此練法容易掌握，知
者較多。

　　歌訣：

　　　　插花禪坐在自如，兩腿交盤位如席。

　　　　挺胸意守丹田穴，舌抵上腭眯眼神。

　　　　凝視鼻尖抱陀印，網弦鬆解百絡適。

　　　　插花優在易掌握，沙彌入規法不遲。

圖5

（二）站禪法

　　兩腳開立與肩同寬，腳尖稍向裡扣。兩臂抬起與肩同
高，五指自然分開，兩掌心相對，距一尺左右，形如抱球。
然後兩手同時緩緩下行，落於下腹，兩手中指相接，掌心向
裡。身體保持端正，兩眼微閉，目視鼻尖，意守丹田。（圖
5）

　　歌訣：

　　　　站禪宜在殿簷下，朝夕習之可得法。

　　　　兩足開立同肩寬，垂臂屈肘下腹前。

　　　　掌心相合如抱球，緩緩下行雙手拾。

　　　　閉口眯視鼻尖下，胸挺如筆恆法把。

（三）臥禪法

1. 仰　臥

仰臥於床上，兩腿自然伸直，兩腳尖自然外撇；兩手心

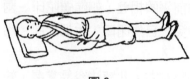

圖6

圖7

向下，平放於兩腿外側，五指稍屈；兩眼微閉，目視鼻尖；
自然閉口，舌抵上腭，用鼻呼吸，意守丹田。（圖6）

　　歌訣：

　　　　緩臥緩伸足手順，合口眛目鬆弦綱，

　　　　意守丹田刻入寢，日月循周疾復康。

　　2. 側　臥

　　身體向右，側臥於床上，兩腿前屈，大腿與身成鈍角，
右腿著床，左腿放右腿上，稍向前提；兩掌放身前，右掌心
向上，左掌心向下著床；頭稍向前鉤，形似螳螂。兩眼微
閉，目視鼻尖，自然閉口，舌抵上腭。用鼻呼吸，意守丹
田。（圖7）

　　此法容易掌握，每次練功半小時，對治心臟病和神經系
統疾患有顯著效果。

　　歌訣：

　　　　側身著床形螳螂，臂垂環肘插附掌。

　　　　右側向上舒肝庫，頭向前勾臂稍扛。

抵腭閉口眽視詳，片刻入眠八炷香。

二、十段功

「十段功」又名靜功十段，是內功的站禪功夫之一。其特點是靜純、放鬆、施意。久習可施意祛疾，甚則可以意制人。其法是尋一靜境入位，兩足成八字併步站立；兩臂屈肘，兩掌環疊，五指併攏，掌心向上，附於臍下一寸處；身胸挺直，兩眼微閉，視於鼻尖，用鼻呼吸，舌抵上腭，意守丹田。行功前先運氣三周，再靜施十段功法。

歌訣：

> 沙門靜功十段秘，奧在靜鬆與施意。
>
> 天地人三岐分毫，難成功就妄磨志。
>
> 依法習功恆至終，亦有真機概入裡。
>
> 十段功夫不自迷，少林先師功著史。

《少林拳法精義》云：凡練靜功十段法者，每日早晨先內服「通靈丸」六十四粒，片刻，待藥將化時，以鼻吸氣，注所行功處，以意運氣，意走骨髓。切不可施勁，若行力者則與動功無異。練十段功者，初，每段數息，漸漸增加，可焚香記時，每段一寸香，加至二寸香為止。日行三遍，功畢行則打洗神通，暇則自行觀心，洗心諸法，十月功成。

第一段　韋馱捧杵

注想尾閭上第二節，氣從背上起，直通至指端。

第二段　獨立金剛

注想項後，以意領氣，氣從足心起，到兩肘梢，繞膻中經印堂通頭頂；下行到手，再歸丹田。

第三段 降 龍

注想頂後風府穴，以意領氣，從腹起，上到單手；然後單手緩緩下放，氣歸丹田。

第四段 伏 虎

注想風府穴，以意施氣，起於背，行至前肩，再由臂到兩手；然後收氣歸丹田，反覆施之。

第五段 天地薑

注想尾閭之前，腎囊之中，以意領氣從湧泉穴起，直通周身，行至百會穴；再放臂下行，經胸中線，下沉丹田。

第六段 虎 坐

注想臍前任脈穴，以意領氣，注貫全身，先經胸中線向上直達百會穴；後沉會陰，注兩足達湧泉穴；然後收氣歸丹田。

第七段 龍 吞

注想天靈蓋，以意領氣，從足跟起，經前中線直上頂巔；然後沉氣經膻中穴，下歸丹田。

第八段 御風渡江

注想臍後，以意領氣，從背上起，經脊中線直通頂上，達強間穴；繞百會，經膻中穴，下歸丹田。

第九段 回回指路

注想命門腰間，以意領氣，從背中下經命門穴，岔繞環跳到陽陵穴，再達腳底湧泉；循路返上，經後正中線繞百會下行膻中，緩注丹田。

第十段 觀 空

注想指圈空處，以意領氣，發行通身，再收歸丹田。

24

第三節　柔　功

「柔功」是少林外功範疇的一種初步功法，其特點是意靜、體鬆、動柔，勢則用意不用力。

少林寺僧長期行於坐禪功，雖有修心養性和不會因七情而致疾之益，但也有於身體不利之處，內經云：「久臥傷氣，久坐傷肉」。寺僧對此體會至深，故使內氣功逐步向外氣功演變，柔功就是由此而生。

柔功長於舒筋活絡，暢通氣血，平衡陰陽，調整五臟功能，增進食欲，振奮精神，免疫祛病，健體長壽。歷代寺僧長練的有風擺柳、八段錦、易筋經、行功七大式、一指金、金剛拳等。

一、風擺柳

風擺柳乃手功之一，也是手功之初功。

方法是，身站如椿，先運氣，意守丹田，片刻，上注百會；再運氣歸心，分散兩臂，下達外關（外關在手背，腕橫紋上二寸正中處），再達指稍。開始演練時，兩肘微屈，以腕關節為軸，五指伸開。兩手間距三分，雙手同時向左，向下；再向右、向上，逆時針方向畫弧一圈。然後雙手同時向右、向下；再向左、向上，順時針方向畫弧一圈。依上法反覆畫弧擺手，先慢後快，疾似火線流環，循行不息。（圖8、9）

初練每次半小時，逐步增至一小時。練此法以中什飯後較為適宜。久練能使雙手柔靈，出擊似箭，收掌如電。

圖8　　　　　　　　　　　　　圖9

歌訣：

貞俊傳下風擺柳，禪椅位上抖威風。

兩手帶肘左右擺，上下翻旋似飄柳。

丹田一動牽百節，全身晃動如遊風。

風擺柳貴在柔筋，心神眼軀霎那靈。

靜中浮動意不亂，三田合一體緩然。

日行風擺柳三遍，排除七情消疾纏。

五氣歸宗百絡通，老僧悅度百年春。

二、金剛拳

金剛拳又稱倒栽佛手，是手功中較難練的一種。練法是，面對樹椿或牆壁三尺站立，先舌抵上腭，氣輸丹田，再歸上丹田，分達兩臂。然後兩掌按地，兩腳由後向上豎起，靠於牆或樹椿，此時氣皆下注兩掌。立約五分鐘左右，兩腿緩緩落回原處（圖10）。如此反覆演練，每天早晨四更為良時。初練五至十次，一個月後兩腳即能輕靈翹著牆。

以後逐漸脫牆離椿，全靠兩手撐負全身重量。待可撐立

圖10　　　　　　　圖11　　　　　　　圖12

十分鐘後，可變掌為拳。演練月餘，如能單拳著地倒立，此功即成。（圖11）

三、一指金

　　一指金即單指扎地，全身倒豎，是在金剛拳的基礎上發展而成的。如果金剛拳練得成功，稍加功夫即可。其練法是將全身元氣上提歸丹田，再下注右手，食指伸直，向下點地，其餘四指握緊，拇指頂住中指。兩腿向上倒豎，頭面向下，略向前探，兩腿伸直。（圖12）

四、八段錦

　　八段錦是少林外氣功的一種功法，據傳是眾僧根據羅漢十八手演變而來。其特點是簡單易學，有舒筋活絡，強健體魄的作用。

　　歌訣：

　　　　雙手托天理三焦，左右開弓如射雕。
　　　　調理脾胃須單掌，五勞七傷往後瞧。

圖13　　　　圖14　　　　圖15

圖16　　　　圖17　　　　圖18

28

　　摺掌怒目增力氣，背後起點諸疾消。
　　提頭擺尾祛心火，兩手盤膝固腎腰。
　第一段　「雙手托天」（圖13、14）
　第二段　「左右開弓」（圖15）
　第三段　「單掌起雲」（圖16、17）
　第四段　「仰頭後瞧」（圖18）
　第五段　「摺拳怒目」（圖19）

圖19　　　　　圖20　　　　　圖21　　　　　圖22

第六段　「背後起點」（圖20）

第七段　「提頭擺尾」（圖21）

第八段　「兩手盤膝」（圖22）

此外，還有「神勇八段錦」一術，《少林拳法精義》云：「內壯既熟，骨力堅凝，引達於外，先練兩手逾百日，其時十八動功亦已滿足，動靜俱成，內壯完全，外更加此八法，使力充周身。其法曰提、曰舉、曰推、曰拉、曰抓、曰按、曰蕩、曰墜。常於大樹之旁，依次行之，周而復始，不計遍數，暇則習之，久久愈神也。八法若逐字單行，以次相及，更為專精，從其所便可也。此法是用著手實力，與動功虛勢不同，故須於大樹旁習之。提舉用石由輕而重；推之就樹身，拉抓按皆就樹之大枝；蕩則攀樹，橫枝懸其而蕩之；墜則攀枝放手仰墜，運氣於背，著地即起，所謂跌熊膘法是也。」

這段文字的意思是說，在能夠熟練地掌握和練好外氣功的動功十八勢之後，不能自居功成，應該外加此八法，日行數遍，天天苦練，方能練成奇技。

圖 23　　　　　　圖 24　　　　　　圖 25

五、童子功十六式

1. 雙手合十

兩足併立，間距二寸；兩臂向內屈肘，兩掌心相對，掌指向上，距胸三寸；身軀挺直，目視前方。（圖 23）

2. 屈膝禪坐

以禪床或石鼓、禪椅為基座，緩緩坐穩；然後兩腿向內屈膝插腿盤坐，左腳壓於右腿屈突下，右腳壓於左腿屈突下，兩足心向外；兩臂向內屈肘，在胸前合掌，掌指向上；挺胸，兩目閉合，留一微縫，下視鼻尖。（圖 24）

3. 朝天蹬

左腿立地，抬右腿緩緩向右側上方伸蹬，當右足越過頭頂時，伸右手向上抓拿住右腳底；左臂向內屈肘，在胸前亮掌，五指併攏，掌心向右，掌指向上，目視前方。

上述動作完成後持續片刻，右腿下落立地，再抬左腿向左側上方伸蹬，左手向上越頭抓拿左腳底；右臂向內屈肘，在胸前亮掌。（圖 25）

圖 26　　　　　　圖 27　　　　　　圖 28

4. 踩　椿

取直徑三寸左右的木椿五根，布成梅花形（四角各一根，中間一根，距地面二至五尺），埋於練武場。初練時站行二尺椿，漸增到五尺椿。依次演練馬步式、環走式、弓步式、跳躍式等。練至站椿穩固，行步自如，跳步起速著固時，增練單掌、分掌、劈掌、撩掌、沖拳、撩打等。久練椿上動作則下椿與人交手時，可見功奇。（圖 26）

5. 單吉掌

一腿站椿，一腿提膝向後，同時兩手由胸前合十。然後站椿腿的同側手向上直臂推掌，掌心向上，掌指向後；提膝一側的手向前屈肘抖腕亮掌，掌心向內，掌指向上，目視前方。（圖 27）

6. 抱佛腳

取兩塊相距一尺二寸的木磚或石磚為基，臀坐一塊，兩腿向前伸直，使兩腳跟平著前一塊上；然後上體緩緩向前附貼小腿，同時兩手向前抓搬兩腳，使頭額部盡量靠住腳尖。（圖 28）

圖 29　　　　　　　　　圖 30

7. 二指禪功

先一臂向下，以中、食二指點地；然後兩腿向上緩緩倒立；另一手臂向內屈肘抱拳，全力貫輸支身臂指，目視點地兩指。（圖29）

8. 羅漢睡覺

兩足先站在相距一尺多的椿頭上，上體向前，兩手展開，緩緩扶椿；然後左手撐椿，右手鬆把，握拳屈肘，以肘尖落著椿中心，拳眼頂住耳前，體向左轉90°，並鬆開左手屈肘握拳，隨身左移，拳頂耳前，同時右腳離椿，緩緩伸腿蹬直，使全身懸平，兩眼閉合，氣貫右肘與左腿。（圖30）

9. 起落橫叉

先兩足微開併立，運氣三循，抬左腳向左移一步，上體前俯，兩手向前按地，支撐全身重力，兩腿緩緩向兩側移動，漸至臀部坐地，使兩腿叉開；然後兩手向上向內屈肘合十，目視前方。（圖31）

10. 童子拜佛

兩腳站在一個佛墊或禪盆上，一腿立地，另一腿屈膝懸

盤；然後兩臂向內屈
肘，兩手在胸前合十。
完成動作後頭向前點，
立腿微蹲，目視兩手。
（圖 32）

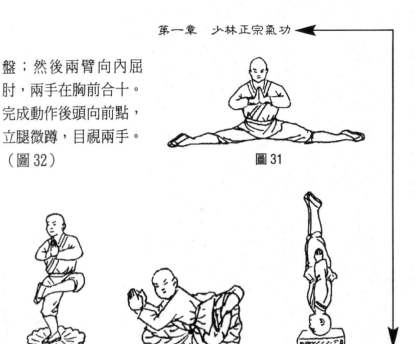

圖 31

圖 32　　　　圖 33　　　　圖 34

11. 拜佛撲前

先選一較大的墊物鋪好，再盤坐入位；然後上體前俯，
使胸腹緩緩附墊，兩臂微向前屈肘，兩手合十，目視左側前
方。（圖 33）

12. 頭倒栽碑

眼前一尺五寸處，置一長方形石座。兩腿併立，上體前
俯，以頭頂下栽石座中心，兩手分頭兩邊扶地，兩腿緩緩向
上豎起，兩足合併，使身體筆直。然後兩手慢慢離地，附貼
大腿外側。（圖 34）

13. 單臂扶撐

先併步站在一條長凳的一端，然後上體側俯，伸出俯側

圖 35

圖 36

手臂，拇指與其餘四指叉
開，緩緩落著凳子的另一
端，身軀繃直，另一手附於
大腿外側，目視前方。（圖
35）

圖 37

34

14. 鐵拳伏虎

兩足併步站立，面前置立一塊鋒利巨石，運氣三循，貫
注右拳，然後抬右腳向前上一步，成右弓步，同時咬牙助
勁，右拳下砸，劈石裂成兩塊。（圖 36）

15. 跌叉側臥

尋一禪床，以橫叉式著床，上體側仰臥，使面部側面貼
附腿膝上面；同時上側臂向上屈肘，手繞頭抓腳；下側臂向
內屈肘，在胸前亮掌；兩眼微閉，留一小縫，目視鼻尖。
（圖 37）

16. 蓮花盤坐

以蓮花盤或禪床、禪椅為坐基，先屈膝插腿盤坐，然後
用手將左腳搬放在右腿跟部上，右腳搬放在左腿跟部上，使

圖 38

圖 39

兩腿盡量靠近下腹肌；兩臂向內屈肘，雙手在胸前合十；挺胸塌腰，兩腿微閉，留一小縫，目視鼻尖。（圖 38）

六、易筋經十二式

「易筋經」全名「達摩易筋經」，是少林外氣功的組成部分之一。此雖是李靖等後人根據《景德傳燈錄》脫胎而取之名，經不起推敲，但就內容功法來說，頗有價值，常練可以疏通經絡，調整陰陽，振神健體，袪病延年。

1. 韋馱獻杵第一式

兩足開立，成八字形，中距五寸，兩臂自然下垂於體側；身軀挺直，兩目平視，定心凝神；然後兩手同時緩緩上抬，屈肘於胸前合掌。定式後靜立一分鐘。（圖 39）

歌訣：

立身期正直，環供手當胸。

氣功神皆斂，心誠貌亦恭。

2. 韋馱獻杵第二式

接上式，自然呼吸，兩臂由胸前向兩側平展，掌心朝

圖 40　　　　　　　圖 41　　　　　　圖 42

上；同時兩足跟提起，足尖著地；兩目圓睜平視，心平氣和。定式後靜立半分鐘。（圖 40）

歌訣：

　　足指掛地，兩手平開。

　　心平氣靜，目瞪口呆。

3. 韋馱獻杵第三式

接上式，逆呼吸（深吸氣不呼氣），兩臂上抬，掌心朝上，盡力上托，兩掌指相對，間距三至四寸；同時咬齒閉口，舌抵上腭，氣貫胸際。定式後靜立半分鐘。（圖 41）

歌訣：

　　掌托天門目上觀，足尖著地立身端。

　　力周胸脅渾如植，咬緊牙關不放寬。

　　舌可生津將腭抵，鼻能調息將心安。

　　兩拳緩緩收回處，用力還將扶重看。

4. 摘星換斗式

接上式，仍逆呼吸，兩足跟緩緩落地，左臂由上向下落於背後，掌心朝下，盡力下按；同時體稍左轉，頭向右扭，

圖 43   圖 44   圖 45

目視右掌。定式後要氣貫胸際，深吸氣，深呼氣，靜立半分鐘（圖42）。稍調呼吸，然後鬆右臂，緩緩向下落於背後，掌心朝下，盡力下按；同時左臂由背後緩緩上舉，掌心朝上，掌指向右，頭向左扭，目視左掌。（圖43）

37

歌訣：

　　隻手擎天掌覆頭，更從掌內注雙眸。

　　鼻端呼吸頻調息，用力收回左右佯。

5.倒拽九牛尾式

接上式，逆呼吸，抬右腳向右側跨一步，以兩腳為軸，體向右轉90°，右腿屈，左蹬直，成右弓步；同時右手由背後轉至胸前，左手下落與右手匯合；然後反腕變拳，右臂向前伸，拳心朝上；右臂向後甩，拳心朝上；目視右拳。定式後靜立半分鐘（圖44）。而後，左右腿勢互換，成左弓步，同時左拳由背後緩緩伸向身前，右拳由身前緩緩移向背後，目視左拳。定式後靜立半分鐘。（圖45）

歌訣：

　　兩腿後伸前屈，小腹運氣空鬆。

圖 46　　　　　　圖 47　　　　　　圖 48

用力在於兩膀，觀掌須注雙瞳。

6. 出爪亮翅式

接上式，逆呼吸，收左腳緩落於右腳後半步，兩腳碾地，體向左轉 45°，使兩腿成排步，同時兩拳收於腹側；然後變掌一齊向胸前緩緩推出，掌心向前，掌指向上；圓睜雙目，全身放鬆；隨之兩掌變拳，收回腹際兩側，掌心向上；然後再變掌向前推出。依此法反覆七次。收回時意守天門，推掌時意在丹田。（圖 46）

歌訣：

挺身兼怒目，推手向當前。

用力收回處，功須七次全。

7. 九鬼拔馬刀式

接上式，順呼吸，右拳變掌由腹側緩緩上抬，至上臂與耳平行時，拔肩，屈肘，彎腰，扭項，使右掌心向內，停於左側面部，成抱頭狀；同時左拳變掌，置於背後，盡力上抬，定式後靜立半分鐘（圖 47）。然後，左右手勢互換，依上法而行。（圖 48）

38

歌訣：

> 正身拔肩節，抬臂抱頭形。
>
> 屈肘臂藏後，彎腰把項扭。

8. 三盤落地式

接上式，自然呼吸，左腳向左側跨一步，兩腿屈膝半蹲成馬步，挺胸塌腰；同時左掌下落，右掌由背後移於身前，使兩掌匯於胸前下方，且微屈肘；然後兩臂向兩側成傘狀展開並下按，掌心朝下。定式後舌抵上腭，閉口睜目，意注牙齒（圖49）。稍調息，兩腿直立，兩掌反掌向上托，如抬重物；臂平胸時，兩腿屈膝，兩手反掌下按，重複馬步式。上述動作反覆做三次。

圖 49

歌訣：

> 上腭堅撐舌，張眸意注牙。
>
> 足開蹲似踞，手按猛如拿。
>
> 兩掌翻齊起，千斤重有如。
>
> 瞪睛兼閉口，起立足無斜。

圖 50

9. 青龍探爪式

接上式，行順呼吸，收左腳落右腳內側半步，使兩腿成並排步；身胸挺直，兩目平視，鼻呼氣，左掌經胸前變拳，抱於腰側，拳心向上，右掌繞胸前變「五花屈爪」形，向左側伸探（圖50）。然後左右手勢互換，依上法而行（圖51）。左

圖 51

圖 52　　　　　　　圖 53　　　　　　　圖 54

右式反覆做三遍。

歌訣：

> 青龍探爪，左從右出。修士效之，常平氣實。
>
> 力周肩背，圍收過膝。兩目注平，息調必謐。

10. 臥虎撲食式

接上式，逆呼吸，兩掌緩匯於胸前變拳，再收回腰際；抬右腳向右側跨一大步，兩腳碾地，體向右轉 90°，右腿屈，左腿直，腳跟提起，成右弓步；同時俯身、拔脊、塌腰、昂頭，兩掌著地以臂支撐，意注指尖。定式後靜持半分鐘（圖 52）。然後緩緩起身，兩腳碾地，體向左轉 180°，成左弓步，右腳跟提起，同時俯身、拔脊、塌腰、昂頭，兩掌著地，以臂支撐。定式後仍靜持半分鐘。（圖 53）

歌訣：

> 兩足分蹲身似傾，屈伸左右腿相更。
>
> 昂頭胸作探前勢，偃背腰還似砥平。
>
> 鼻息調元均出入，指尖著地賴支撐。
>
> 降龍伏虎神仙事，學得真形也衛生。

11. 打躬式

接上式，順呼吸，起身收左腳，使兩腿成排步，足距與肩同寬；向前俯身、躬腰、垂脊、挺膝，頭部探於胯下；同

時兩臂隨身向前屈肘，環附於項後，兩掌心掩塞兩耳，然後兩掌夾抱後腦，意注雙肘尖。定式後靜持片刻。（圖54）

歌訣：

　　　　兩手齊持腦，垂腰至膝間。

　　　　頭惟探胯下，口更齒牙關。

　　　　掩耳聰教塞，調元氣自閑。

　　　　舌尖還抵腭，力在肘雙彎。

12. 掉尾式

接上式，順呼吸，提膝，十趾尖著地；　　　　**圖 55**
兩臂下垂，兩手指交叉按地；同時仰頭，兩
目圓睜，視鼻尖，凝神謐志，意在丹田（圖55）。定式後
足跟落地，然後再提起足跟，重複三次，再伸膀挺肘一次，
共提跟頓地二十一次，伸膀七次，功畢起立，收式歸原。

歌訣：

　　　　膝直膀伸，推手自地。瞪目仰頭，凝神謐志。

　　　　起而頓足，二十一次。左右伸肱，以七為志。

　　　　更作坐功，盤膝垂眦。口注於心，息調於鼻。

　　　　定靜乃起，厥功準備。總考其法，圍成十二。

　　　　誰實胎請，五代之季。達摩西來，傳少林寺。

　　　　有宋岳候，更為鑒識。祛病延年，功無與類。

七、八門第一段功

八門第一段功是少林氣功的重要組成部分，久練可以舒
筋活絡，暢通氣血，增進食欲，振奮精神。此功有抗疫祛
病，健體延壽的效果，故為長壽功法。

此功是內功向外功過渡的初級功法，雖已動其力，露其

圖 56　　　　圖 57　　　　圖 58　　　　圖 59

形，但仍具運氣施柔，動而輕微，形姿簡單，出招綿渺的特點，故稱柔功。適於年老體弱者和初習氣功者練習。

1. 和平架騎馬式

平身正立，足距與兩肩同寬。兩手掌朝上平攤與腰相平，不可靠實（圖 56）。兩手內轉，手背朝上，仍與腰平。（圖 57）

兩手從旁平摩，作一圓圈，如摩頂之狀。（圖 58）

兩手向前伸直，手心向前，十指朝上，高約與乳平；吞氣一口，略定片刻，約三呼吸（圖 59）。以後，凡吞氣後目視，無論左右上下，皆以三呼吸為率。

左足橫開一步，左腿屈，右腿直，左手按在左大腿面上，大指向後；右手由耳後繞下，五指捏攏，指尖向後作雕手。（圖 60）

2. 和平架望月式

承上式，舉起左手與目相平，五指彎曲，大指與小指相對，食指與無名相對，中指微昂，手心中空，可容茶杯；先以目視左手高低，轉回正面吞氣一口；復轉頭右視右手，再

圖60　　　　　圖61　　　　　圖62　　　　　圖63

轉回正面吞氣一口。左右各三次，共吞氣六口。（圖61）

3. 和平架舒氣式

平身正立，足距與兩肩同寬，兩掌朝上平攤。（圖62）

將兩掌反轉推直，與騎馬末式相似，不吞氣。（圖63）

4. 武功頭初式

左腿屈，右腿直，左手按在左大腿面上，大指向後，右手由耳後繞下，作雕手，正面吞氣一口，轉頭左視。（圖64）

5. 武功頭二式

承上式，左臂向左伸直，手背朝上。（圖65）

隨勢將手收回平胸，又伸直，又收回，來回兩次。

圖64　　　　　圖65

圖 66　　　　　　　　圖 67　　　　　　　　圖 68

（圖 66）

將平胸之手一轉，掌心對胸，吞氣一口。（圖 67）

又將手一轉，大指在下，中指在上，轉頭左視。（圖68）

6. 武功頭三式

承上式，將對胸之手，由耳後仰掌向左伸出。（圖69）

隨勢由耳後收回，握拳平胸，手背向上，吞氣一口，轉頭左視，右亦相同。左右各三次，共吞氣八口。（圖70）

7. 巡手式

平身正立，兩足離開一尺五六寸，兩臂屈肘向前平伸，兩手腕直豎，五指散開，兩掌相對。（圖71）

8. 玉帶式

承上式，兩掌分開，由耳後按下，推至腰間，約與臍平；十指尖兩邊遙對，離身約三寸，如叉腰狀，吞氣一口。（圖72）

9. 垂腰式

承上式，將兩手握拳對腰，手背朝下，正面吞氣一口。

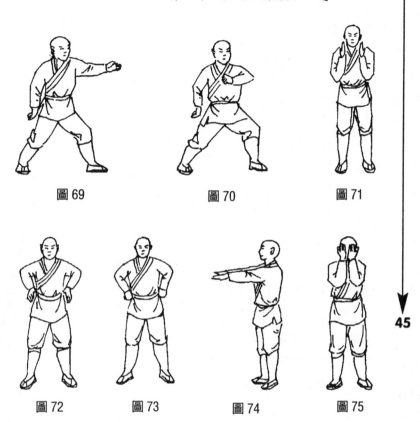

圖 69　　　　　圖 70　　　　　圖 71

圖 72　　圖 73　　　　圖 74　　　　圖 75

（圖73）

10. 提袍式

承上式，兩拳放開，由肋下轉出，臂向前平伸，如提物狀，正面吞氣一口。（圖74）

11. 幞面式

承上式，將兩手分開，由肋下轉出頭上，兩手與頭相離七八寸許，十指散開，指尖斜對，大指尖垂下與目相平。（圖75）

圖76　　　　圖77　　　　圖78　　　　圖79

12. 搔面式

承上式，兩手掌匯於頷頰下，兩小指相併，兩肘相併，隨勢上伸過頷。（圖76）

然後十指漸鈎握拳，住頷頰下；再將十指散開，兩大指相併，伸手過額，又將小指相併，十指漸鈎握拳，仍住頷頰下，腕肘俱要緊貼。（圖77）

13. 朝笏式

承上式，將兩拳拉開，與肩相平，圓如抱物之狀，手背朝上，兩拳遙對，相離一尺八九寸，正面吞氣一口。（圖78）

14. 偏提式

側身斜立，左腿屈，右腿直，兩手指交叉，用力上舉過頂。（圖79）

然後彎腰如作揖狀，反掌下按至腰背，再合拱提起，在膝頰之間用力一甩，身腰隨直。（圖80）

將兩手分開，由耳後繞至胸前，握拳屈肘作圈式，兩拳遙對，相離一尺八九寸，手背朝上，吞氣一口。右亦相同。

圖80　　　　　　　圖81　　　　　　　圖82

左右各三次，共吞氣六口。（圖81）

15. 正提式

兩腳正立，相離一尺五六寸，兩手指
交叉，上舉過頂。（圖82）

漸次彎腰，反掌下按如作揖狀至地，
再合拱提起，約與腰平，用力一甩，腰身
隨直。（圖83）

圖83

將手分開，由耳後繞至胸前握拳，兩臂屈肘如抱物，兩
拳相距一尺八九寸，正面吞氣一口。如此重複三次，共吞氣
三口。（圖84）

16. 薛公站式

承上式，兩手十指伸
直，由耳後繞下平乳。
（圖85）

下按至臍，由平乳至
平臍，一氣順下，並不停
留，至平臍時，方暫停。

圖84　　　　　　　圖85

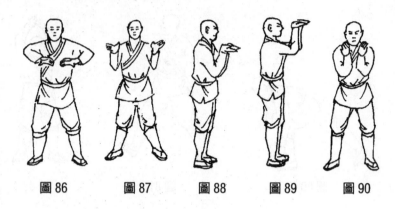

圖86　　　圖87　　　圖88　　　圖89　　　圖90

（圖86）

　　兩手轉由肋下繞出，仰掌平托與兩肩平，距頭四五寸，手要端正，拇指在肩之前，其餘四指在肩後。（圖87）

　　兩手合併，與頷頰相平，兩手小指緊挨，掌心朝上，腕肘貼緊上托。（圖88）

　　仰托過額。（圖89）

　　十指漸鉤，握拳與頷頰相平。（圖90）

　　兩拳放開，掌心朝上，兩大指相併，上托過額。（圖91）

　　仰托過額，兩小指相併，順勢從額上抓下，握拳仍與額頰平；復舒拳又如初勢，仰掌小指相併，仰托過額。（圖92）

　　將兩小指相併，順勢自額上抓下，握拳仍住頷頰下；後舒拳，又如初勢，仰掌小指相併，仰托過額，第三次仰掌，兩小指相併，上伸。（圖93）

　　十指抓下，握拳平列，圓如抱物狀，兩拳相離一尺八九寸，吞氣一口（圖94）。此式重複三次，吞氣三口。

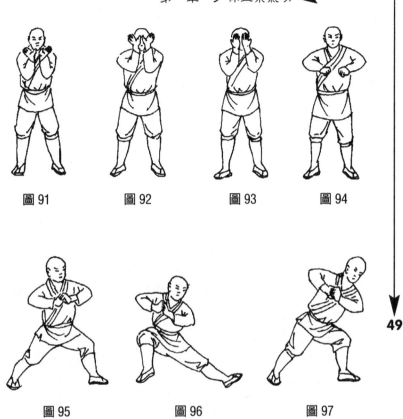

圖 91　　　　圖 92　　　　圖 93　　　　圖 94

49

圖 95　　　　　圖 96　　　　　圖 97

17.列肘式

左腿屈，右腿直，右手握拳，左手掌包住右拳。（圖
95）

左肘向左一送，隨即撤回，將身蹲下，左腿伸直，右腿
屈，右肘上抬。（圖96）

起身，左腿屈，右腿直，身向左探，吞氣一口；右肘隨
勢抬上，眼望左腳前六寸許（圖97）。右亦相同。左右各
三次，共吞氣六口。

圖 98　　　　　　圖 99　　　　　　圖 100

18. 伏膝式

左腿屈，右腿直，右手按在左腿上，離膝蓋二寸餘，左手加右手上，身側而俯，面向左平視，吞氣一口；背拱，項直，眼下視足尖前六寸許。右亦相同。左右各三次，共吞氣六口。（圖 98）

19. 站消式窩裏炮

左腿屈，右腿直，左手覆掌平心口，右手仰掌平臍，指皆伸直。（圖 99）

兩手各順勢橫拉，握拳，左拳平乳，約離八九寸，大指在內；右拳平肋約離寸餘，大指在外，正面吞氣一口，轉頭左視。（圖 100）

20. 站消式沖天炮

承上式，將左拳放開，自下往上一繞，隨即握拳向上豎立，與額角相平，正面吞氣一口，轉頭視左手寸口。（圖 101）

21. 站消式穿心炮

承上式，左拳放開，豎掌由耳後一轉，即握拳向左伸直，手背朝上，正面吞氣一口，轉頭左視。右亦相同。左右

圖101

圖102

圖103

各三次，共吞氣十八口。（圖102）

22.打穀袋式沖天炮

左腿屈，右腿直，右手持袋，左手由肋下一繞，握拳上豎屈肘，吞氣一口。（圖103）

右手持袋擊打左臂內側，由肩胛起密密順打至手指，約十餘下。每打時，須一順打下，不可逆打，如打時有脫漏之處，不可補打。（圖104）

圖104

23.打穀袋式穿心炮

承上式，右拳放開，由耳後一轉，即握拳向左伸直，拳背朝上，吞氣一口；右手持袋，擊打左臂外側，由肩胛起順打至指尖。（圖105）

24.打穀袋式雕手

承上式，左手向耳後繞過，作雕手，吞氣一口；右手持袋，順打左臂肘外側，由肩胛起至小指側止。（圖

圖105

圖106　　　　　　　圖107　　　　　　　圖108

106）

25.打穀袋式小沖天炮

承上式，左手一轉，握拳上豎作沖天炮式，吞氣一口，右手持袋，由左肩胛起，順打至左手大指側止。（圖107）

26.打穀袋式扛鼎

承上式，將左手從肋下一轉，盡力向上舉直，伸大指在後，吞氣一口，仰面目視上舉之手。（圖108）

圖109

然後右手持袋，從左肋起順打至小腹左側，再沿左腿正面而下至腳趾。（圖109）

27.打穀袋式盤肘

承上式，左拳放開，由耳後繞下，即屈肘握拳平胸，吞氣一口；右手持袋，從左腋下起，斜打至左腰眼，左外踝，轉至左小趾側止。（圖110）

圖110

圖 111　　　　　　圖 112　　　　　　圖 113

28. 打穀袋式雕手

承上式，左拳放開，由耳後一轉，
作雕手，吞氣一口；右手持袋，從盆骨
左下起，順打至肚腹左，再橫打至肚腹
後；換左手持袋，由右橫打至肚腹左，
右手掩護外腎，左手再自小腹左打起，
從左腿內側打至左腳趾。如腹中有病可
多打幾遍。（圖 111）

圖 114

53

29. 打穀袋伏膝式（之一）

左腿屈，右腿直，右手執袋，按左腿，左手亦按於袋
上，吞氣一口。（圖 112）

30. 打穀袋式伏膝式（之二）

兩手執袋，冒頂打左脊背二十下，不可打著中間脊柱。
（圖 113）

然後，左腿伸，右腿屈，右手按在右膝上，大指在後，
身斜倚，眼視左膝；左手持袋，反手打左脊背，挨次至左腰
眼，將手一轉，順打左臀，左腿後側至左腳跟止。（圖
114）

圖 115　　　　　　圖 116　　　　　　圖 117

31.海底撈月式

左手按於左腿面，右手作雕手。（圖 115）

左手由耳後一轉，仰掌向左伸出，將手一轉，手背朝上。（圖 116）

俯身作撈月之狀，自左撈至右，腰身隨起。（圖 117）

頭向左轉，作望月之式，吞氣一口。目視左手大指食指之間（圖 118），右亦相同。左右各三次，共吞氣六口。

第四節　輕　功

拳譜：

少室輕功藝中精，苦載千秋功能成。

動則隨氣腦為帥，意領丹田虎力生。

足吊鐵瓦跳砂坑，腕環銅鐶彩金星。

弩發一聲四尺高，棄金如毛飄九空。

輕功難度較大，如縱步上房、飛步越崖、雲腿跳澗、流星步等，都屬此類。

小號四兩　中號半斤　　　大號一斤

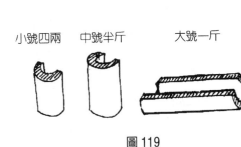

圖118　　　　　　　　圖119

55

一、飛毛腿

少林寺清代著名武師貞俊，在輕功方面功力很深，他傳給德禪法師的手抄拳譜中寫道：「日練千斤腳，霎時飛毛腿。繩星疾跳澗，遊線飛懸崖。若知其中妙，鐵瓦纏十年」。

貞俊先師，六歲入少林寺，拜著名武師純智大和尚為師。後又拜輕功先輩濟勤大和尚為習武恩師。專門學武，尤擅輕功。他的具體練法有附鐵瓦、食素、勤走等幾種。

1.附鐵瓦

貞俊先師從八歲起就依照師父的訓教，在兩腿上纏附半斤重的鐵瓦（左右共一斤）。每天早上四更起床，在千佛殿越跳腳凹，反覆將48個腳凹跳十遍。晚上夜深人靜後，重跳七遍。天天如此，從不間斷。睡覺，勞作，從不去掉鐵瓦。到20歲時，鐵瓦已增至20～30斤，但走路、練武，仍然輕靈利索，步行如風。去掉鐵瓦就能縱步上房，飛崖越澗。鐵瓦形狀見（圖119）。

2.食素養生

貞俊先師練輕功的第二絕招，是養生法。他長年食素以

養生，每天主食一斤，
從不暴食暴飲。不飲酒
吸煙，不動肝火。

　3.勤走

　「早晚迎星走，飯
後百步遊」。他每天四
更起床，出北門，以小
快步到五乳峰返回，約

圖120　　　　　　　圖121

一個時辰，不誤上殿。每至夜靜更深，他出山門翻越少室
山，經二祖庵回寺。

二、跳砂坑

　　跳砂坑是練縱身向上的基本功。方法是，在地上挖一個
深三尺五寸的砂坑，在坑內墊石砂一尺厚，使坑底砂面距地
面約二尺半左右。練功者腿上纏附鐵瓦或砂袋下坑。起跳前
先做腿膝活動三至五分鐘，然後面向南挺身站立，運氣三
次。右腳向前上半步，吸氣，收腹，使氣聚丹田，兩手握
拳，抱於腰間（圖120）。先抬左腳，後起右腳，發氣縱步
上跳，跳出坑後前腳掌先著地。在全身騰空躍上地面時，兩
拳變掌，並由身體兩側向前平展。目視前方（圖121）。

　　稍停片刻，兩腳同時離開地面，向後倒跳下坑。每天早
晨、上午和下午（飯後兩小時）練跳15～20次。

　　如不能順利跳出，可在坑底再墊石砂半尺。如能順利跳
出，可逐步加深砂坑，當順利跳到四尺至四尺半甚至五尺
時，去掉兩腿上砂袋或鐵瓦，便可縱跳上房。（練此功時帶
鐵瓦不如帶砂袋好）

三連式　　　　六連式

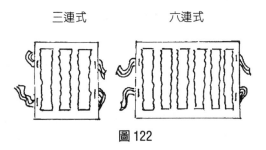

圖 122

三、流星步

流星步是少林輕功的功夫之一，係緊那羅和尚所傳。其特點是起足行路，形如流星，快如疾風。

歌訣：

> 那羅傳下流星步，起足如就蛇竄路。
> 形如流星畫天河，快如疾風霎間度。
> 少則炷香三十里，多則百里不為奇。
> 僧採藥蹬五乳峰，眨眼望背無蹤影。
> 一碗淡茶未涼時，翁背藥簍回禪庭。
> 香客問師何神法，僧曰少林流星步。

流星步的基礎功法是裹砂腿。

先用布縫成細長條袋，袋的規格為一尺三寸、一尺、八寸三種，袋的粗細皆為八分，袋內填砂半斤。

也可縫成連袋，有二連、三連、四連、五連、六連、七連、八連等幾種。（圖 122）

習者可內穿一條衫褲或先用細白衫布纏於小腿，然後再取砂袋裹於小腿，外穿衣褲復蓋即可演練。

初練者可兩腿各裹一條，纏附於小腿後，每靜臥或入睡

時棄之。練一月後，逐漸增裹砂袋數量，直到增裹至六連袋（兩腿共十二袋計六斤）時，轉入練跑，每日早晨練跑二里，逐增至十里，約需二十分鐘。日久功成。貞先俊師曰：

「流星步功貴亦恆，滿戴砂石練苦功。

腿吊砂袋千斤重，棄揚立感一身輕。

戴石十斤行十里，棄袋易馳百里程。

苦恆可成流星腿，半途而廢不成名。」

練流星步法，切記十禁，其一禁常坐臥，以避氣滯血瘀；其二禁裹袋緊僵，絡脈凝鬱；其三禁臥眠帶袋，避氣血肉傷；其四禁瘡疽纏帶，避肢疾惡化；其五；禁飽後練跑，避傷斷胃腸；其六禁七情逆盛，避傷臟腑氣血；其七禁急於求成，避勞極傷筋；其八禁淫酒葷辣，避傷敗宗氣；其九禁志而中衰，避半途而廢；其十禁持技非為，避敗壞少林。

注意每日要先服「暢通氣血藥汁」一杯，再取「下部功蕩洗水」浴洗腿腳後，方可練功。

第五節　硬　功

據少林拳譜秘抄本記載，古剎少林寺每入晚間，萬籟俱寂，唯有寺院的武僧們，個個精神振奮，紛紛奔向千佛殿和法堂研練武功。千佛殿骨明柱上懸掛著砂袋，北牆邊矗立著椿椿木人，東西兩邊木架上放著排排玉米斗、砂斗、鐵砂斗。武僧們在教頭僧的指揮下，有的苦練單指插米、插砂、插鐵砂；有的揮起手掌狠打木人；還有四排小僧在以坐虎之勢勁走心意把。法堂內側另是一幕驚心動魄的景象。

將要成才的武僧，左手持磚，右手舉而下砍，只聽劈叭

一聲，磚為兩半；還有舉起鐵磚，右手舉而下砍，只聽劈叭一聲，磚分兩半；還有舉起鐵拳砸石開花、腰纏鐵條如彎繩……真是八仙過海，各顯神通。

練十年硬功，單指可鑽牆成洞；練二十年功夫肉掌可以分磚；練三十年功夫兩拳如銅似鐵，拳砸石塊粉碎；練四十年功夫力可折斷樑柱。

一、指鑽牆功

歌訣：

> 功抖食指插，氣從丹田發。
> 初練插黃米，再把砂粒插。
> 指赤繼腫脹，苦插三千八。
> 肉指磨成痂，再練插鐵砂。
> 一千零九回，指破噴血花。
> 皮痂生三層，功夫算到家。
> 鑽牆霎成洞，肉指成鐵叉。

1. 插黃米

練此功前，先取練功藥一劑，浸泡雙手，然後面對插物併步站立，挺胸，運氣抖指，右腳上前一步，氣聚丹田，收腹，吸氣而疾發，食指對準米斗連插數十次（圖123），以感麻木微痛為度。每日不分早晚，練50～100次。

2. 插石砂

插黃米二至三月後，食指表面會生一層薄痂，再轉為指插砂粒，指法

圖123

同上。練此功手指易紅腫疼痛，如傷重者可減練次數，切莫停練。四、五天後，到指上再生一層皮時，即可慢慢自如。

3. 插鐵砂

插法同插米、插石砂。但鐵砂硬度大，易引起指端腫痛，甚至皮破流血，應酌情處理。若無重傷不要停練，古人云：「不怕慢，只怕站」。更不能因苦而中斷，以至半途而廢。一直要練到指端生一層較厚的痂繭。每日練 30～50次。

4. 指鑽牆功

指插鐵砂練至一年有餘，經過多次傷而癒，癒而傷，指痂增厚，勁充猛，氣疾達，血更壯氣，硬漸如鋼，鋒如鐵叉。此時以指鑽牆，日百餘次，頻繁苦練，久之，可鑽牆入洞。

其練法是，面對牆壁，相距二尺三寸，挺身而立。先抬左腳向前一尺三寸，然後出右手中指，在胸前畫弧運氣三次，使全身元氣由丹田迸發，促至右手，向前對準牆壁猛發，以螺旋式插鑽牆壁。第一次先破牆皮，第二次以後，每回練鑽 30～50 次。由淺到深，由慢到快，每回鑽練 50～130 次。練時指端常會傷破流血，此時可暫時停練，待破傷痊癒後再接練，指鑽牆達二寸時，可算成功。功夫練就，每天仍要堅持鑽牆一百餘次。

二、掌分磚功

歌訣：

單手分石磚，七十二藝參。

四更砍米袋，星滿砍床板。

午時砍飯桌，餐後環臂砍。

皮破血花飛，春冬苦研練。

遊步砍木人，縱橫劈偶臉。

苦練一百天，單掌能分磚。

單掌分磚或分石這項硬功，是少林七十二藝之一。初練此功易受傷，但卻不要灰心喪氣，要堅持研練。一般晚飯後宜遊步 50 丈，每步 5 尺，50 丈即 100 步。遊步宜在大廳內栽一木人，以其為敵，用手掌向其面部縱擊橫打，發之勁力。這是練手掌硬功的有效方法。努力練之百日，單掌分磚可望成功。具體練習方法如下：

1. 室內練習

可在室內練砍床板、砍牆壁、砍門栓、砍桌面等。每天早、午、晚，以手掌後谿穴一側用力砍硬物。每日砍 30～50 次，練百餘日。

2. 室外練習

可在樹幹或木樁上吊一 30 斤的砂袋，高低與練功者心口（即巨闕穴）相平。每日四更或深夜，面對砂袋，距一尺遠，站以弓步勢，出右手砍砂袋 50 次，再換左手砍 50 次（圖 124）。左右輪換砍之，練百餘日。

3. 砍木人

用棗木或柿木，做成與練功者高低相等的三至五樁木人。三個木人栽成三角形，中間五尺，站在中間。練功前先將手用「少林如意

圖 124

圖 125

圖 126

「湯」藥汁洗浸，然後面對木人。以左右手輪流砍擊，隨後轉身回掌砍擊後立的木人（圖 125），此為一環。三環為一周功，每次練 5～15 周功。

五椿木人者，栽成梅花形，練功者入其內練習串打，木人間距為一尺三寸。

以上都是練單掌分磚的基礎功法，必須循序漸進，艱苦磨練，堅持一年左右，再以左手拿磚，站弓步椿，運氣充盈兩手時，掌與磚同時對擊（圖 126）。磨練單掌分磚之功，約百天左右可以成功。先劈一塊磚，成功後，再將兩塊磚合在一起，練單掌劈分兩塊磚，以至更多。

三、拳分石功

歌訣：

緊握一對拳，練劈西華山。

初磨砸木板，日久變鐵拳。

對磚臥拳打，鑽牆頂擊拳。

劈拳借氣力，石頭分四瓣。

苦練三十年，真功亦非難。

肉拳分石是少林硬功中最難練的一種功，需練功者意志非凡，百倍苦練。其方法為：

1.每日清晨或晚間，先運氣三周，意守丹田，然後疾發貫拳，砸屋內牆壁或木板 50～100 次。約練三至五個月才能初見功效。

2.每日百餘次而不感覺手指疼痛時，開始練砸磚塊，每天三至四回，每回 50 次。磨練三至五個月，能夠把磚塊砸爛時，再改練砸石塊。此功更難，要艱苦磨練 10 年、20年、30 年，甚至更長時間，直到拳頭落下，石塊四裂，才算成功。

四、頭撞壁功

練此功的人，現在甚少。其具體練法如下：

1. 拳擊頭

每日早晚，內服「行功內壯丸」一粒，並用練功洗手藥將手浸洗。以馬步樁式立定，運氣三周，氣沉丹田，意守太陽穴。以單拳或雙拳重擊兩額角（圖 127）或頭頂等部。每次擊打 30～50 下。三個月後，增至 100下，一年後增至 300 下。依次連續苦練 3～5 年，可望成功。少林寺清代著名武師湛舉大師曰：

　　　拳捶千次頭如鐵，亦可撞碎石壁也。

　　　亦名鐵頭破石崖，若撞賊身濺河血。

2. 棒擂頂

棒擂頂功是繼拳擊頭功後的一練種練頭硬功。先選堅韌質硬的棗木、檀香木或柿

圖 127

木，做成長一尺五寸，直徑二寸，表面光滑的棒捶一對。練之前服「行功內壯丸」一粒，兩手握棒，以三圓式站立，運氣三周，氣沉丹田，意守百會或前頂穴，行單棒擂頭，力由輕到重，速度由慢到快。初練每日早晚各一次，每次擂 30～50 下。三個

圖 128

月後增至每次 50～100 下。一年後增至每次 100～300 下。堅持苦練三年，此功可成。

3. 頭撞壁

此功須在練成拳擊頭和棒擂頂二功的基礎上方可習之。先服「行功內壯丸」一粒，用黃酒送下，片刻，面對土築牆壁，運氣三周，氣沉丹田，意守百會，以頭碰壁。

初練每日早晚各一次，每次碰 10～15 下，其勁力由輕至重，其速由慢到快。

按上法練到 3 個月後，改為每次碰 50～100 下。半年後增至每次碰 100～300 下。依此苦練三年。

當距土壁三尺，向前躍步頭碰壁不感痛時，改為練碰磚壁（圖 128），每次碰 10～15 下，逐月增數。練至一次碰 300 下而不感頭痛時，改為距 3 尺之外向壁躍步猛碰。仍感不痛時，此功告成。

凡有下列病症者禁練此功

1. 腦痛者；2. 肝陽上亢者；3 頭頂生瘡者；4. 羊角瘋者；5. 頭頂發燒頸發紅者；6. 精神異常者；7. 年老體弱者。

第六節　氣功原理及氣功養生

一、氣功原理探微

(一)氣的真義

人的一身，內有五臟六腑，外有五官四肢。五臟者：心、肝、脾、肺、腎。六腑者：膽、胃、大腸、小腸、三焦、膀胱。五官者：目為肝竅，鼻為肺竅，口為脾竅，舌為心竅，耳為腎竅。

四肢皆以筋為聯絡，筋始於爪甲，聚於肘膝，裹結於頭面，其動而活潑者為氣，所以練筋必先練氣。

氣行脈外，血行脈中，血狀如水，百脈狀如百川。血的循環，氣的運行，均發於心。日夜十二時辰，周流十二經絡，瞬息潮血來回，百脈震動。肝主筋而藏血，臟腑經絡之血，皆由肝升運，練功習技者必當保護。

(二)養氣與練氣

養氣：養氣不離性，練氣不離命，欲要養氣修命，須使心意不動。心為君火，動為象火，心火不動，象火不生，氣念自平。無念神自清，清者心意定。

歌訣：

一念動時皆是火，萬緣寂靜方生眞。

常使氣通關節敏，自然精滿骨神存。

練氣：練氣與養氣，雖然同出一源，但有虛實動靜，有

65

形無形之別。養氣之學以道為歸，以集義為宗法；練氣之學以運使為效，以吞吐為功，以柔而剛為主旨，以剛而柔為極致。其妙用則為時剛時柔，半剛半柔，剛柔相濟，遇虛則柔，遇實則剛，柔退剛進，剛左柔右，剛右柔左，此為剛柔相濟，虛實並用。

老子養性練氣以致治；軒轅練神化氣以樂道；達摩參禪靜坐，始傳「洗髓」、「易筋」之法。自古以來，名賢大儒、豪傑金剛，沒有不養性、練氣及習技者。

少林流派練氣之學，以運使為效，以長吞短吐為功，以川流不息為主旨，以所氣靜虛為極致。前為食出入之道路，後為腎氣升降之途徑。以後天補先天之術，即周天之轉輪。

周天之學，初學時，要吞入清氣，真入氣海，由氣海透過尾閭，旋於腰間，然後上升督脈而至丸宮，仍歸鼻間。以舌接引腎氣而下，則小腹充實，漸漸結丹入田。此為周天之要義。

（三）運氣與用氣

氣，即呼吸，運氣和用氣，也就是調整呼吸。道家謂：「導引吐納」；釋家謂：「練氣功行」；儒家謂：「養浩然之氣」。用氣有口吞、鼻吞之別，拳譜上稱為文火、武火。鼻吞為文，口吞為武。少林派主張以鼻吞氣。

每日清晨，面向太陽，站立樁步，目視垂簾，意守丹田，用鼻吸氣。聽氣下行，下至腳心，上至頭頂。手的出入，足的進退，身的旋轉，起落開合，練成一體。習之純熟，則三節明，四梢齊，五行閉，身法活，手足法連。明眼位，分把頭，視其遠近，隨其老嫩，彼來我來，彼去我去，

接取呼吸，一動即是。

　　但要注意，運氣貴於緩，用氣貴於急，送去必用呼，接來必用吸。身要滾而動，手要滾而出，拳打不見形，要在疾中疾，此中玄妙理，只在一呼吸。

歌訣一：

　　　　天地清淑氣得來，何保元精花迎旭。

　　　　日日吸氣歸丹田，功純日久妙自得。

歌訣二：

　　　　氣出丹田手撩陰，氣提手起緊附身。

　　　　至口翻手隨氣發，氣回手握步即存。

（四）氣與力

　　氣走於經絡筋脈，力出於血肉皮骨。外壯皮骨為形，內壯筋脈為象。氣血功於內壯，血氣功於外壯。只有明白氣血二字，方能自知氣力的由來，自然知用力行氣之各導。概括一句話：「氣在先行，力在後隨，丹田盛而氣力足，此為不移之定理。」

歌訣：

　　　　練到骨節靈通處，周身龍虎任橫行。

　　　　掌心力從足心印，一指霹靂萬人驚。

（五）血分與氣分

　　人身左為血分，右為氣分。血分屬陰，氣分屬陽。血分走得慢，氣分走得快，所以要先左後右，先運動血分的氣脈，使其在時間和速度上與氣分配合起來，以調整陰陽氣血的平衡。

（六）氣功的呼吸法

氣功有六種呼吸方法，也就是氣功由淺入深的六個階段。

第一階段為自然呼吸。吸氣時嘴稍張開，上下牙齒微微相合，舌尖抵住上腭，隨著用鼻吸氣，腹部要凸起。呼氣時，嘴要閉住，舌尖抵上腭，隨著呼氣，腹部要收縮。練習的時間，每天最少半小時。

以下各階段都是每天半小時，效果是力量增加，精神振作，肺活量加大。

第二階段為陰陽循環（小周天）。什麼叫陰陽循環呢？按氣功的說法，人體的前面屬陰，後面屬陽，小周天就是指氣在上身循環周轉。陰陽循環的呼吸方法是吸氣時腹部收縮，呼氣進腹部凸起，所以又稱反式呼吸。呼吸還是用鼻，而且用意念引導氣循環上體，即以意領空。呼氣時要意識到氣由頭頂經胸部而下降到丹田，吸氣時要意識到氣由丹田經尾椎、脊椎而達頭頂。吸氣時要提肛。如果是站勢，吸氣時腳趾要抓地，這都是為了使氣上提。練習的時間為 90 天。有治療肺病、腸胃病、心臟病、氣喘及高血壓的功效。

第三段為陰陽循環（大周天）。大周天就是把氣擴展到下身，因為有了前兩個階段的基礎，把氣已經練得深長了，所以氣的循環可以擴展到全身。呼氣用口，吸氣用鼻。呼氣時腹部凸起，吸氣時腹部收縮。呼氣時要意識到氣由頭頂經丹田下沉到湧泉（即腳心），吸氣進要意識到氣由湧泉經尾椎、脊椎、頸項而上達頭頂。吸氣時要提肛。如果是站勢，腳趾要抓地。此功練半年，效果同第二階段，並能健全神經

系統。

　　第四階段為息調，也叫自然呼吸。好像又回到第一階段的自然呼吸，腹部的凸縮同第一階段相同，但要比第一階段呼吸深長得多。為什麼要安排第四階段的自然呼吸？這是為了使內部器官得到平衡的發展，不至出現偏差。歷程是 60 天，效果同前兩個階段，並能使內部器官得到平衡發展，能治療消化、呼吸器官的病症。

　　第五階段為喉頭呼吸，也叫加強深呼吸。為什麼叫喉頭呼吸呢？因為喉部要盡量張開。喉部張開，可以加強、加深呼吸。這一階段腹部的凸縮同第二、三階段，也要運氣於全身。此段時間為 90 天，效果是使內臟得到鍛鍊。

　　第六階段為內呼吸。為什麼叫內呼吸呢？就是呼吸時毫無聲息。按照氣功老前輩的說法，叫真息，也稱胎息，就是說像胎兒在母體內的呼吸。胎兒在母體內的呼吸不是用口鼻，而是用肚臍。進行內呼吸時自己好像是用鼻在呼吸，可是又感覺不到，實際上，是在用肚臍進行胎息，練先天之氣。吸氣時要意識到氣由湧泉提到尾椎，再至脊椎而達頭頂百會。呼氣時氣由頭頂百會經丹田會陰而至湧泉。

　　此階段需練習時間為 300 天。效果是氣功的功夫更深，能隨時隨地應用氣功，以祛病延年。

（七）領氣要領

　　什麼叫領氣，領氣就是以意識導氣。如果肝臟有病，就需要引導氣到肝臟去。微微點動局部，同時配合氣功的呼吸，就可以使氣到來。目視法也是很好的方法。如想叫氣上升到大腦，眼睛向上翻；想叫氣到腳上，眼睛向下看。

（八）經絡與氣功

據中國醫學理論，經絡是人體組織結構的重要部分，與練氣功有著十分密切的關係。

經絡是人體氣血、津液和新陳代謝的主要通道，是聯絡人體各部進行正常生理功能活動的樞紐，可以溝通表裡、上下、內外。經絡分十二正經和奇經八脈。

十二正經：手太陰肺經、手厥陰心包經、手少陰心經、手陽明大腸經、手少陽三焦經、手太陽小腸經、足太陰脾經、足厥陰肝經、足少陰腎經、足陽明胃經、足少陽膽經、足太陽膀胱經。

奇經八脈：任脈、督脈、沖脈、帶脈、陰蹺脈、陽蹺脈、陰維脈、陽維脈。

在練氣功時，氣在意的指揮下，使氣通過經絡的十二條經脈，達到運氣或用氣的目的，這種短暫的過程就是氣功所說的大周天運行法。使氣通過任、督二脈的功法叫小周天運行法。大周天和小周天兩種功法都是意領元氣達聚丹田。以意把氣由丹田循經絡而運行至全身的功法叫丹田運行功法。因此，凡學練氣功者都必須首先了解並弄通人體的經絡功能，經絡與氣功的密切關係。

二、氣功療法

（一）氣功與治病

少林氣功同別家氣功一樣，如久日研練，可以固人體之衛氣，調達宗氣，充實元氣。「氣為血之帥，血為氣之

母」，氣盈血壯，來去調達。故可調整人體的新陳代謝，保持陰陽平衡，促進人體生理機能正常運行。根據寺院老僧醫和氣功先師的經驗，認真練氣功可以治療頭痛、眩暈、不寐、多夢、健忘、耳鳴、耳聾、咳嗽、哮喘、痞塊、胸悶、肚痛、溏瀉、便結、遺尿、遺精、不思飲食、雙目昏花、心慌、黃疸、面黃肌瘦等症。

（二）一些疾病的氣功療法

1.肺癆（肺結核）

練氣功對於醫治肺結核，療效較好。患者要針對自己體質的強和病情、症狀，選擇方法，認真演練。具體練法如下：

（1）潮熱盜汗者

可練易筋經，每日早晚各練一次，並結合按摩或自我點按肺俞，合谷、肝俞、脾俞、足三里、後谿等穴，施以補法。日行一次，七日為一個療程，停三日，再進行第二個療程，行五至七個療程。

（2）食慾不振，氣血雙虛者

可練八段錦，每日行功一次。也可用指點按足三里、胃倉、中脘、膏肓、內關、膈俞等穴，施以補法。每二日施術一次，持續一至三個月。再注意飲食調節，加強營養。取「少林嵩參膏」長期服用，效果更佳。

注意風寒，禁食辛、葷、油膩食物。

2.神經衰弱

可以演練易筋經十二式，每日早晚各行功一次，再配合指點太陽、百會、三里、風池、神門、中脘等穴，施以瀉

法。七次為一個療程。停三至五日，再施第二個療程，連續施術五至七個療程，可望痊癒。

3.肝陽上亢（高血壓）

可以練十段功和八段錦。每天早上練八段錦，晚上入睡前練十段功中「回回指路」一段。每日演練，堅持一至三年。嚴禁吸煙飲酒和進行劇烈活動。

4.心臟病

以練靜神功最為合適。一般可練插花式。體弱者可練臥禪功，還要適當加練八段錦、易筋經等柔功。長期練功，堅持不懈。

5.慢性肝病

可以練易筋經和十段錦，兩者交替行功。當食慾增加，肝區毫無痛疼之感時，可以加練八門第一段功。三種功法交替練習，效果更佳。

6.慢性胃病

可早練易筋經，晚練十段功，堅持一至三年可望治癒。

三、少林練功藥方

（一）洗手如意湯

【功能】：暢血順氣，舒筋靈骨，壯膽柔節。

【處方】：象皮（切片）、鯪魚甲（酒炒）、制半夏、制川烏、制草烏、全當歸、瓦松、皮硝、川椒、側柏葉、透骨草、紫花地丁、海鹽、木瓜、紅花各50克，鷹爪一雙。

【製法】：將以上十六味藥共入盆內，加陳醋3.5公斤，清泉水4公斤，浸泡一週，再加上等白酒200克，密

閉。

【用法】：每練手功前取出藥汁 250 克，加沸水 1 公斤，和勻後擦洗雙手和雙臂。

（二）少林運氣妙丹

【功能】：溝通氣血，調和陰陽。

【處方】：廣木香、海縮紗、赤降香、人參、三七、箭芪、大熟地、甘草、小茴香各 5 克，紅花、益智仁、柏籽仁、靈芝、陳皮各 10 克，全當歸 25 克，金瓜蔞一枚。

【製法】：將以上十六味藥研成細粉，用老陳醋和勻，製成丸，如綠豆大小，涼乾密閉，置乾燥處備用。

【用法】：每次運氣前，取二十丸，用黃酒 50 克送服。

73

（三）少林練功保筋通脈丸

【處方】：桑寄生、川斷、補骨脂、嵩峰蛇、全蝎、虎脛骨、菟絲子、金毛狗、龍骨各 5 克。將以上九味藥研成粉末，以淡鹽開水泛丸如豌豆大，用百草霜掛衣涼乾。每次練功前吞服十粒，再喝黃酒兩口，片刻，自感百節靈活，脈順氣從，渾身輕靈，強壯有力。

（四）少林練功暢通氣血散

【處方】：當歸、陳皮、木香、蔞仁、生甘草各 5 克，生地、熟地、黃芪、白朮各 10 克，山藥 25 克，小茴香 3 克，敗沉香 1 克。將以上十二味藥研成粉末，裝入瓶內密閉。每練攻前用白酒 25 克送服 10 至 15 克，可舒氣血，橫

順左右，上下暢通。

（五）練功舒筋丹

【主治】：初練武功所致的腰疼腿痛，筋傷氣滯，四肢拘攣等。

【處方】：當歸、舒筋草、紅花、木瓜、赤芍、川牛夕各150克，木香、陳皮各50克，防風、白芷各100克，小茴香25克，制車前子10克。

【製法】：將以上十二味藥研成細粉，用黃米粉打糊製丸，如梧桐子大，涼乾。

【用法】：成人每服7克，用黃酒送下，孕婦忌用。

（六）劍仙十八羅漢練功藥酒

74

【功能】：調活氣血，振神舒筋，增力壯膽。

【處方】：石蘭花、故紙、碎蛇、淫羊藿、三七、海馬、陽起石、人參各25克，白芍、桃仁、杞果、金櫻子、菟絲子、杜仲各20克，青皮10克，沉香5克。

【製法】：將以上十六味藥，置瓷瓶內，倒入上等白酒700克，將口密封，浸泡一百天，濾出酒汁即成。

【用法】：每日兩服，每服核桃大酒盅半杯。內熱邪盛者禁用。

（七）抓鐵砂洗手法

【處方】：川烏、草烏、天南星、半夏、蛇床子、百步草、狼毒、藜蘆、龍骨、透骨草、海浮石（研末）、地骨皮、花椒、紫菀、地丁各50克，大青鹽200克，硫黃100

克。

【用法】：以上諸味藥用醋五碗，清水五碗，煎至七碗，每日練功前趁熱洗手。

（八）行功內壯方

練功之法，外資於揉，內資於藥力，行功之時，先服藥一丸，即可壯骨揉外，促益行動。

【處方】：藥用蒺藜（炒去刺），白茯苓（去皮）、白芍藥（焙）、地黃（酒蒸熟）、甘草（蜜炙）、長砂（水飛）各3克，人參（去蘆）白朮（土炒）、全當歸（酒洗）、川芎（醋炒）各1克。

【製法】：將以上十味藥研成極細粉末，蜜煉為丸，丸重5克。每次練功前內服一丸，溫開水或酒送下。

（九）行下部功蕩洗方

【處方】：蛇床子、生甘草、地骨皮各等份，煎湯。
每日練功前蕩洗之。

此方可調和陰陽，促進血液循環，暢通經絡，滋潤肌膚，亦可軟堅導滯，調盈宗氣，益於行功。

（十）行五拳功洗方

【處方】：地骨皮、象皮、蒺藜、全當歸各等份，食鹽少許，煎熬，每行功前浴洗全身。

此藥可疏通氣血，養潤肌膚，調盈二氣，軟堅去滯，甚益行功。

四、少林延壽法

少林歷代眾僧，參禪養生，修文習武，在漫長的歲月中，研究和整理出一套完整的健身延壽方法，分述如下。

（一）靜　法

1. 靜　禪

如單盤坐、雙盤坐、站勢、臥勢等，皆可使人體經絡疏通，氣血暢順，陰陽平疏，衛固宗壯，真氣充盈。可達到養身健體，防治疾病，益壽延年的效果。

2. 靜　心

心為五臟之首，心主血脈、主神志。心正常無疾者，五臟六腑俱健。心弱者血必衰，致疾全身。中醫所說的七情（喜、怒、憂、思、悲、恐、驚），都由心的變化所致。因此，心能入靜，則可少疾，故靜者能養心。

3. 靜　腦

靜腦即指人的大腦不可雜亂，否則可能導致成疾。如失眠頭痛、神經衰弱、痴呆及各種精神病，都是因思維雜亂所致。因此，腦必靜，思必純。

（二）素食清飲法

1. 主食

寺僧的主食是五穀雜糧，要求日餐三變，七天大變。並注意節食，一是按時，二是定量。

2. 蔬菜

以寺內種植的蔬菜為主，還適當挖採些野菜，如薺菜、

蒲公英、木蘭芽、活灌芽、苜蓿芽、碗豆笋等。春夏多吃鮮的，同時大量採集，曬乾儲存，四季食用。

3.飲　水

四季多飲白開水。春季以金銀花、連翹等泡茶，可以清熱解毒，免生瘡癤。夏秋季以翻白草、車前草等泡茶，可以防治腸道疾患。

4.食　素

常食素不僅可為人體提供豐富的營養成分，而且也可防止肥胖病和其他疾病。所以歷代僧人的體質，大多是外瘦內壯。

（三）自然健身法

1.吸新泄舊

少林寺僧，歷來就有早晨四更起床到後山呼吸新鮮空氣的習慣。起床後到後山曠野裡，面向東南，吸進新鮮空氣，約半個時辰。同時再配合做些輕微活動，如併步站立，兩膝繃直，兩手向兩側平展，然後向上，再向下按，在兩手下按和向前彎曲的同時，用力呼氣，呼盡肺內的陳舊廢氣；然後兩手緩緩向上，向兩側伸展，闊胸，最後稍向後仰，兩手隨之向上，向後環展，在兩手開始向上環展的同時，用力吸入新鮮空氣。依此法反覆做五至十次，天天如此。

這樣不僅可以排盡肺內的濁氣，吸進大量的新鮮空氣，而且可以寬胸，逐漸增大肺活量，並利於練氣功。

2.冷水浴

寺僧喜歡冷水浴，每日入睡前，在山門外的小溪用冷水洗身。冬季在室內用冷水擦身。如貞緒大師，亡故的前兩天

還在用冷水浴身。

3.曬太陽

貞俊大師云：「陰者悶，陽者暢」。寺僧深知多見陽光的益處，每天除早上靜禪一至二小時之外，一上午，幾乎都在較高的臺階上爭曬太陽。

（四）武術健身法

武術是少林眾僧健體延壽的重要方法。少林寺僧人「夏練三伏，冬練三九」，武不離身，身不離武，長此以往，自然身體健壯，延年益壽。

（五）健體藥方

1.　少林大補酒

【處方】：鹿膠、菟絲子、桑寄生、紅花、穀芽、知母肉、木瓜各 24 克，生膝、女貞子、丹參、黃芪、雞血藤、蒸首烏、百合、黨參、熟地、山楂各 30 克，枸杞子、巴戟天、肉蓯蓉、鎖陽、祁蛇、海馬、益智仁、鱉魚、白果仁、龜板、夜交藤、威靈仙、升麻、蒺藜、潼蒺藜、陳皮各 15 克，肉桂 6 克，千年見、桑椹、制乳香、桂枝、制沒藥各 9 克。

【製法】：將以上藥物切成碎塊，放入瓷器內，加入白酒 3000 克浸泡，用黃泥封固，每日震搖一次。三個月後，倒出藥酒，並將藥渣用淨布包緊，擠盡餘汁。經過濾，沉澱後，每 250 克裝一瓶、密封。

【服法】：成人每日 2 次，每次 15～20 克，少加開水調勻飲下。

【功能】：壯腰健腎，補血益氣，活血通絡，開胃消食。用於治療半身不遂、四肢無力、食慾不振、身體消瘦、腰酸腿痛、小便清白、大便溏瀉、脫肛、肢冷以及食積、寒積、氣積、血積等。

凡肝陽上亢、心火上升，內熱邪盛者忌服。

2. 少林延壽丹

【處方】：何首烏、人參、紫河車、當歸、大生地、熟地、藏紅花、三七、天門冬、肉蓯蓉、鎖陽、沙苑蒺藜、枸杞子、草決明、青箱子、女貞子、車前子、柏子仁、酸棗仁、木槿花、杭菊花、巴戟天、麥芝草、茯苓塊、龍眼肉、龍骨、驢腎、鹿腎、百合、桑寄生、杜仲、金毛狗、狗腎、續斷、桂枝、白花蛇、韭菜籽、遠志肉、蓮子肉、菟絲子、大秦艽、杏仁、山萸肉、穿山甲、生牡蠣、石菖蒲、黃花菜根、三棱花、莪朮、黃芪、生石膏、墨旱蓮、雞血藤、川貝母、金銀花、連翹、生梔子、金石斛、薺菜、丹參、桔梗、大白、鹿茸、五味子、松子仁、白芍、川黃連各等分。

【製法】：將以上藥物研成細粉，取優質蜂蜜，蜜煉成如彈子大丸，朱砂掛衣，置乾燥、陰涼、通風處貯存。

【服法】：成人每服 1 丸，每日 2 次，空腹用淡鹽水送服。

【功能】：補血理氣，壯腰健腎，滋養五臟六腑，固衛養榮，聰耳固齒，烏鬚髮，悅顏面。

禁食豬肉、大蒜、綠豆，內熱盛者慎用。

3. 少林嵩參膏

【處方】：黃芪、玉竹各 1140 克，嵩山參、知母肉、蒸首烏、天門冬、阿膠、芍藥各 450 克，生地、枸杞子、大

山楂、山萸肉、大麥芽各 600 克，酸棗仁、柏子仁各 240 克。

【製法】：將以上藥物（阿膠另配）切片，置銅鍋內，加清水 17 公斤，用文火煎熬 3 小時，濾出藥汁；再加水 17 公斤煎熬兩小時，濾出藥汁；最後加水 12 公斤，煎熬一個半小時，取盡藥汁，將三次藥汁合併入鍋內，用文火熬成 5 斤稠膏，然後兌入阿膠，用竹竿攪和，爾後離火，待降溫後，裝瓶密封，放乾燥、通風、陽暗處貯藏。

【服法】：成人每日 2 次，每次服 30 克。兒童酌情減量。

【功能】：補氣養血，生津止渴，健胃消食，滋補肝腎，悅顏明目。用於治療面色蒼白、心慌氣短、唇焦口燥、精神倦怠、四肢無力、不思飲食、腰酸腿痛、頭暈耳鳴、眼目昏花、鬚髮早白、記憶力衰退等症。

忌服豬肉、大蒜、辣椒、綠豆及魚、蝦等腥味食品。

4. 少林五珍湯

【處方】：山藥、黃芪、嵩山參各 30 克，黑豆、鮮生地各 120 克，大棗 10 枚。

【製法】：將以上藥物（除大棗作引外）放砂鍋內，注水煎煮至一小碗，分兩次喝完。每月服 10 劑，可以長期服用。若胃口不好者，加陳皮、山楂、法半夏適量。

【功能】：補氣養血，滋腎明目。

5. 少林還少丹

【處方】：何首烏（酒蒸）、枸杞子、墨旱蓮草、菟絲子、女貞子各 120 克，黑芝麻、人參、白朮、青箱子、仙茅、益智仁、金石斛、神曲各 60 克，生地 240 克，陳皮 30

克，當歸、山藥各 180 克。

【製法】：將以上藥物研成細末，取優質蜂蜜煉製成如彈子大丸，用蠟封裹。

【服法】：每日服 2 次，每次 1～2 丸，用白開水送服，長年服用。

【功能】：滋補肝腎、烏鬚髮、悅顏面、明目、聰耳、固齒。

忌服油膩、腥葷、辛辣等食物。

五、氣功功法資料選摘

（一）納氣分路法

氣，就是呼吸。納，收入其內為納。分，分明其氣，不使顛倒混亂。路，就是道路，一吸一呼各有其路，不能不遵。法，就是規矩。如身的束縱，步的存進，手的出入，或進或退，或起或落皆當一氣貫注。接取宜於納之呼中，一吸即得。送去宜於納之呼中，一呼無失。接取瞬間，勝敗已定，萬萬不可混施。

古今練拳習技者，首先要知道人身氣的由來，然後懂得練氣行功和如何納氣分路，方可練就一身功夫。

——摘自《少林拳譜》

（二）呼吸動靜法

古拳譜秘傳曰：呼吸者氣也，動靜者心也。心一動而氣一吸，則無力而勢虛矣。心一動，而氣一呼，則有力而勢實矣。然靜要專一，動要精神，吸必緊急，呼必怒發。心為元

帥，氣為先行，且為旌旗。目若恍惚，指示不明，則動靜失宜，呼吸倒置，陣必失矣。習此藝者，先要講明眼位，視而不至恍惚，則目之所注，志必至之；志之所至，氣必隨之。心一動，而百體從令，振其精神，揚其武威，動靜者此之說也。身之起落，步之進退，手出之入等，法活而氣煉，來速而氣疾，不戰則已，戰則必勝矣。

歌訣：

呼吸者指氣談，動靜指失言。

心動吸氣則無力，無力勢虛力不全。

心動一呼則有力，有力勢實則力滿。

心為人體帥，氣為先行官。

眼為旌旗標，恍惚失向盤。

失觀對方勢，動靜辨別難。

呼吸若雜亂，交戰必敗轉。

因此重眼位，習武重在眼。

銳目盯敵勢，志力隨目轉。

心動令百節，精力充肺源。

全身是虎勁，威武震河山。

呼吸動要協調，接取納氣歸一圈。

身步起落貫一氣，進退出手活如猿。

來去風速如閃電，百戰百勝樂開顏。

——摘自《少林拳譜》

（三）內壯論

內與外對，壯與衰對。壯與衰較，壯可羨也。內與外較，外可略也。蓋內壯言道，外壯言勇，道入聖階，勇僅俗

務，懸霄壤矣。凡練內壯，其則有三：一曰守中。此功之要，在於積氣下手之法，妙於用揉。凡揉之時，手掌著處之下胸腹之間，即名曰中。惟此中處，乃積氣之地，必須守之。宜含其光明，凝其耳韻，勻其鼻息，緘其口氣。四肢不動，一意冥心存想中處，先存後忘，漸至泊然不動，斯為合式。蓋揉在於是，守即在於是。則一身之精氣與神俱注積之，久久自成無量功力。設或雜念紛壇，馳情外境，神氣隨之而不凝注，虛所揉矣。

一曰萬勿他及。人身之中，精血神氣非能自主，悉聽於意。意行則行，意止則止。守中之時，一意掌下，方為能守。設或移念一掌之外，或馳意於各肢體，則所注精氣隨即走馳於各肢體，便成外壯，而非內壯，虛所揉矣。

一曰持其充周。揉功合法，氣既漸積矣。精神附於守而不外馳，氣維蘊於中而不旁溢，直至真積力久，日月已足，效驗即形。然後引達自然，節節堅壯。設末充周，而輒散於四肢，則內壯不固，外勇亦不全矣。

——摘自《少林拳術精義》

83

（四）凝神氣穴

功滿周天日數，督任俱充，先行下部功法。自後早間內功，當易歸根復命為凝神入氣穴矣。蓋歸根復命，是順其氣而使之充積，以濟內壯之源。此則提其氣而使之逆運，以神內壯之用。順則氣滿，逆則神充，一順一逆，有體有用，方為真正堅固。此際始行者，督任將通，方可施功也。

訣曰：一吸便提，息息歸臍。一提便咽，水火相見。其法，仍於黎明時，趺坐至念咒，悉如歸根復命，注想臍輪之

後，腎堂之前，黃庭之下，關元之間，氣穴之中，為下丹田。調勻呼吸，鼻吸清氣一口，直入其中，復下至會陰，轉抵尾閭。即用氣一提，如忍大便之狀，提上腰脊，上背脊，由頸直上泥丸。從頂而轉下至山根，入玉池，口內生津，即連津咽入上丹田；併上丹田氣又一咽，入中丹田；併中丹田氣又一咽，送入下丹田，是謂一次。

又調呼吸又咽，如此二十七次畢。仍行法輪自轉，然後起身。關元穴在臍下一寸三分。腎主納氣，故為氣穴。玉池舌底生津處也。此法抑命府心火入於氣穴，故曰水火相見也。經云：「久視下田，則命長生」者，此也。

——摘自《少林拳術精義》

（五）下部行功

功行三百餘日，督任二脈積氣俱充，乃可行下部功法，令其貫通。蓋人在母胎之時，二脈本通，出胎以後，飲食滯氣物，欲滯神虛靈有障，遂隔其前後通行之路。督脈自上牙齦上項，由項後行脊下至尾閭；任脈自承漿下胸行腹，下至會陰。脈雖貫而氣不相通。今行下部之功，則氣至可以相接而交旋也。

此段功法，在於兩處，其目有十。兩處者，一在睪丸，一在玉莖。在睪丸者，曰攢、曰掙、曰搓、曰拍、曰撫；在玉莖者，曰捽、曰握，曰束。二處同者，曰咽、曰洗。凡攢、掙、搓、拍、撫、捽、握七法，掙則努氣注於睪丸，餘皆用手依次行功，周而復始，自輕至重，自鬆至緊，不計遍數，仍準一時，每日三次。咽則將行功之時，鼻吸清氣一口，以意咽下，送至胸；又吸又咽並送至腹；又吸又咽並送至下部行功處。咽三十六口，然後行功握之法，必用力弩至

於項，方能得力。洗者，洗以藥水；束者，洗畢用軟帛束莖根，寬緊適宜，取其常伸不屈。

此功百日，督任可通矣。功足氣緊，雖曰隱處，亦不畏椎梃也。

——摘自《少林拳術精義》

（六）氣功闡微

柔術之派別習尚甚繁，而要以氣功為始終之則，神功為造詣之精，究其極致所歸，終以參貫禪機，超脫於生死恐怖之域，而後大敵當前，槍戟在後，心不為之動搖，氣始可以壯往。此所謂泰山倒吾側，東海傾吾右，心君本泰然，處之若平素也。雖然是，豈易言哉。每見沈心求道之士，平日養氣之言不離於口，靜悟之旨懷之在心，一旦臨以稍可駭愕之事，則面目改觀，手足失措，神魂搖蕩失舍。如是而求能靜以御敵，戞乎其難。其高尚者且若是，至於浮動輕躁者，其心氣之易搖易亂，幾成固有性質。故試舉目而望，氣功之微妙變化，空谷中幾無跫然嗣響之音，此吾道之所以曰衰也。

氣功之說有二，一養氣，一練氣。養氣而後氣不動，氣不動而後神清，神清而後操縱進退得其宜，如是始可言中制敵之方。顧養氣之學，乃聖學之緊要關鍵，非僅邈再柔術所能範圍。不過柔術之功用，多在於取敵制勝之中，故於養氣為尤不可緩也。

練氣與養氣雖同出於一氣之源，覺有虛實動靜及有形無形之別。養氣之學以道為歸，以集義為宗法；練氣之學以運使為效，以呼吸為功，以柔而剛為主旨，以剛而柔為極致。及其妙用，則時剛時柔，半剛半柔，遇虛則柔，臨實則剛，

柔退而剛時，剛左而柔右，此所謂剛柔相濟，虛實同進者
也。

以上練氣之說，中有玄妙，不可思議。若泛觀之，幾如
贅語重疊，無關宏旨。詳加注釋，精微乃見。今釋之如下。

1. 運　使

既云練氣。則宜勤於運使。運使之法，以馬步為先（又
名站樁），以身上之下伸縮為次（如是則腰腎堅強，起落靈
捷，將來練習拳法無腰酸腿戰之病），以足掌前後踏地，能
站立於危狹之處而推挽不墜為效果。究其練成功時，雖足二
寸在懸崖，而堅立不能動搖也（足掌前後踏地須練習久始
能。平常人之足掌則前後不相應，故一推挽即傾跌也）。以
上乃練足之法。

蓋尋常未經練習之人，氣多上浮，故上重而下輕，足，
又虛踏而鮮實力，一經他人推挽則如無根之木，應手即去，
此氣不練所致也。

故運使之人手法門，即以馬步為第一著，練手先練樁，
俗語云：未習打，先練樁（又名站樁），亦即此意。苟能於
馬步熟練純習，則氣貫丹田，強若不倒之翁。而後一切柔術
單行手法及宗門拳技，均可以日月漸進矣。

初練馬步時，如散懶之人忽騎乘終日，腿足腰腎極形酸
痛，反覺未練以前其力比練時減退。此名為換力，凡從前之
浮力虛氣必須全行改換。但到此不可畏難，宜猛勇以進，如
初夜站二小時者，次夜加增數分，總以漸進無間為最要。又
站時若覺腿酸難忍，可以稍事休息，其功效總以兩腿久站不
痛，覺氣往丹田，足脛堅強為有得耳。

足既堅強矣，則練手尚焉。練手之法以運使腋力，令其

氣由肩窩腋下運至指顛，如是而後，全身之力得以貫注於
手。用力久則手足兩心相應，筋骨之血氣遂活潑凝聚，一任
練者之施用而無礙也。

2.呼　吸

肺為氣之府，氣乃力之君。故言力者不能離氣，此古今
一定之理。大凡肺強之人，其力必強，肺弱之人，其力必
弱。何則？其呼吸之力微也。北派柔術，數十年前，乃有專
練習呼吸，以增益其氣力者，成功之偉，頗可驚異。其初本
為寡力之夫，因十年呼吸練習之功，有增其兩手之力，能舉
七百斤以上者。南派則練運使之法多，練呼吸之法少，蓋以
呼吸之功雖能擴加血氣，時或不慎，反以傷身。後以慧猛師
挈錫南來，傳授呼吸之妙訣，於是南派始有練習之者。未
幾，斯術大行，逐於運使之時，兼習呼吸，而南派柔術，因
以一變。茲將慧猛師之口傳訣記之如下。

呼吸有四忌。

（1）忌初進時太猛。初時以呼吸四十九度為定，後乃
緩緩增加，但不可一次呼吸至百度以外。

（2）忌塵煙污雜之地。宜於清晨或曠寂幽靜之所行
之。晚間練習宜在庭戶外，不可緊閉一室中。

（3）忌呼吸時以口出氣。初呼時，不妨稍以口吐出肺
胃之惡氣，以三度為止。而後之呼吸，須使氣從鼻孔出入，
方免污氣侵襲肺部之害。又呼吸時，宜用力一氣到底，而後
肺之漲縮，得以盡吐舊納新之用，而氣力以生。

（4）忌呼吸時胡亂思想。大凡人身之氣血，行於虛而
滯於實，如思想散馳，則氣必凝結障害，久之則成氣痞之
病，學者不可不慎焉。

以上四忌，須謹慎避之，自無後患。迨至成功時，則周身之筋脈靈活，骨肉堅實。血氣之行動，可以隨呼吸以為貫注，如欲運氣於指尖、臂膊及胸肋腰腎之間，意之所動，氣即赴之。倘與人搏，則手足到處，傷及膚理，不可救療，氣之功用神矣哉。

洪惠禪師曰：呼吸之功，可以使氣貫周身，故有鼓氣胸肋腹首等處，令人用堅木鐵棍猛擊而不覺其痛苦者，由於氣之鼓注包羅故也。但有一處為氣之所不能到者，即面部之兩額是也。擊他部雖不痛，惟此部卻相反耳。

呼吸之術，當時北派最盛，而西江河南兩派則以長呼短吸為不傳之秘法。河南派則名此為丹田提氣術，西江派則名之為提桶子勁（勁即氣力之俗稱也）。究之名雖異，而實則無甚差別。其法直身兩足平立，先呼出污氣三口；然後屈腰，以兩手直下；而後握固提上，其意以為攜千斤者然，使氣貫注丹田臂指間；迨腰直時，急將手左右次第向前衝出，而氣即隨手而出，不可遲緩，惟手衝出時，須發聲喊放，方免意外之病。自此以後，則手或向上衝，或左右手分提（仍須屈腰與前同），總以氣血能貫注疏通為要。

又向上衝時，覺得氣滿腋肋之間；左右分提時，仍伸指出，而握拳歸，儼如千萬斤在手，則丹田之氣，不期貫而自貫矣。但提氣進，須漸漸而進，有恆不斷，為成功之效果，學者須靜心求之，勿視為小道野術可也。

3.剛 柔

柔術雖小道，精而言之，亦如佛釋有上中下三乘之別。三乘維何？即剛柔變化二者而已。其宗派法門千差萬異，雖各有其專家獨造之功，而剛柔變化之深淺，即上中下所由判

焉。上乘者，運柔而成剛。及其至也，不剛不柔，亦柔亦剛，如猝然臨敵，隨機而動，變化無方。指似柔也，遇之則剛若金錐；身似呆也，變之則捷若猿兔。敵之遇此，其受傷也，不知其何以傷；其傾跌也，不知其何以傾跌。神龍夭矯，莫測端倪，此技之神者矣。但柔而成剛一段工夫，非朝夕所能奏效，此上乘中技術也。

所謂中乘者何？即別於上乘之謂也。其故因學者初學步時，走入旁門，未蒙名師之傳授指點，流於強使氣力，剛柔無相濟互用之效，或用藥力或猛力等，強練手掌臂腿之專技不辭痛楚，朝夕衝搗蠻習，遂致周身一部分之筋肉氣血由活動而變為堅凝死壞，致受他種之病害。其與人搏，尋常人睹其形狀，則或生畏懼之心而不敢與較，若遇上乘名家，則以柔術克之，雖剛亦何所用。俗諺云：泰山雖重，其如壓不著我何。此剛多柔少之所以非上乘也。

89

術以柔為貴。至於專使氣力，蠻野粗劣，出手不知師法，動步全無楷則，既味於呼吸運使之精，復不解剛柔虛實之妙，乃以兩臂血氣之力，習於一拳半腿之方，遂自命個中專家，此下乘之拳技，不得混以柔術稱之，學者所宜明辨也。

中乘之術，不過偏於剛多柔少之弊，然尚有師法派流，變而求之，不難超入上乘之境界。惟下乘者，無名師益友之指授，日從於插沙（鄙鄉之拳師教人，用木桶盛沙，每日以手指頻頻插之，使指尖硬於鐵石。）、打椿（即用圓木一段釘入於地中，每日朝夕用足左右打之，初淺而次第加深，如能打翻入地二三之椿，則足力，所擊遇之必傷折。此拳師教人練習足力之法，當時潮州、嘉應、肇慶等處多受習

之。）、拔釘（敲釘於板壁中，每日用手指拔之，以能拔出最深之釘為功效。如與人鬥，指力到處，皮膚為之破裂。此亦西江派所最愛練習者也）、磨掌（磨掌之法，每日將掌邊向桌緣幾側等處頻頻擦磨，至皮外老結堅凝時，再以沙石勤擦，並以桐油等物塗之，總以掌緣堅皮高起，剛硬如鐵為止。故人遇其掌骨砍落，無異金石之器也）之事，究其所到，不過與全未練習之人遇，則頗堪恐怖。如一旦逢柔術名家，鮮有不敗者矣。

從此觀之，斯道以剛柔變化能達於極品者，為上乘；剛多柔少，謹守師法者，為中乘；至於一拳一技之微，有剛而無柔，專從事於血氣之私者，於斯為下矣。嗟爾後學，不可鑒諸。

——摘自《少林拳術秘訣》

（七）習氣功之實益

諸功之法，練氣最先。真氣者，所受於天，與穀氣併而充身者也。氣乃人身之本，有氣則生，無氣則死。氣行則血行，氣泄則血凝。故曰：氣乃練功之根，功為積氣之源。氣可統血，氣可生血；血可化精，精足神則旺；神旺氣更充。則謂：天有三寶日月星，地有三寶水火風，人有三寶精氣神，會用三寶天地通。此乃習氣功之要旨。

是曰：練功者採日月之精華，吸大地之靈氣，繼則壯人之體魄，積人之精靈，充人之真氣，化人之神峻，益人之智慧，延人之壽命，無有終時。正如中醫之典籍《內經》云：「有真人者，提氣天地，把握陰陽，呼吸精氣，獨立守神，肌肉若一，故能形與神俱，無有終時。」

　　氣功又曰養生。養生內功家認為，性命的性有性源，命有命蒂。性命是二又是一矣。曰二者，是從標來論。它們兩者，一在天南（如《莊子》說的「天池」、「南溟」），一在地北（如《莊子》說的「北溟」、「窮發之北」），遙遙遠隔，又各宮室居處，各有不同的形式表現。曰一者，用從本來說。其本質同出一源。

　　人們呱呱墮地，遂由先天之象乾、坤、陰陽，變為後天的坎、離、水火。性命的性即體現為中心、為神，命即體現為腎、為氣。然它們皆淵於精之所化。它們相生相成，形影不離。大凡神之所至，氣亦隨之；命之所至，性亦隨之。你中寓我，我中寓你。性以敏感著稱，故把它叫做「性靈」、「神明」。當性靈接觸視聽，命隨之而支。性源經練功有所得，命亦隨之有得，命氣因被戕賊有所傷害，性亦隨之削弱，故曰二合一也。

　　養生，練功喚做天道，曰為逆行；把俗家的陰陽交媾、夫妻配偶、叫做人道，曰為順行。逆行者，則為練精化氣，練氣化神，練神還虛，練虛還無，又曰練虛還道。其是說，人從無從虛而來，故應回到虛無以合乎自然之道。謂此，是曰物的演變、升化的，故虛中存至實，無中存之有。因而，儒家把這種升化結果叫做「超凡入聖」，道家曰此謂「羽化成仙」，釋家曰此謂「涅槃成佛」，歧黃曰此謂「真人」。

　　順行是謂俗家之人道。神（性靈）有所感，即動心化氣（命），氣化精而排出，或受胎成形，生男育女；或變穢濁而流失，直至油乾燈盡，精竭人亡。故傳統喻內功為「添油法」。「欲點長明燈，須知添油法」。此之謂也。

　　由引可知，養生、練功之真諦是謂氣。精氣神之可貴，

其缺一不可，相互益彰。練功可積精養氣全神，故能使人強身健體，更可使人增加敏感防衛能力，自然能延年益壽，使之鶴髮童顏。尤可為人治病，使人康復。現就此三點，試舉習氣功之實益，望能受到啟示。

1.氣功之防衛

武功豈能離氣，氣者百節之源。古人云：「心到意到，意到氣到，氣到力到，力到生效。」正如《少林寺武僧譜》載：福裕大和尚的高足慧炬大師，廣學多聞，精通佛經，擅長文學、醫學，德高望重，任少林宗主。在武術方面亦很有造詣，擅長氣功、禪丈、劍術等。特別是輕功亦能起步如飛，跨澗越崖；氣功可以隔牆吹燭，丈外制人；還可坐禪十日，不動聲色，眾僧稱活菩薩。

慧炬大師之氣功可隔牆吹燭，丈外制人。已登技擊防衛之巔，絕非一般所能及。他正是熔輕氣功於武術一爐，方能氣隨意發，意在氣中，氣中寓功，意氣制人，實可謂登封造極之師。

《少林寺武僧譜》載：康熙年間，清真拜祖月為師，修行廿年，擅長氣功、輕功和劍術，亦能踏穗走田，日行六百里。寡言少語，顏沉清寂，睛不視物。一日清真外出，時近黃昏，路過小凹，突出歹徒十餘人，圍抄清真，清真敏感極靈，瞬則縱身發氣，歹徒皆倒。清真踏蒿草之巔而過，眾歹徒在驚慌中，僅望去影。

清真祖師之輕功絕頂，氣功上乘，意隨氣發，力隨氣到，運用得當，收發自如，實屬精氣神練純之典範。

篇幅之限，不再贅述。就其兩例，亦不難看出，氣功在武術中的真諦之所在。只有內外融為一體方屬上乘。故曰：

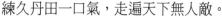

練久丹田一口氣，走遍天下無人敵。

2.氣功之延壽

經云：腎為先天之本。性命之性，體現為心、為神；命體現為腎，為氣。故又曰，命門屬腎，生氣之源，人無兩尺必死不全。所以說，氣聚則生，氣散則死。氣雖有心氣、肝氣、胃氣、肺氣、腎氣、中氣、宗氣、衛氣，營氣之異，然綜合統為真氣。氣功之調心、調身、調息，其宗旨是在調息。息調則能養真，息調則百脈調和，經絡通達。如此則外能禦疾病之生，內可滋臟之養。意到則氣生，氣生則意成，經脈調和，絡脈調勻，臟腑滋生，相輔相成，正氣存內，邪不可干，自然延壽。

《少林寺武僧譜》載：「秋月大師，原名白玉峰，山西太原人，酷愛武術，雖軀體不大，但年逾五十，然壯健非常，而精靈之氣逼人，精通氣功，擅長劍術……」白氏高尚的武德和超絕的氣功武技，不僅贏得眾僧對他的尊重，而且名揚千里，聲震武壇。

白氏年逾五十壯健非常，精靈之氣逼人，正是他精通氣功的結晶。他的絕頂武藝和超人功夫，亦是氣功之精髓在武功中超人的運用。壯健非常，精靈之氣逼人，更是他氣功純熟，爐火純青的顯示，自然是延壽之根本。

《少林寺武僧譜》載：洪溫，宗瑞年間任少林寺首座僧，佛、醫、武、文四通，擅長氣功，年到八旬還能頂動二百斤，雙膝架兩人，站樁三炷香，口不喘氣，面不改色，穩如泰山。若不是達到「真人」的程度，不是氣功之功底深厚，真氣充實，八旬高齡，豈能為之。氣功之延壽，無可辨解，氣功神力，無須疑之。

3. 氣功之醫療

《少林寺武僧譜》載：清玉，康熙年間皈度沙門為尼，拜祖梁為師，苦修廿年，佛武皆通。且精醫理，善氣功輕功，登萍渡水，行如坦途。為民療疾，以手拂之，應手而效，莫不驚嘆。

現寺內健在的德禪方丈，年已八十又五，佛、醫、武、氣功、文理，無所不通。他用少林內氣功的臥禪功，練功經年，使他的高血壓症不藥而穩，並且頭目清明，思路敏捷。他用氣功治癒的僧人和群眾，更是難以數計，且多半是應手而效。

四川省重慶市老中醫梅自強，四歲父母皆逝，只好依窮外婆生活，每日兩餐不繼，以致發育不良，體弱常病，枯瘦如柴。他自十五歲從師學醫練功，即自強不息，終於轉弱為強，變夭為壽，歷經艱而不倒，幾番險死而不死。迄七十又二，仍步履輕健，面色紅潤，生機暢旺，白髮很少，睡眠不多，精神振奮。實乃養生內功之所得。

文革中他在「牛棚」裡，大便下血，旋即為痔，經兩次劇痛潰濃而成漏。梅氏則暗暗地默照守竅而得以減輕。後來生活好轉，更認真練功，清升濁降，完全不藥而癒。

他曾患痺症、浮腫、怔忡，皆依靠暗中默照練功，而使病症減輕，轉危為安。

氣功之修練，既可強身健體，又可增強敏感和技擊之功夫；還能延年益壽；更能療疾病之痛苦；尚可出現遙感、透視等特異功能。尤其對跌打損傷，及胃痛、痛經等症，更有立竿見影之效，且無「藥源性疾病」之慮。

然若欲修練深化，則行住坐臥，皆要行動。古人云：行

則措足於坦途，住則凝神於太虛，坐則調丹田之氣，臥則守臍下之珠，以至生生不已，浩然長存。

附：少林習武戒約

（一）習此技術者，以強健體魄為要旨，宜朝夕從事，不可隨意作輟。

（二）宜深體佛門悲憫之懷，縱於技術精嫻，只可備以自衛，切戒呈氣血之私，有好勇鬥狠之舉，犯者與違反清規問罪。

（三）平日對待師長，宜敬謹將事，勿得有違抗及傲慢之行為。

（四）對待後輩須和順溫良，誠信毋欺，不得恃強凌弱，任性妄為。

（五）於挈錫遊行這時，如與俗家相遇，宜以忍辱救世為主旨，不可輕顯技術。

（六）凡屬少林師法，不可逞憤相較。但偶爾遭遇，未知來歷，須先以左手作掌，上與眉齊。如係同派，須以右掌照式答之，則彼此相知，當互為援助，以示同道之誼。

（七）飲酒食肉為佛門之大戒，宜敬謹遵守，不可違犯，蓋以酒能奪志，肉可昏神也。

（八）女色男風，犯之必遭天譴，亦為佛門之所難容，凡吾禪宗弟子，宜垂為炯戒勿忽。

（九）凡俗家弟子，不可輕以技術相授，以免貽害於世，違佛氏之本旨。如深知其人，性情純良，而又無強悍暴恨之行習者，始可一傳衣鉢。但飲酒淫慾之戒，須使其人誓為謹守，勿得以一時之興會，而遽信其畢生。此吾宗之第一

要義，幸勿輕忽視之也。

　　（十）戒持強爭勝之心及貪得自誇之習。世之以此自喪其身，而兼流毒於人者，不知凡幾。蓋以技擊術之於人，其關係至為緊要，或炫技於一時，或務得於富室，因之生意外之波瀾，為禪門之敗類，貽羞當世，取禍俄頃，是非先師創立此術之意也。凡在後學者宜切記之。

　　　　　　　　　　　　　——摘自《少林拳術秘訣》

第二章
少林點穴法

>>>

第一節　少林點穴法功理要點

一、點穴總論

點穴者，為擒拿法之冠，技擊法之妙，是少林家傳武技之寶也。

點穴者，僅以星斗山河之象，沙蟲猿鳥之形，據其部位，仿其動作，而演變為拳法奇技，漸而豐增武林之彩。少林僧兵盛達兩千時，武技日益高妙，擊法日漸出奇。為了門戶，必精其術。得之皮毛者，可借新奇而自掩；得其真傳者，視其珍異而自秘。如此千年餘，至日減奇技，漸而失傳。

今日武家，門派眾多。昔日僅少林、武當兩派。兩派之史，少林久遠。北齊稠禪師，是少林寺最早的一個武功超群的武僧，為少林拳法的奠基者。武當之祖是張三豐，張氏生於宋代徽宗年間，其武技精奧超群。少林武當，無分軒輊，友合一家，技擊有歧。今人評曰：外家少林，內家武當；外

家主剛，內家主柔。其實兩家都剛柔兼備。凡武家皆含陰陽造化之機，具剛柔互濟之道，始足以致實用。否則，縱百煉之鋼，亦必有折損之時。

點穴法，其理極精，得真技難。善此技者又互相慎秘而不外傳，所以至今能精其法者甚少。

習武者，僅能拳技其名，而不知其法，實令人可惜。點穴法為制人之武技，與醫學緊密相關，其理深奧，非精心研練者，難通其術。先師先不謹告：「練點穴之法，必高武德，礪苦恆志，幾十年如一日，方能獲得真功。」

凡習點穴術者，須深知：人之所以能生存，其理在氣血調和，陰陽平衡，生機勃勃，欣欣向榮，體皆健壯。若氣血失調，則死機潛伏，垂危欲絕。故先師勸後生要常日習武，頻練體肢，使陰陽平衡，氣血暢通，骨壯筋柔，全身力宏，益壽延年。

98

氣與血，為人生養命之源，循行全身，永無靜止。而經行之道，亦有一定之規，經行之時，亦有一定之序，絲毫不爽，皆有所現。人身十二經三百六十五穴，氣血沿經絡循環一周，氣血必經行一度，其經行則以十二時為準。吾人若悉所此規，施其點穴法，皆有效驗。攻者心破，守者心堅，常勝也。

「習武者尚德不尚力」。力雖足以傷人，而人未必心悅誠服。唯德者，力雖遜於人，而人必帖然，此不易之理也。蓋武技之精者，出手即可制敵亡命，而對生命垂危之人，則略施手法，即可使其復甦。若能殺人，而不能生人者，則謂之死手，無可取也。故學武必先學治生人之道。

「治傷非難勘穴難，用藥非難辨症難」。蓋治傷者必先

認定其所傷之處。究屬何傷，究屬何穴，然後依其症而定其治法，或用手法而治其外表，或用藥物而治其內傷，藥到病除，手到復春也。

凡屬少室賢徒弟子，學其武，必先重武德。有技無德者，非少林之徒；偏守武德而無技者，蠢才，無用也。少林寺院武僧和寺外皈依門徒，雖武藝超群，卻永藏於暗處，從不無故傷人，眾人也不知其通武也。

切記先師訓，葆尚德朱心。

少室真武技，莫傳歹惡人。

英名芳千秋，歹徒臭萬年。

（一）宗　旨

習點穴法，必先識諸穴所在部位，後辨明其起止循經路線，還須知曉各穴位與臟腑、腦顱、氣血、五行、陰陽之依存、生剋、制約之關係，方能沿其道漸而習悉之。無分春夏秋冬，無分生計貧富，無分暢阻順逆，苦恆久之，方能學到真功，練成絕技也。

（二）用　途

一者生人也。偶被歹徒惡技所傷，因氣血停滯不能循環，四周萎滯不能轉動，或致不動聲思，不省人事，此屬內傷。用點穴法醫治，能使君癒也。

二者護身也。君出門在外，若遭暴客歹徒之劫，危及生命，可用點穴法解之、破之，而轉危為安。

三者健身也。習點穴之方，雖表功在手，但力源在臟。內外發一點，皆動百節內外，全身動也。靜者積，積之必

滯，疾也；動者通，通暢百節必活，健也。

（三）少林寺習武戒約

1. 習此技術者，以強健體魄為要旨，宜朝夕行事，不可隨意作輟。

2. 宜入佛門，悲憐之懷，縱於技術精嫻，只可習以自衛，切戒呈氣血之私，好勇鬥狠，犯者與違反朝規同罪。

3. 平日待師長，宜敬謹，將事勿得有違抗及傲慢之行為。

4. 對待後輩，須和順、溫良、誠信，孝雙親，不得恃強凌弱，任意妄為。

5. 手摯錫遊行之時，如與俗家相遇，宜以忍辱救世為主旨，不可輕持技術而逞強。

6. 凡屬少林師法，不可逞憤相較，但偶而遭遇，未知來路，須先以左手作掌上與眉齊，如係同派則以右掌照式答之，則彼此相知，當互為援助，以示同道之誼。

7. 飲酒食肉為佛門之大戒，宜敬謗遵守，犯者以酒能奪志，肉可昏神也。

8. 女色男風犯之必遭天譴，亦為佛門之難所容，凡吾宗門弟子，必嚴守戒規，勿毫違矣。

9. 凡俗家弟子，不可輕以技術相授，以免危害於世，違佛氏之本旨。如深知其人，性情純良，而又無強悍暴狠之行，習者始可一保衣鉢。但飲酒淫慾之戒須使其人誓為謹守，勿得以一時之興會，而妄言其畢生，此禪宗之第一要義，勿輕視之也。

10. 戒持強爭勝之也，及貪得自誇之習，世之以此自喪

其身而兼流毒於人者，不知凡幾。蓋以技擊術之於人，其關係至為緊要，或炫技於一時，或務得當室因之生意外之波瀾，為禪門之敗類，貽羞當世取禍俄頃，豈是先師創立此術之意也乎，凡後學者宜切記之。

（四）人體總穴概述

人體有穴總 365 處（秦朝以前），其中有大穴：108，小穴：257（包括致命穴和主暈穴），參看人體總穴（圖 129～140）。

諸穴大同小異，主暈穴雖不足以制命，亦可使暴客暫時失去抵抗能力；主傷穴可使歹徒斷肢、脫臼、出血，即致殘也；主死穴，即致命也，此法萬遇不得施也。

習點穴之法，獲真功者雖少，但也並非萬難，「鐵樑磨繡針，功到自然成」。然而，失德者、無志者，從無成也。少室歷代先師遺訓益教旨：「勸君習武尚德葆俠，練體健身，切莫無故傷人也。」

（五）十二經穴氣血流注解

1. 手太陰肺經（左右共 22 穴）

穴歌：

　　　手太陰肺十一穴　　中府雲門天府訣
　　　俠白尺澤孔最存　　列缺經渠太淵涉
　　　魚際少商如韭葉　　左右二十二孔穴

流注線：此一經起於中府，終於少商。

脈起中焦，下絡大腸，還循胃口；上膈屬肺。從肺系橫山腋下，下循臑內，行少陰、心主之前，下肘中，循臂內上

101

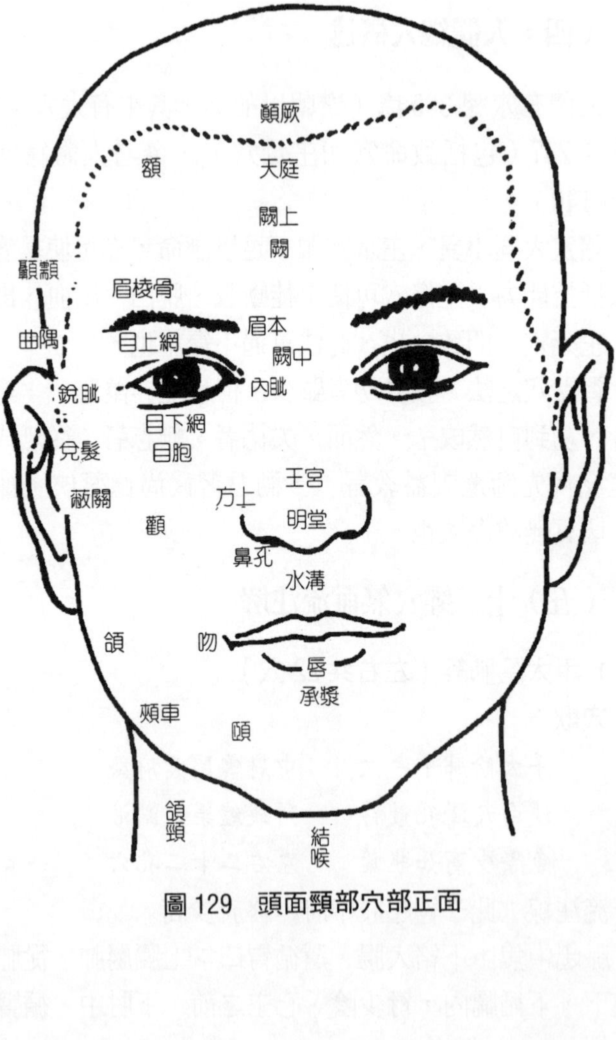

顛厥

額　　天庭

闕上

闕

顧顙

眉棱骨　　眉本

曲隅　　目上網　　闕中

內眦

銳眦

目下網

兌髮　　目胞

蔽關　　　　王宮

顴　　方上　　明堂

鼻孔

水溝

頷　　吻

唇

頰車　　承漿

頤

頷頸

結喉

圖 129　頭面頸部穴部正面

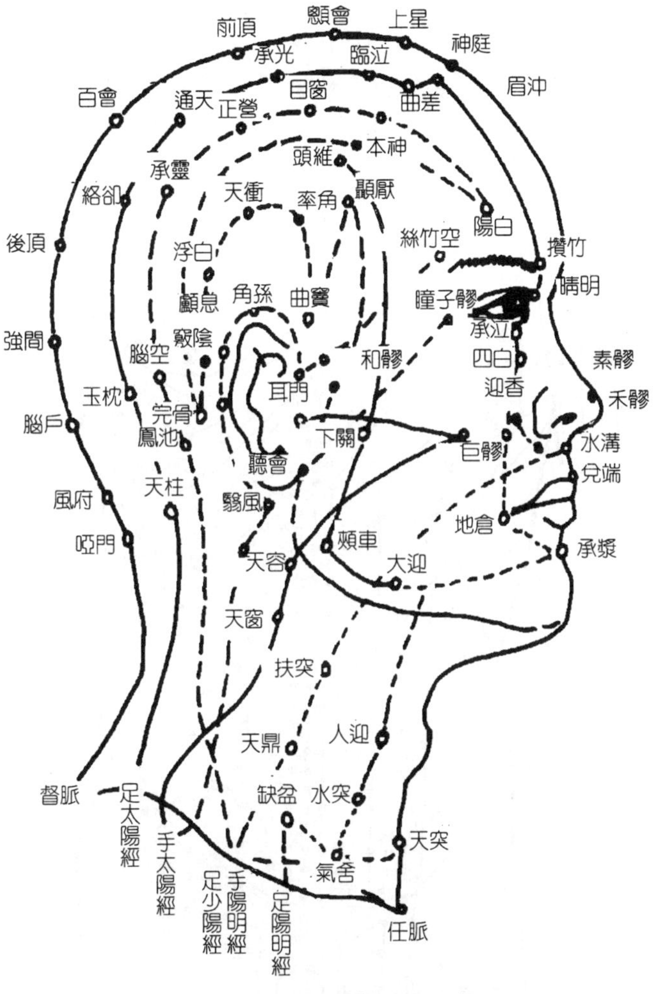

圖130　頭面頸部側面穴位

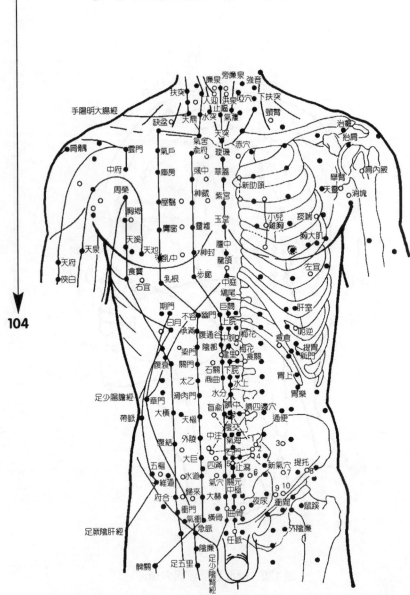

圖 131　軀幹正面穴位

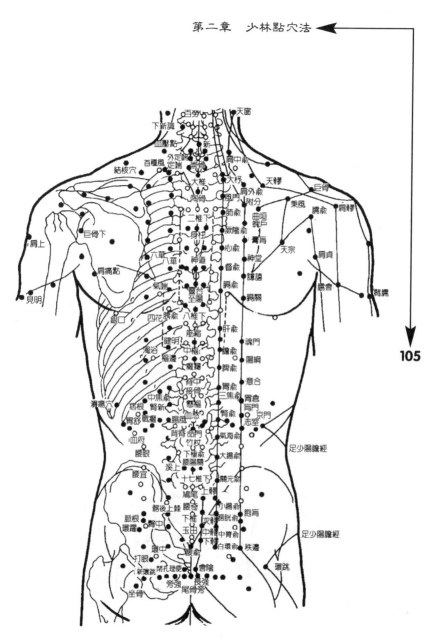

圖 132　軀幹背面穴位

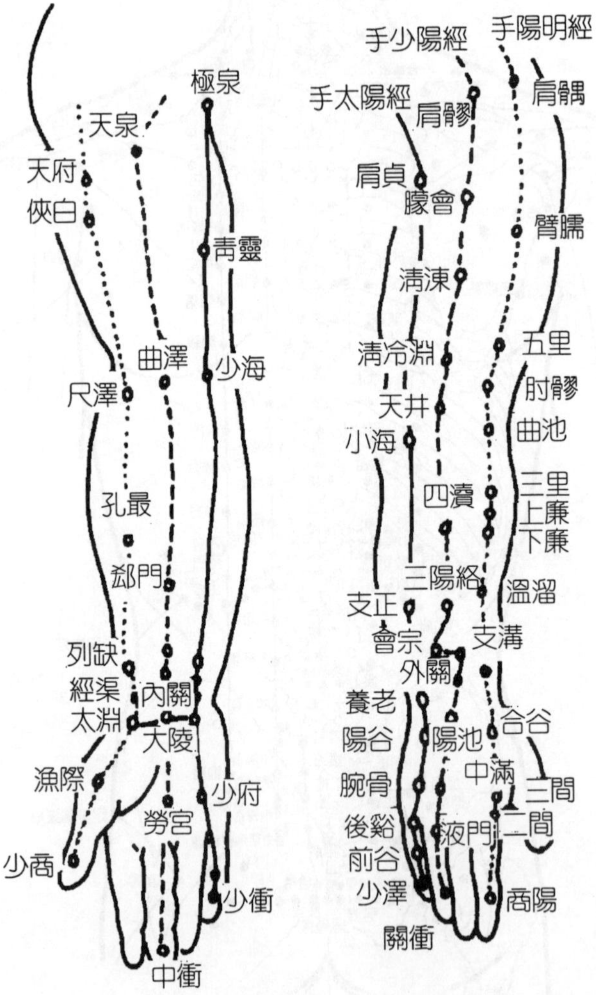

圖 133　圖 134　上肢穴位

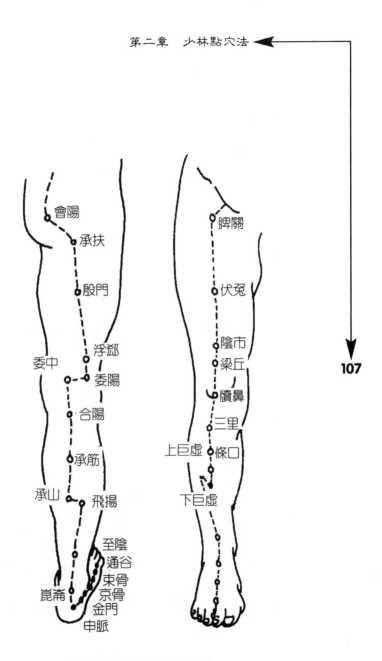

圖 135　圖 136　下肢穴位

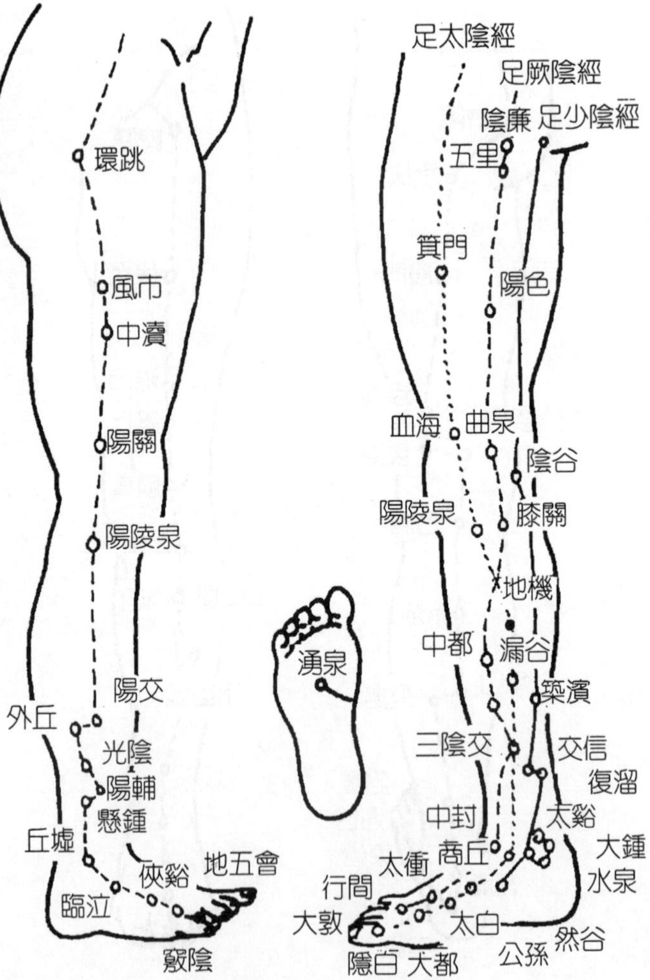

108

足太陰經
足厥陰經
陰廉　足少陰經
五里
箕門　　陽包
環跳
風市
中瀆
血海　曲泉
陽關　　　　陰谷
陽陵泉　　膝關
地機
中都　漏谷
陽交　　　築濱
外丘　　　　三陰交　交信
光陰　　　　　　　復溜
陽輔　　　中封　太谿
懸鍾　　　　　　大鍾
丘墟　　　　商丘　水泉
俠谿　地五會　太衝
臨泣　　　行間　太白　然谷
大敦　　　公孫
竅陰　　隱白　大都

湧泉

陽陵泉

圖 137　圖 138　下肢穴位

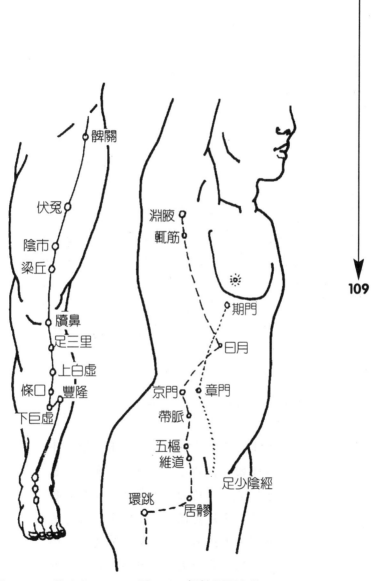

圖 139　下肢穴位　　　圖 140　軀幹側面穴位

骨下廉，入寸口、上魚，循魚際，出大指端。其支者，從腕後列缺穴，直出次指內廉，出其端。交手陰陽也。多氣少血，寅時注此。

2. 手陽明大腸經（左右共40穴）。

穴歌：

手陽明穴起商陽　　二間三間合谷藏

陽谿偏歷溫溜長　　下廉上廉手三里

曲池肘髎五里近　　臂臑肩髃巨骨當

天鼎扶突禾接髎　　鼻旁五分號迎香

流注線：此一經起於商陽，終於迎香。

其脈起於大指次指之端，循指上廉出合谷兩骨之間，上入兩筋之中，循臂上廉，入肘外廉，上循臑外前廉、上肩，出髃骨之前廉，上出柱骨之會上，下入缺盆，絡肺，下膈，屬大腸；其支者，從缺盆上頸，貫頰，入下齒中，還出挾口，交人中——左之右、右之左——上挾鼻孔，循禾髎、迎香而終，以交手足陽明也。此經氣血俱多，卯時氣血注此，受手太陰之交。

3. 足陽明胃經（左右共90穴）

穴歌：

四十五穴足陰明　　頭維下關頰車停

承泣四白巨髎經　　地倉大迎對人迎

水突氣舍連缺盆　　氣戶庫房屋翳屯

膺窗乳中延乳根　　不容承滿渠門起

關門太乙滑肉門　　天樞外陵大巨存

水道歸來氣衝次　　髀關伏兔走陰市

梁丘犢鼻足三里　　上巨虛連條口位

下巨虛跳上豐隆　　解谿衝陽陷谷中
內庭歷兌經穴終

流注線：此一經起於頭維，終於歷兌。

脈起於鼻交人中，旁約太陽之脈，下循鼻外，上入齒中，還出挾口、環唇，下交承漿，後循頤後下廉，出大迎，循頰車、上耳前，過客主人，循髮際至額顱；其支別者，從大迎前下人迎；循喉嚨入缺盆，下膈，屬胃，絡脾；其直行者，從缺盆下乳內廉，挾臍入氣衝中；其支者，起胃下口，循腹裡，下至氣衝而會，以下髀關，抵伏兔，下入膝臏中，下循中趾外廉，上足跗，入中指外間；其支者，下膝三寸而別，以下入中指外間；其支者，別跗上，入大別，出其端，以交於太陰也。多血多氣，辰時氣血注此。

4. 足太陰脾經（左右共 42 穴）

穴歌：

二十一穴脾中州　　隱白在足大指頭
大都太白公孫盛　　商丘三陰交可求
漏谷地機陰陵穴　　血海箕門衝門開
府舍腹結大橫排　　腹哀食竇連天谿
胸鄉周榮大包隨

流注線：此一經起於隱白，終於大包。

脈起大指之端，循指內側白肉際，過核骨後，上內踝前廉，上端內，循脛骨後，交出厥陰之前，上循膝股內前廉，入腹，屬脾，絡胃，上隔，挾咽，連舌本，散舌下；其支別者，復從胃別上隔，注心中。少血多氣，已時氣血注此。

5. 手少陰心經（左右共 18 穴）

穴歌：

九穴午時手少陰　　極泉青靈少海深
靈道通裡陰郄邃　　神門少府少衝尋

流注線：此一經起於極泉，終於少衝。

脈系心中，出屬心系，下隔，絡小腸；其支者，從心系，上挾咽，繫目系；其直者，復從心系卻上肺，下出腋下，下循臑內後廉，行太陰、心主之後，下肘內廉，循臂內後廉，抵掌後銳骨之端，入掌內後廉，循小指之內，出其端。多氣少血，午時氣血注此。

6. 手太陽小腸經（左右共 38 穴）

穴歌：

手太陽穴一十九　　少澤前谷後谿斂
腕骨陽谷養老繩　　支正小海外輔肘
肩貞臑俞接天宗　　髎外秉風曲垣首
肩外俞連肩中俞　　天窗乃與天容偶
銳骨之端上顴髎　　聽宮耳前珠上走

流注線：此一經起於少澤，終於聽宮。

脈起小指之端，循手外側上腕，出踝中，直上循臂骨下廉，出肘內側兩筋之間，上循臑外後廉，出肩解，繞肩胛，交肩上，入缺盆，絡心，循咽，下膈，抵胃，屬小腸；其支者，從缺盆，循頸，上頰，至目銳眥，卻入耳中；其支者，別循頰上䪼，抵鼻，至目內眥也。多血少氣，未時氣血注此。

7. 足太陽膀胱經（左右共 134 穴）

穴歌：

足太陽經六十七　　睛明目內紅肉藏
攢竹眉沖與曲差　　五處上寸半承光

通天絡卻玉枕昂　　天柱後際大筋外
大杼背部第二行　　風門肺俞厥陰四
心俞督俞膈俞強　　肝膽脾胃俱挨次
三焦腎氣海大腸　　關元小腸到膀胱
中膂白環仔細量　　自從大杼至白環
各各節外寸半長　　上髎次髎中髎下
一空二空腰髁當　　會陰陽尾骨外取
附分俠脊第三行　　魄戶膏肓與神堂
譩譆膈關魂門九　　陰綱意舍與胃倉
肓門志室胞肓續　　二十椎下秩邊場
承扶臀橫紋中央　　殷門浮郄到委陽
委中合陽承筋是　　承山飛揚踝附陽
崑崙僕參連申脈　　金門京骨束骨忙
通谷至陰小趾旁

流注線：此一經起於睛明，終於至陰。

脈起目內眥，上額，交巔上；其支者，從巔至耳上角；其直行者，從巔入絡腦，還出別下項，循肩膊內，挾脊，抵腰中，入循膂，絡腎，屬膀胱；其支別者，從腰中下挾脊貫臀，入膕中；其支別者，從膊內左右，別下貫胛，俠脊內，過髀樞，循髀外後廉，下合膕中，以下貫腨內，出外踝之後，循京骨至小指外側端。多血少氣，申時氣血注此。

8.足少陰腎經（左右共54穴）

穴歌：

足少陰穴二十七　　湧泉然谷太谿溢
大鍾水泉通照海　　復溜交信築賓實
陰谷膝內跗骨後　　以上從足走至膝

横骨大赫聯氣穴　　四滿中注肓俞臍

商曲石關陰都密　　通谷幽門寸半闢

折量腹上分十一　　步廊神封膺靈墟

神藏彧中俞府畢

流注線：此一經起於湧泉，終於俞府。

脈起小指之下，斜趨足心，出然谷之下，循內踝之後，別入跟中，上腨內，出膕內廉，上股內後廉，貫脊、屬腎，絡膀胱；其直行者，從腎上貫肝膈，入肺中，循喉嚨，挾舌本；其支者，從肺出絡心，注胸中。多氣少血，酉時氣血注此。

9. 手厥陰心包絡經（左右共18穴）

穴歌：

九穴心包手厥陰　　天池天泉曲澤深

郄門間使內關對　　大陵勞宮中衝侵

流注線：此一經起於天池，終於中沖。

脈起胸中，出屬心包，下膈，歷絡三焦；其支者，循胸出脅，下腋三寸，上抵腋下，下循臑內，行太陰、少陰之間，入肘中，下臂，行兩筋之間，入掌中，循中指，出其端；其支別者，從掌中循小指次指出其端。多血少氣，戌時氣血注此。

10. 手少陽三焦經（左右共46穴）

穴歌：

二十三穴手少陽　　關衝液門中渚旁

陽池外關支溝正　　會宗三陽四瀆長

天井清冷淵消濼　　臑會肩髎天髎堂

天牖翳風瘈脈青　　顱息角孫絲竹張

和髎耳門聽有常。

流注線：此一經起手關衝，終於耳門。

脈起於小指次指之端，上出次指之間，循手表腕，出臂外兩骨之間，上貫肘，循臑外，上肩，交出足少陽之後，入缺盆，布膻中，散絡心包，下膈，遍屬三焦；其支者，從膻中上出缺盆，上項，係耳後直上，出耳上角，以屈下頰至䪼；其支者，從耳後入耳中，至目銳眥。多氣少血，亥時氣血注此。

11. 足少陽膽經（左右共 88 穴）

穴歌：

少陽足經瞳子髎	四十四穴行迢迢
聽會上關頷厭集	懸顱懸厘曲鬢翹
率谷天衝浮白次	竅陰完骨本神邈
陽白臨泣目窗闢	正營承靈腦空搖
風池肩井淵液部	輒筋日月京門標
帶脈五樞維道續	居髎環跳風市招
中瀆陽關陽陵穴	陽交外丘光明宵
陽輔懸鍾丘墟外	足臨泣地五俠谿
第四指端竅陰畢	

流注線：此一經起於瞳子髎，終於竅陰。

脈起目銳眥，上抵頭角，下耳後，循頸行手少陽之前，至肩上，卻交出手少陽之後，入缺盆；其支者，從耳後入耳中，出走耳前，至目銳眥後；其支者，別目銳眥，下大迎，合手少陽，抵䪼，下加頰車，下頸，合缺盆，下胸中，貫膈，絡肝，屬膽，循脅裡，出氣衝，繞毛際，橫入髀厭中；其直者，從缺盆，下腋，循胸，過季脅，下合髀厭中，以下

循髀陽，出膝外廉，下外輔骨之前，直下抵絕骨之端，上出外踝之前，循足跗上，入小指次指之間；其支者，別跗上，入大指之間，循歧骨內出其端，還貫入爪甲，出三毛。多氣少血，子時氣血注此。

12. 足厥陰肝經（共28穴）

穴歌：

一十四穴足厥陰　　大敦行間太衝侵

中封蠡溝中都近　　膝關曲泉陰包臨

五里陰廉急脈穴　　章門常對期門深

流注線：此一經起於大敦，終於期門。

脈起大指聚毛之際，上循足跗上廉，去內踝一寸，上踝八寸，交出太陰之後，上膕內廉，循股、入陰中，環陰器，抵小腹，挾胃，屬肝，絡膽，上貫膈，布脅肋，循喉嚨之後，上入頏顙，連目系，上出額，與督脈會於巔；其支者，從目系下頰裡，環唇內；其支者，腹從肝，別貫膈，上注肺。多血少氣，丑時氣血注此。

（六）點穴指要

習武點穴，必須熟知氣血經行之途徑，及按時流注入處。以上所論，僅十二經穴及十二時辰氣血循行流注線，不及於全身各穴。凡練點穴者，應知某時氣血流注於某經，其經之主穴又屬何處，依時辰相距之長短，不難推想而知其所在，此亦如遠行者計行程也。

習點穴者，若單憑歌訣而誦或刻於腦而不靈其意識，不下苦恆之功探討研究，則一無所知，難以成才也。所以練習此功者，不僅要熟知各經、各穴之部位，而且要對周身氣血

循行之理亦作深奧之探討，然後合併而揣摸之，方能豁然貫
通，無論何時何地出手點穴，發無不中，百戰百勝。

取穴歌訣：

> 點法必先通其取　　骨度分寸皆適應
> 局部定寸若干份　　長寬一份亦一寸
> 無分老幼或男女　　骨度分寸取穴存
> 一二節間定一寸　　指中橫寬亦寸半
> 拇指首節定一寸　　皆用男女定全身
> 悉知要害點穴位　　百擊百中功夫眞

血頭行走穴道歌：

> 周身之血有一頭　　日夜行走不停留
> 遇時遇穴若傷損　　一七不治命要休
> 子時走在心窩穴　　丑時需向泉井求
> 井口是寅山根卯　　辰到天心巳風頭
> 午時卻與中原會　　左右蟾宮在未流
> 風尾屬申屈井酉　　丹腎俱成戌時位
> 六宮直等亥時來　　不教亂縛斯為貴

又曰：

> 天門暈在地　　尾子不還鄉
> 兩肋丟開手　　腰眼笑殺人
> 太陽併腦後　　悠忽命歸陰
> 斷梁無接骨　　臍下急身亡

點穴練功指要：

> 少林點穴法　　妙計威天下
> 要得此眞機　　先習運氣法
> 收氣聚氣海　　出手丹田發

還需調四梢　　全身歸腦納
四兩撥千斤　　足彈山倒塌
手推鐵牆倒　　妙在施氣法
莫忘苦恆志　　練出血汗灑
撥星伴日月　　暑寒時不差
子繼亥日來　　深夜指插沙
三載穿牆壁　　五載石開花
十載劈碎石　　點穴才成家

十二時辰氣血所注之穴：

子時注人中　　丑時注天庭
寅時注齊空　　卯時注大杼
申時注丹田　　酉時注四海
戌時注下陰　　亥時注湧泉
胡時注太陽　　巳時注上倉
午時注脈腕　　未時注七飲

十二時辰氣血流注歌：

寅時氣血注於肺，卯時大腸辰時胃，
巳脾什心未小腸，胱胱申注酉腎注，
戌時包絡亥三焦，子膽丑肝各定位。

會穴歌：

腑會中脘，臟會章門，
筋會陽陵，髓會絕骨，
血會隔俞，骨會大杼，
脈會太淵，氣會膻中。

五臟募穴歌：

中府肺之募，巨厥心募栓，

118

期門肝募然，章門脾募關，
京門為腎募，五募主命弦。

二、習點穴的三層功夫

（一）第一層功夫

「點穴容易識穴難」。點穴之法主要在於熟知全身各穴，不但能言其所在，而且能瞑目撫之。否則，如盲人看馬。識穴必須認真準確，絲毫無差。具體練法是：

習點穴之法，必須先明確十二經之穴名，再熟悉各穴之位置，經絡與臟腑的關係。其具體的練法是：取較堅硬的木材，刨光，製一木人，身上先繪標出某一經的諸穴，循其經絡點其穴位，每日3～5次，每次3～6回。

熟悉之後，改為夜晚點之，繼練月餘。若能在暗處點中，初藝則成，可另換一經，依上法習之，依次增加。將人身全部穴位練熟後，可合併通練，練到能在暗處準確地點中全身諸經百穴者，功則已就。

人身之穴位占面積極小，所點擊之面積只不過2、3分也，所以初練時千萬不可疏忽大意，誤此為彼或誤彼為此。練時應由少到多，由簡到繁，著力應由輕到重，時間應由短到長，苦恆點練。

習點穴之法，無論制人或救人皆身須有真功，手有高技。否則，制敵人反而被敵所制，救人反而貽誤人。

古人云：

點者出手暴客殘，應指倒地一剎間，
我若失技反被擒，他借我力殺人便。

制人必先學救法，誤傷良君可復原，

能制無解非真功，還須從頭把功練。

習點穴法，雖力在指，但要牢記「腦與心合，心與力合，力與氣合，手與眼合，技與巧合」，「陰陽歸一，五行求本，本為力氣」，「力氣之本，仍為氣血，氣血密依」，「血為氣之母，氣為血之帥」，「氣順血行快，血壯氣充盈」。所以，習點穴者還需增加營養以宜壯血，苦練氣功以宜發力。

習點穴法，切要「識透穴理」。凡學者必須細心體會，隨時習練，不拘形式，如床頭、桌前、地邊、途中等均可練。經常摸索點穴之理，依理推之，逐穴求之，必有所得。如氣血之頭在某時應在何穴，在某時經流何穴，始自何時幾刻，又終止於何時等，皆須精推細摸，瞭如指掌。

習點穴之法，還須深知氣血循行，行之某經是逆行還是順行，是向上還是向下，是向左還是向右等等，都必須辨其明，知其詳，方能得心應手，點之即中。若誤其前後，或誤其左右、上下，則都不能奏效。

習點穴法，還應熟知人體諸經的血液循行軌道及其變化，血液循環在何時經何經絡，注入何穴，順逆凝滯，緩急多少等。

點穴之妙，在於選中穴位，擊中要害，靈在眼疾手快，視其準，點其速，力之雄，無不妙也。百點百中，點中要害。若無真功，皆會點偏穴位，著手是空，不僅不制於對方，反而給對方開了一個缺口，被對方擊中。空穴之意另有一說，即「氣未到，血已過」。換句話說，就是未點在氣血頭上，任你指頭上很有功夫，也難奏效。因氣血之循行和氣

血之頭所注入各經穴的時刻、路線，都是有一定規律的，所以習點之法應深知氣血循行的路線及氣血循行之頭，方可點之即效，制於敵人。

先師云：「氣血頭者五枝也，上下兩枝，左右兩枝，正中前一枝。」以正中一枝諸穴者，最為要害。出手點時，應視準而力猛，中者必應。氣血還有正頭和直頭之說，氣血正頭為猛，氣血直頭為沖。其實都是指正中前一枝諸穴而言，僅說法不一而矣。

歌訣曰：

> 點穴之妙在血頭，何時點打須追求。
> 何時正頭注何處，何時氣血經穴流。
> 五枝血頭須詳辨，絲毫偏誤不可有。
> 更考時辰多幻變，悉知五枝血注頭。
> 切記交手搶直頭，若失良機命要休。
> 勸君切莫忘練氣，點穴無氣功白丟。

習點穴法，應講實效，其秘法有三：一則精悉經絡、穴道和氣血循行之理；二則深知氣血流注與五行、天時的關係；三則熟讀並牢記先師所著的點穴諸訣。

習點穴法，還必須採用考問法，來驗證自己所學之法，何者正，何者誤，何者優。正者持之，誤者改之，優者揚之。其考問之法有四：

1. 考問穴位

製一木人，繪出人體全部穴位，用手指或教尺指點木人諸穴，學者一一答之。教者可先問致命穴，次問大穴，最後問小穴。也可先考問經穴，次考問經外奇穴，或任意考問。

2. 考問經絡

仍以木人考之。在木人體表繪出經絡和奇脈，教者考學者：傷人者點何經絡？此經絡引連何臟？被點者當時有何症象？救治者用何手法、何藥？效果如何？等等，逐經、逐穴、逐日考問。

3. 考問人體氣血、諸穴與臟腑之關係

習點穴之法，必須深考人體的氣血循行、肢體百穴與五臟六腑的密切關係。對氣血某時循行流注何穴、路線，某穴與某臟某腑的生理關係，都必須瞭如指掌，對答如流，方能於出手點打時，選中要穴，百發百中。

4. 考問才德

拳譜曰：「對於不守寺規與門外無德之門徒，概不傳點穴之技，對一般徒眾雖可授之點穴平法，但切不可傳致命要穴與制人之妙」。

122

歷代武僧在授徒時都嚴行法規，慎重行事。凡對隨徒未經十年之考和不具備高尚德行的門徒，概不傳授點穴技法，免暴徒得技，損國害民。另對只有德而無真才的門徒，也不傳藝，亦免半途而廢或知而半解，無濟於事，名損山門武威。對久經考問確德才兼備的賢徒，定誠懇授藝，扶值成才。

良師教徒要嚴守三則：其一，平日與人交手不可亂點要害穴位；其二，遇到死穴，點時要有分寸，不可冒點；其三，持之以恆，刻苦研練，不可半途而廢，困難再大也要堅持到最後成功。

（二）第二層功夫

點穴之法，不同於拳打腳踢，克敵制勝，全靠一指之

功。勁有硬度，觸於硬物，易於破傷皮肉，初學者，更是如此。奉勸初學練點穴之法者，不要心急，更不可無規亂練，應在良師訓教下，循序漸進。

歌訣曰：

> 初習點穴莫心急，循序漸進守規距。
>
> 不可無章亂點打，免得流血傷身體。
>
> 尊師訓練即妙方，點穴真功名列一。

習點穴者，經過對第一層功夫的學練之後，就要轉入第二層功夫的學習，即指功。

1. 點木物

初練時，宜在較軟的物具上練，如桐木板、腐木等。其具體練法是：持金針指或金剪指緩緩點，每日 3～5 次，每次 15～30 下。3 個月後，可逐漸加重指的勁力，其點法由緩變猛，每日 5～7 次，每次 30～50 下。練 3～5 個月後，自感點指有勁而點物不痛時，可改為點練較硬的木板，如杉木板、椿木板等。

2. 點石物

經過一段苦練點木物之後，指端逐漸堅實，則可開始練指點石。以點指指端向平滑堅硬的石頭上點練，點勁由輕到重，點時由短增長，點次由少增多。若感到指頭痛疼或腫脹，可以酌情減力、減時、減次數，切不要終止練功。練至 2 個月後，痛苦亦能日漸消除。此時可換在較粗糙而無芒角的堅硬石頭上點練，每天不少於 300 下。這樣苦練 3～5 年可獲顯效。

3. 點沙袋

袋中填入散沙，約 1 尺 2 寸厚，以點指點插之，每天點

插 360 下。練功 3 年，傾出散沙，填入小石粒，約 5 寸厚；再練功 3 年，改填入鐵砂，每天練點指單點 380 下；再練 3 年後，加至 500 下；繼續練 3 年，去掉鐵砂，換成鐵屑，加倍研練。鐵屑多尖棱，易傷指頭皮肉，要特別當心。但決不能因受皮肉之苦而停止研練。先師云：「不惜流血痛，自能成真功」；「有志定成才，苦可育英雄」。

練點沙袋之功，時約 3 年，以肉指點打土塊、木材等硬物亦獲奇效，若去點打人身，功效令人驚贊。

4. 練頂勁

運一臂之全力，貫注於指端去按點硬物者，為頂勁也。頂勁的練法仍由軟到硬。先運氣變力，再點打其物。用力時，由輕到重，逐漸增之，至力盡而略停，繼續進行。每天以 300～500 下為宜。天天點練，不可中斷。

體弱者，可以戴指帽（用 3 層白粗布製成）點練，先點五穀、砂粒，再更換成腐木，逐漸變成點練硬木、牆壁、石頭，甚至鐵物。

5. 練抓勁

抓勁，即大拇指、食指和中指併用抓點制人的功法。其法是以食指為中點的重力，大拇指和中指先抓後點，輔助食指去點抓制人的方法，亦有獨特之處。

其練法是：拇、食、中 3 指的末節向內稍屈，似鷹咀狀，形如圓錐，銳如槍茅，盡 3 指之力，緊緊扣之，用至全身銳力盡也。每日練抓握實物 3～5 次，每次 100～250 握。依此苦練 3～5 年，皆可成功矣。

苦練此功成就，出手抓住對方要害部位，彈指用力，可將對方觸處抓爛。初練者可先練抓土塊、水果，有一定功夫

後，再研練抓握磚頭、石頭等硬物。體弱者可練抓砂球（用白布縫成球形小袋，內填滿砂粒，縫好），每日 2～3 次，每次 30～50 握；體壯者可練抓木棒、鐵杆、灑罐等（內裝鐵砂或鐵片）。

以上所談諸法，皆屬外層功夫，點指非黏人身者，難以奏效，凡有志者亦非難事。但聞有點打不著人身者而能制於人的內層功夫，此功夫僅聞而未見實，聞之就感不難，練成功則是難上加難，極難也。

練點穴功夫，有時亦有誤傷或被別人無意致傷者，必須及時治療，用藥水洗之。如能在練功之前浸洗 1 次，可防意外。其藥方是：生半夏、生南星、羌活、青皮、辣椒各 30克，川芎、象皮、乳香、鹿角、茄皮、紫草、當歸各 45克，大附子、黃蜂窩各 6 克，川椒 1 兩，鷹爪 1 對，青土120 克，老醋 5 斤。

以上諸藥，置沙鍋內同煎，去渣。待放溫時，將兩手放入盆內浸洗之。於藥汁生效，自感溫氣在體內如蟻行之時，出手擦乾，然後練功。

此方可以防患，有舒筋活血和通絡之功，亦有壯血益氣和強髓健骨之能，為練點穴功夫的良方。適於練點石、插沙等外層功夫。

又方：鳳仙花草 1 株，桑枝 1 兩，桃樹枝 1 兩，鹿角 1兩，象皮 5 錢，紅花、桃仁、赤芍各 8 錢，云木香 3 錢，青皮、廣陳皮各 3 錢，草烏、川烏各 4 錢。煎法用法和效果同上方。

6.點打功夫

練點打之功，應結合認穴、識別經絡、氣血循行和氣功

等基礎知識。先製一與真人大小、高低、模樣相似的木人，用墨汁標明人體 12 經絡和常用穴位。其中致命穴、要害穴要用不同顏色標出，宜於點打（如 36 致命穴用紅色，要害穴用黃色等）。所標諸穴的位置必須準確，否則會導致錯點部位，反而被敵所制的惡果。

其具體練法是：練點打者，先熟記穴位，面對木人，相距 1 尺 2 寸，任選一穴，出點指向木人標穴點打，然後檢查是否準確，若無絲毫差位，再改點他穴。一一點打，遍至木人全身，此為一循。每日點練 2～3 循，練至閉上雙眼，也能點準諸穴時，可轉入點打。

其法是：氣沉丹田，運至全身，調精銳之氣，貫注指端，對準木人要穴發指點打。用力時，先慢而後快，先輕而後重，出柔著剛，剛柔相濟。持之以恆，必成功矣。

初練者：每日 1～2 次，每次 50～150 下。練至 3 個月後，指若未破，證明得法，可增至每日 3 次，每次 150～300 下。

練點打之功，以每日早晨 5～7 時和晚間 10～11 時為宜，每天不能少於 300 下，中間可適當休練。

少林點打名師汝靜法師曰：

> 點打奇功門　　秘傳在少林
> 立志練眞功　　該有苦恆心
> 一練硬功底　　氣功乃根本
> 氣壯推山河　　四兩撥千斤
> 二練手指功　　平日須專心
> 先練指點土　　再練點桐椿
> 更練指點石　　苦習五冬春

後練點鐵板　　莫懼受苦深

食盡黃連苦　　英名樹武林

練成妙指法　　秘訣在眼神

先練視點處　　次練開穴門

眼力練成準　　暗室辨假真

夜間能點打　　白日千百準

氣指眼之法　　點打武藝真

三十春秋苦　　可得真功夫

湛舉和尚練點打歌訣：

點打要在點穴準　　常用三法牢記心

其一刻製一木人　　經絡俞穴詳標真

黑黃紅藍穴分色　　眼瞭手疾點穴準

其二練氣合崩勁　　一氣呵成火分金

初開點打輕柔緩　　剛柔相濟循序進

其三墨室練點位　　白灰染掌尋穴紋

暗宅發指若點中　　光日點打皆精準

勸君練功莫怕苦　　小樹日久必成林

7. 練眼力

　　眼力在武術中極為重要，點穴法中也是如此。習點穴法不僅要精通點穴之理法和點法，而且要深知「眼力為點穴法之魁」。眼力者，重在轉動靈活，要在視移之銳，關鍵在疾速瞭物。其練法有二：一是暗中練，最好在夜間，尋一寂室熄燈靜坐，瞑目定心，默思室中各物之位置、形狀，深思片刻，啟目視之，驗之是否正確。起初，多難奏效，耐心久練，啟目百物活現，不差分毫。二是在室內吊一燈籠，燈內點燃蠟燭，以褐色紙糊之，練者坐而視之，逐次減其光焰，

或逐次加暗燈紙的顏色，使燈紙變成深褐色或黑色，漸而無光。在此暗室中練點木人穴或識別室中之物。久而久之，再移至明室或曠野視物，皆可眼光四射，視清八方。若點打敵人，無不百發百中。

此為眼力第一步功夫（也稱外層功夫）。眼力第一步功夫，雖能在暗室中啟目見物，但對渺渺小物，難以望見，唯練第二步功夫方能奏效（也稱內層功夫）。

眼力第二步功夫較第一步功夫難。其練法是：每天紅日將出之際，於空氣新鮮的曠野，面東而立，思意集中，以待日出。當太陽的霞光射出時，練者從容閉氣，靜心穩神，開目定晴以視之。約一炊時辰，自覺眼眶中有一縷熱氣而生。這時須速閉雙目，暗點木人之要穴，然後啟目驗證是否準確，並依此法每日暗點 500 多下。

若能在暗室中點準木人之穴，即可能練轉珠功法。先運雙目晴珠，向左右瞬燥，向上下滾珠，然後閉目片刻，依行上法，再啟目頻練轉珠，由左向右，練有百次。約半年可覺轉珠左右，自感眼視非凡，循轉上下如就流星泛花。

尤宜每日清晨起床信步曠野，運氣後閉目啟目六合，開始珠轉左右、上下各 72°，行畢稍休，開眼再練，視後再瞬，瞬視各 36 次，皆功畢。依此法練至 3 年，即可昏暗中辨物形位，明察秋毫。練成此功，啟目點打對手，則可手眼相應，百發百中，無人比矣。

（三）第三層功夫

拳譜曰：

　　　點穴妙法貴三功　　　三層功夫步步生

　　　唯有奇功第三層　　十步之外制人痛

　　　若遇良師能解救　　何如巧用輕和重

　　　制服於人不傷命　　何需動手不留情

　　少林點穴法的第一、二層功夫，皆為普功，唯有第三層功夫技法較奇。凡練點穴者，在掌握第一、二層功夫之後，除認真研練，保持其技，永不退步外，還應苦練第三層功夫。

　　第三層功夫的要領是以勁推氣，氣變為力，遠能制人也。

1. 摧棉功

　　用棉絮製成胡桃大的一個圓球，放在室內一個木架板上，木架板與練功者胸部同高。練功者距架1尺3而立，右手握掌，運氣3循，然後對準架上的棉球猛沖，每天300多下。當棉球能被沖拳所帶的風吹掉時，練者可距架2尺，依上法沖拳。當棉球被吹掉時，再距架3尺遠，依上法出拳沖之。若棉球能被沖掉時，可改為以拇、中、食3指相併而向前沖，以氣推動棉球，每天500下，久久練之，約10～20年，可告功成，遠能制人。

2. 吹燈功

　　其練法與摧棉球功大同小異，取油燈或蠟燭點燃，置於桌上，練功者距桌3尺遠站立，運氣後向前對準燈焰沖拳。依上法退至丈餘，沖拳後能滅燈時，改3指沖練，直到指出燈熄，方為成功。

湛化和尚練功歌曰：

　　　七十二藝武藝絕，吹打功夫有妙訣。

　　　其一口吹小棉球，漸至增大到石鐵。

若能口吹石滾動，接兵吹力似推雪。

其二夜間吹蠟燭，輕口一呼燈可滅。

先近後遠至三尺，日練吹燈五十訣。

久日苦練不中斷，交手吹敵剎間滅。

（四）少林練功藥方

1.少林練功洗手法

【功能】：活血順氣，舒筋靈骨，壯膽柔節。適練手功，用於練掌。

【處方】：象皮（切片）、鯪魚甲（酒炒）、制半夏、制川烏、制草烏、全當歸、瓦松、皮硝、川椒、側柏葉、透骨草、紫花地丁、海鹽、木瓜、紅花各 30 克，鷹爪 1 雙。

【用法】：上 16 味藥共入盆內，加陳醋 7 斤，清泉水 8 斤，浸泡 1 周，加上等白酒 200 克密封，每練功前取出藥汁 250 克，加沸水 1000 克，和勻後燙泡、擦洗雙手和雙臂。

2.少林運氣妙丹

【功能】：溝通氣血，調和陰陽，統攝三氣，氣隨意行。

【處方】：廣木香 30 克、海縮砂 30 克、全瓜蔞（1枚）、赤降香 3 克、靈芝草 6 克、人參 3 克、參三七 3 克、箭芪 3 克、大熟地 3 克、全當歸 15 克、小茴香 3 克、紅花 6 克、益智仁 6 克、柏籽仁 6 克、陳皮 6 克、甘草 3 克。

【用法】：上 17 味藥共研細粉用老陳醋和勻，製成綠豆大丸，涼乾密閉置乾燥處備用。

【服法】：每次運氣前取 20 丸用黃酒 1 兩送服。

3.少林練功保筋通脈法

桑寄生、川斷、補骨脂、嵩峰蛇、全蝎、虎脛骨、菟絲子、金毛狗、龍骨各 3 克，共研細末為粉，以淡鹽開水泛丸如豌豆大，用百草霜掛衣涼乾，每次練功前吞服 10 粒，再喝黃酒兩口。練功時自感百節靈活，柔而似鋼，脈順氣從，渾身輕靈，強壯有力。

4.少林練功暢通氣血方

當歸 3 克、生地 6 克、熟地 6 克、白朮 6 克、山藥 15 克、黃芪 6 克、陳皮 3 克、木香 3 克、小茴香 1.5 克、荽仁 3 克、生甘草 3 克、敗沉香 0.6 克。以上 12 味藥共研細末，裝入瓶內密閉，每練功前服 2～3 錢，用老白酒半兩送服，可舒氣血，橫順左右，上下暢通。

5.練功舒筋丹

【主治】：初練武功所致的腰疼腿痛，筋傷氣滯，四肢拘攣，全身不舒等。

【處方】：當歸 90 克、紅花 90 克、木香 30 克、防風 60 克、舒筋草 90 克、木瓜 90 克、川牛膝 90 克、小茴香 15 克、白芷 60 克、陳皮 30 克、制馬前子 6 克。

【製法】：上 11 味藥共軋研成細粉，用黃米粉打糊製丸，如梧桐子大，涼乾，成人每服 1 錢半，用黃酒送下，孕婦忌用。

6.練手功洗手「如意湯」方

象皮（切片）、鯪魚甲（酒炒）、半夏、川烏、草烏（薑汁製）、全當歸、瓦松、皮硝、川椒、側柏葉、透骨草、紫花地丁、食鹽各 90 克，加鷹瓜 1 對，共入盆內，陳醋 7 斤，河水 8 斤浸泡，用時取出沖滾湯洗，洗後甩乾練

功。

7. 劍仙十八羅漢練功藥酒

【功能】：調活氣血，振神舒筋，增力壯膽。

【處方】：石蘭花 15 克、淫羊藿 15 克、陽起石 15 克、白芍 12 克、桃仁 12 克、故紙 15 克、杞果 12 克、金櫻子 12 克、菟絲子 12 克、三七 15 克、杜仲 12 克、人參 15 克、青皮 6 克、沉香 3 克、海馬 15 克、碎蛇 15 克。

【製法】：上 16 味藥，置入瓷瓶內，倒入上等白酒 620 克，將口密封，浸泡 100 天，濾出酒汁即成。

【服法】：每日服，每服飲核桃大酒盅半杯。內熱、邪盛者禁用。

8. 竹葉手練功方

川草烏 3 克、天南星 3 克、蛇床子 3 克、半夏 3 克、百部 3 克、花椒 30 克、狼毒 30 克、透骨草 30 克、藜蘆 30 克、龍骨 30 克、海牙 30 克、地骨皮 30 克、紫花地丁 30 克、地丁 30 克、青鹽 120 克、硫磺 30 克、劉寄奴 60 克、瓜蒂 3 克。如其中某些藥缺，可用性質相仿之藥代替。

上藥加水、醋各 5 大碗，熬至 7 碗量。洗手時將藥水置爐火上，待其微溫，將手放入，熱極取出。每 33 日按原方重配換藥 1 次，共 3 劑，用百日。

9. 臂腿練功方

紅花 2.4 克、枳殼 4.5 克、牛膝 6 克、五加皮 4.5 克、杜仲 4.5 克、青皮 3 克。上藥煎湯浸洗局部。鐵臂功、鞭功、鐵掃帚之類練功時均可用之。

除以上各種功夫外，少林功夫還有鐵砂掌功夫、硃砂掌功夫、毒砂掌功夫、鐵頭功、鐵膝蓋功、一指禪功，等

等。因考慮到這些功夫在當今時代人們鍛鍊身體作用不大，故不一一介紹。

必須指出，練功夫的目的是為了繼承和發揚中國優秀武術遺產，強身健體，建設國家和保衛國家。至於憑借功夫而好勇鬥狠乃至為非作歹，從來為武術界所戒，任何習武者必須牢記於心。

註：此方係根據張裕庚《少林功夫》和李春生、馬少元撰寫的《功夫》資料匯編。

10. 抓鐵砂洗手方

川烏、草烏、天南星、半夏、蛇床子、百步草、狼毒、藜蘆、龍骨、透骨草、海淨石、（矸末）地骨皮、花椒、紫菀、地丁各 60 克、大青鹽 120 克、硫磺 60 克。

【用法】：以上諸味藥加醋 5 碗、清水 5 碗，煎至 7 腕，用時溫熱，每練功前浴洗手 1 次。

11. 行功內壯方

練壯之法，外資於揉，持內資於藥力。行功之時，先服藥 1 丸，即可生壯內資揉於外，促益行功之效。藥用：蒺藜（炒去刺）、白茯苓（去皮）、白芍藥（焙）、地黃（酒蒸焙）、甘草（密灸）、辰砂（水飛）各 3 克，人參（去蘆）、白朮（土炒）、全當歸（酒洗）、川芎（醋炒）各 0.6 克，上 10 味藥共研成極細粉末，煉蜜為丸，丸重 3 克，每次練功前內服 1 丸，溫開水或酒送下。

12. 行下部功湯洗方

蛇床子、生甘草、地骨皮各等份，剪湯，先漫後熱，漸之大熱，每日功前湯洗之。

按：此方可調和陰陽，促進血液循環，暢通經絡，滋潤

肌膚，亦可軟堅導滯，調盈宗氣益於行功。

13. 行王拳功洗方

地骨皮、象皮、蒺藜、全當歸各等份，食鹽少許，煎熬，每行功前浴洗全身。

此藥可疏通氣血，養潤肌膚，調盈三氣，軟堅去滯，甚益行功。

三、致命三十六穴

（一）歌　訣

致命穴位三十六，代代武僧刻顧首。

悉知穴位在何處，點中穴位致命休。

得真技者尚武德，除暴安良美名留。

少林點穴招法妙，三十六處神鬼愁。

三十六穴點法妙，不可隨意傳人間。

少林致命穴法源，六六三十六處點。

一亦頭額前中線，二亦兩眉正中間。

三亦眉外兩太陽，四亦枕骨腦後邊。

五亦腦後藏血穴，六亦耳後厥陰言。

七亦華蓋心口上，八亦黑虎掏心眼。

九亦巨厥心口處，十亦水分臍上緣。

十一臍下汽海穴，十二關元下腹間。

十三下腹四寸處，亦名中極斷陰泉。

十四左乳上寸六，亦名左膺窗命關。

十五右乳上寸六，右膺窗穴位當然。

十六左乳下寸六，左乳根穴連命關。

十七右乳下寸六，右乳根穴牽命連。

十八十九兩期門，乳下寸六旁寸然。

二十臍下左幽門，巨厥之旁五分算。

二十一亦右幽門，若能點中斷肺源。

二十二即左商曲，亦名血門主命關。

二十三即右商曲，點中五月喪黃泉。

二十四併二十五，左右章門定為然。

二十六亦左腹結，二十七右腹結眼。

二十八為命門穴，十四腰椎下中間。

二十九即左腎俞，命門兩旁一寸半。

三十亦名左志室，點中三日歸西天。

三十一亦氣海俞，三二鶴口刻心間。

三三陰囊後海底，三四足底是湧泉。

三十五亦右志室，又名一計害三賢。

三十六亦右腎俞，點傷絕氣閉雙眼。

三十六穴切記牢，點打不可半絲偏。

此為少林真絕技，切莫輕易向外傳。

　　按：上述 36 穴，拳譜原記載為致命 36 穴，實際是過分誇張。雖然 36 穴都是要害部位，但受擊後絕非可致死。由於歷代封建思想的影響，歷代傳抄者又缺乏實事求是的科學態度，使之過於神秘化。但不可否認，此 36 穴是擊之有效，甚至可把人致殘的要害部位。

（二）致命 36 穴部位

1.眉心穴（又名印堂）：位於兩眉之間。

2.頭額前穴：位於眉心上 1 寸正中。

　　3. 太陽穴：眉外 1 寸陷中，即眉梢與眼外眦之間後的 1 寸陷凹中。

　　4. 枕骨穴（又名腦戶）：位於枕骨粗隆上方。

　　5. 厥陰穴（又名頭竅陰）：位於腦後兩邊，乳突後當浮白與完骨之間。

　　6. 華蓋穴：胸骨柄與胸骨體聯合的中點，即天突穴下 2 寸。

　　7. 黑虎掏心穴（又名建里）：位於臍上 3 寸正中。

　　8. 巨厥穴：臍上 6 寸，即鳩尾穴下 1 寸。

　　9. 氣海穴（又名丹田穴）：臍下 1 寸 5 分。

　　10. 關元穴：臍下 3 寸。

　　11. 水分穴：位於臍上 1 寸。

　　12. 中極穴：臍下 4 寸。

　　13. 左膺窗穴：左乳上 1 寸 6 分。

　　14. 右膺窗穴：右乳上 1 寸 6 分。

　　15. 左乳根穴：左乳直下，相當於第 5 肋間。

　　16. 右乳根穴：右乳直下，相當於第 5 肋間。

　　17. 左期門穴，左乳下 2 肋，相當於 7、8 肋間。

　　18. 右期門穴：右乳下 2 肋，相當於 7、8 肋間。

　　19. 左幽門穴：巨厥穴左開 5 分。

　　20. 右幽門穴：巨厥穴右開 5 分。

　　21. 左商曲穴（又名左盲俞）：臍中左旁 5 分。

　　22. 右商曲穴（又名右盲俞）：臍中右旁 5 分。

　　23. 左章門穴：左腋中線第 11 肋端下際。

　　24. 右章門穴：右腋中線 11 肋端下際。

　　25. 左腹結穴（又名左七勞）：臍左側 4 寸，再向下 1

寸3分。

26.右腹結穴（又名右七勞）：臍右側4寸，再向下1寸3分。

27.左腎俞穴：第2腰椎棘突下左側1寸5分。

28.右腎俞穴：第2腰椎棘突下右側1寸5分。

29.命門穴：第2腰椎棘突下正中。

30.左志室穴（又名志堂穴）：位於命門穴左旁3寸。

31.氣海俞穴：第3腰椎棘突下旁開1寸5分。

32.鶴口穴（又名尾宮穴）：位於尾骨宮下兩腿骨盡處。

33.海底穴（又名會陰穴）：前陰與肛門之間。

34.湧泉穴：位於第2、3趾跖關節後方，礎足時所現的凹陷處。

35.右志室穴：位於命門穴右旁3寸。

36.藏血穴：位於腦後右玉枕穴下5分。

四、致暈十一穴

（一）歌訣：

致暈十一穴位詳，腦戶囟門上星當，
前後兩頂風府位，頭維耳後啞門綱，
通天玉枕譜冊注，點中應辰入夢鄉，
輕易莫把暈穴點，因小傷人是呆郎。

（二）致暈11穴部位

1.腦戶穴：位於百會穴後4寸5分。

2. 囟門穴（又名囟會）：位於百會穴前 3 寸正中。

3. 上星穴（又名神堂）：入髮際 1 寸陷中。

4. 前頂穴：百會穴前 1 寸 5 分。

5. 後頂穴（又名頂門穴）：位於百會穴後 1 寸 5 分。

6. 風府穴（又名天星）：項後枕骨下兩筋中間。

7. 頭維穴：位於額角，入髮際角尖處。

8. 耳後穴：位於耳後靜脈中。

9. 啞門穴：位於風府穴下 1 寸正中。

10. 通天穴：位於前頂穴後 5 分，再外開 1 寸處。

11. 玉枕穴：位於腦戶穴旁 1 寸 3 分。

五、致殘一百零三穴

138

（一）歌　訣：

人體俞穴三百眼，點中致殘百零三，

殘穴亦有殘身意，莫可輕糾胡亂點，

少室祖師有銘訓，點藝不傳敗徒般，

賢徒德技貫雙峰，僅為健體守門院，

有德無藝非英傑，亦須百倍破武壇，

飽咽三旬黃連苦，定闖八方擂臺關。

（二）致殘 103 穴部位

1. 心井穴（又名鳩尾）：胸劍突骨下緣。

2. 對門穴（又名不容）：巨厥穴旁開 6 寸。

3. 扇門穴：即男者左對門穴，女者右對門穴。

4. 京門穴（又名氣俞）：第 12 肋遊離間處。

5. 五定穴（又名天樞）：平臍中旁開 3 寸。

6. 伯勞穴（又名陶道）：第 1 胸椎棘突下。

7. 肺使穴（又名肺俞）：第 3 胸椎棘突下旁開 1 寸 5 分。

8. 膻中穴：平第 4 肋間隙，兩乳頭之間正中。

9. 對心穴（又名至陽）：第 7 胸椎棘突下。

10. 風門穴：第 2 胸椎棘突下。

11. 環跳穴：股骨大轉子後上方，當大轉子與骶骨裂孔連線的內 2／3 處。

12. 蓋膝穴：即膝蓋骨。

13. 膝眼穴：臏骨尖兩旁凹陷處。

14. 竹柳穴（又名交信穴）：脛骨內側緣內側。

15. 腳住穴：腳面上的高骨如豆者是也。

139

16. 開腔穴：即兩耳。

17. 喬空穴：即兩耳後根部。

18. 左耳尖穴：即左耳尖峰。

19. 右耳尖穴：即右耳尖峰。

20. 眼角穴：眼睛梢。

21. 大中穴：即鼻中。

22. 人中穴：即鼻溝正中。

23. 架梁穴：即鼻梁。

24. 咽空穴：即兩個鼻孔。

25. 牙關穴：即唇口。

26. 咽喉穴：即喉管。

27. 將臺穴：即咽喉左右。

28. 舌咽穴：舌上咽腔。

29. 童骨穴：位於風膊下處。

30. 精靈穴：即兩手虎口。

31. 曲池穴：屈肘時肘橈側橫紋盡頭處。

32. 中脘穴：臍上 4 寸。

33. 六宮穴（又名臍中、神厥）：即肚臍。

34. 氣關穴（又名氣門）：左乳下 2 橫指處。

35. 血瘦穴（又名血關）：右乳下 2 橫指處。

36. 掛膀穴：血瘦穴下 1 分處。

37. 肚角穴：位於小腹盆弦之外。

38. 命宮穴：位於血關穴之下，氣海穴之右。

39. 背心穴：即背部的中心點。

40. 腰眼穴：第 4 腰椎棘突下旁開 3 寸 8 分。

41. 糞門穴：即肛門口。

42. 衝陽穴：足背的最高點，動脈旁。

43. 血囊穴：右側十二肋骨下緣。

44. 氣囊穴：即小腹左邊。

45. 淨瓶穴：即臍左肚角血腕下。

46. 脊中穴：即第 11 胸椎棘突下。脊骨的中點。

47. 山根穴：即鼻梁之上。

48. 對口穴：項後的風府與啞門之間。

49. 氣隔穴：臍下 3 分稍偏左。

50. 血海門穴：右側 12 肋下 3 橫指。

51. 隔門穴：左側 12 肋骨下緣。

52. 氣舍穴：鎖骨內側端上緣。

53. 開氣穴：即氣舍穴偏右。

54. 轉喉穴：即氣舍穴偏左。

55. 血倉期門穴：右側鎖骨下 8 寸處。

56. 氣血囊合穴：左膀肋骨下。

57. 督脈穴：枕骨正中。

58. 正額穴：頭額前正中。

59. 後海底穴：腎俞穴下 1 寸 8 分。

60. 攢竹穴：眉內端陷中。

61. 正氣穴：左側乳上 1 寸 3 分。

62. 上血海乳穴：左側乳上 1 寸 3 分。

63. 氣血二海穴：左右乳下 1 寸 3 分。

64. 下血海穴：右乳上 1 寸 4 分。

65. 藿肺穴：中脘與建里之中點向下 1 寸 3 分。

66. 翻肚穴：藿肺穴向左 1 寸 3 分處。

67. 泰山穴：離梭子骨 4 寸處。

68. 天突穴：胸骨柄的上緣凹陷中。

69. 勞宮穴：第 2、3 掌骨之間。

70. 神門穴：尺側腕關節橫紋頭。

71. 手三里穴：曲池穴下 2 寸。

72. 頰車穴：下頜骨前咬肌中。

73. 支正穴：尺側腕上 5 寸。

74. 下關穴：顴弓下與下頜關節切迹間凹陷處。

75. 足三里穴：犢鼻穴下 3 寸，脛骨粗隆外側陷中。

76. 犢鼻穴：屈膝，臏韌帶外側陷中。

77. 肩井穴：肩頭高處，當大椎與肩峰之間。

78. 日月穴：第 9 肋端下緣。

79. 風市穴：大腿外側膝上 7 寸。

80. 陽陵泉穴：腓骨小頭前下方。

81. 委中穴（又名血郄）：膝膕窩中動脈外。

82. 承山穴：委中與跟腱之間。

83. 崑崙穴：外踝與跟腱連線的中點。

84. 血海穴：屈膝，臏骨內上緣上 2 寸。

85. 大陵穴（又名腕心穴）：掌後骨下，兩筋間陷中。

86. 尾閭上穴：即尾閭上 1 分許。

87. 鶴頂穴：位於膝蓋骨上緣上 1 寸正中。

88. 外踝尖穴：即足外踝最高點。

89. 內踝尖穴：即足內踝最高點。

90. 膀胱穴：即膀胱。

91. 淚乳穴（又名晴明）：目內眦頭外 1 分。

92. 所聞穴（又名聽宮）：即耳珠，大如赤小豆。

93. 中府：第 1 肋間隙外側喙突處。

94. 絕骨穴（又名懸鍾）：外踝上 3 寸。

95. 膈俞：第 7 胸椎棘突下旁開 1 寸 5 分。

96. 大杼：第 1 胸椎棘突下旁開 1 寸 5 分。

97. 太淵：腕關節橫紋上，橈動脈外側。

98. 然谷穴：舟骨粗隆下方凹陷處。

99. 曲骨穴：臍下 5 寸處。

100. 大都穴：足拇趾內側本節後。

101. 魄戶穴：第 3 胸椎棘突下旁開 3 寸。

102. 天窗穴：頸側，胸鎖乳突肌後緣。

103. 箕門穴：大腿內側，血海穴上 6 寸。

六、點打二十六要害穴

少林點穴三百餘，二十六穴點法奇。

指下點上取百會，指左點右太陽際。
閃身繞後打風府，明中暗打晴明息。
扣打左右偷擊上，乘機疾打眉中齊。
金雞鎖喉搶天突，偷轉身後要靈疾。
點打承漿摘頸凸，擊下反上下關擊。
點打人中鼻開花，膻中一穴敵絕氣。
指上打中取巨厥，腹痛欲破吐紅液。
更尋中脘挖口袋，致他永久嗆吐食。
擋上打下尋中極，鐵拳妙打氣海池。
閃躲錯身尋命門，乘機繞道破脅際。
章門連肝通血池，一拳內流血腔淤。
迎風辨勢尋合谷，眼疾手快拿後谿。
疾拳破肘點曲池，肩頭之上尋肩髃。
指上打下靠足踢，點打膝臏他倒地。
此法可破陽陵泉，致他腿膝永殘廢。
閃身飛步轉他後，尾閭一穴狗吃屎。
銳目注辨來飛腳，狠拿照海他失利。
拿住崑崙送丈遠，致他全腿失戰力。
撐撇致他上身伏，扣打盆骨尿灑地。
更有一招用法奇，騎馬鐵樁雙肘起。
左右橫衝攻臍中，霎時噴血喊淒泣。
二十六穴莫輕用，僅防歹徒妄侵時。
知穴沒功白點打，反被反用受人欺。
要知真功在何處，苦練本功從源起。
苦練三旬莫弱志，還需虔誠投良師。
若欠武德眾人厭，良師拒收歹徒弟。

少林功夫眞言錄，均在此譜亮公知。

勸士切記守武德，才能學到眞本事。

七、點打十八穴

（一）總　歌

德俠點穴須謹愼，致人切記莫致陰。

三十六穴禁點處，二十六穴勿亂云。

萬不出一傷人命，不可污名染少林。

與人糾紛莫點穴，僅對暴客用三分。

十八穴法可顯威，致殘致癱對惡人。

凡點穴之武士，無論在何種場所，都不能輕易出手點穴傷人，尤其是致命穴位，原則上不能用之。如 36 穴、26 穴，都是禁點範圍。萬不能出一，更不能因在生活細節中同人家吵嘴或有些小小糾紛，就輕易用點穴法傷人，致人性命或終身殘廢。練點穴之目的，一是為健身，二是為防身，決不能無故傷人。若違規而傷人，則為無德。自古到今，對其無故傷人者，當政都依國法懲治。每個練點穴者都應嚴守規範，高樹武德，不僅不無故傷人，而且就是被別人打了幾拳或踢了幾腳，也不能用點穴法討之。一旦偶遇暴徒在夜間來襲或攔路搶劫時，方可用點穴法治之。

18 穴是：①神門②外關③手三里④支正⑤勞宮⑥大陵⑦風市⑧環跳⑨膝眼⑩三陰交⑪足三里⑫委中⑬承山⑭內踝尖⑮外踝尖⑯血海⑰鶴頂⑱尾閭上。

（二）18 穴法歌

1. 點打神門穴：

　　與勁敵交陣，尋機掐神門。

　　致他手腕痺，失去五百斤。

2. 點打外關穴：

　　他伸手來搬，我巧點外關。

　　指出剎間疾，致他前臂斷。

3. 點打手三里穴：

　　敵架臂擋擊，我可尋良時。

　　點打手三里，致他全臂馳。

4. 點打支正穴：

　　他拳來如風，我應疾風聲，

　　一點中支正，敵臂全失能。

5. 點打勞宮穴：

　　他伸手來抓，我放反門花，

　　點或扎勞宮，致他手痺麻。

6. 打點大陵穴：

　　他用流星拳，我用炮崩山，

　　反崩拳後把，笑觀掌開花。

7. 點打風市穴：

　　他跳飛毛腿，我施猴縮身，

　　疾起點風市，致殘他大腿。

8. 點打環跳穴：

　　他埋馬步樁，我用飛馬槍，

　　轉挫點環跳，致他伏地亡。

9. 點打膝眼穴：

　　他用虎足踢，我點膝眼疾，

致他右腿殘，當即嚎鬼泣。

10. 點打三陰交穴：

他使鐵腳拐，我施金鋼叉，
撥他三陰交，致敵殘地倒。

11. 點打足三里穴：

他弓步沖拳，我架上虛鐮，
下鐮破三里，致他腿骨斷。

12. 點打委中穴：

他若腿過臍，我疾手搬起，
乘機取委中，致他倒在地。

13. 點打承山穴：

他施彈蹬腿，我站如石碑，
乘缺反崩足，致他小腿毀。

14. 點打內踝尖穴：

他紮椿弓步，我待良機時，
內撥掃外踝，致敵倒下地。

15. 點打外踝尖穴：

他使旋風腳，我即速躲開，
良機擊外踝，致他疾時甩。

16. 點打血海穴：

弓椿雙虎鬥，撕打局難收，
崩足勁補彈，蓋內白漿流。

17. 點打鶴頂穴：

兩人交近勁，勝敗局難分，
疾使雙跪法，破膝鶴頂準。

18. 點打尾閭上穴：

他若用靠法，我卸後退把，

乘機點骶部，致他殘坐下。

第二節　少林點穴法圖解

一、少林點穴法基礎招法

拳譜曰：

點穴之法武中精，點搶鑽揣其法靈。

點者四指牡中指，搶者四指互併攏。

鑽者拳成瓦楞型，揣者平拳箭帶風。

地利人和選良機，或點或打應風情。

少林武僧在長期的研練中，探討和創造了很多方法，其中常用的是：鴉嘴、鶴嘴、雞嘴、金針指，金剪指、三陰指和瓦棱拳等法，現分述如下：

147

1. 鴉嘴點穴法

（1）手型握法

即手的無名指、中指和小指內屈，食指向內屈成勾，向外突出，拇指向內封壓在中指屈眼上，五指握緊，用食指突出的部分點擊對方要害部位（圖141）。

（2）用途

鴉嘴法主要用於點擊對方的顏面、頰側面和胸腹側面諸穴，如太陽、下關、翳風、玉堂、章門、日月等穴。

圖141

歌訣曰：

鴉嘴點穴力最雄，左右點擊如雷轟，

交手閃身取太陽，巧點下關和翳風。

下取章門併日月，點中暴客即喪生。

（3）練法

每日早晨和晚飯後，面對木人2尺左右，先運氣3循，然後貫注右手食指，向木人的太陽、下關等穴輕點，每次10～15下。逐漸增力和次數，3個月後可重點，每次150～300下。

2.鶴嘴點穴法

（1）手型握法

食指、中指、無名指和小指先向內屈，中指向外凸形空出，拇指向內封壓住中指末節，5指再盡力握緊，用突出中指凸部點擊對方要害的穴位（圖142）。

（2）用途

鶴嘴法主要用於點擊對方頭部、胸腹和背部的正中線諸穴，如印堂、人中、膻中、中脘、中極、身柱和命門等。

歌訣曰：

鶴嘴力宏善碰硬，直發如箭點正中。

氣由丹田一呼出，貫連中指虎力生。

點軟宜施螺旋鑽，點硬宜施猛崩沖。

且記虛實玄憾法，明左玄右取當中。

（3）練法

先面對牆壁，運氣3循，氣貫中指凸節端，然後輕點。每日早晚各1次，每次30～50下。1個月後改點木人，每次100～300下，用力逐日增重。

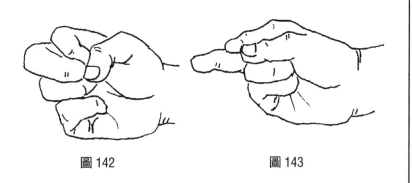

圖 142　　　　　　　　圖 143

3. 雞嘴點穴法

（1）手型握法

中指伸直，拇指和食指併緊附於中指的第1節與第2節橫紋內側，無名指小指內屈，形如雞嘴，用中指尖點刺對方的要害穴位（圖143）。

（2）用途

雞嘴法主要用於點刺對方全身的岐骨凹陷處，如印堂、顴口、列缺、合谷、陽陵泉、陰陵泉和手足背面諸穴。

歌訣曰：

　　　雞嘴勾錐鋒銳利，點鑽勾刺亦法奇。

　　　善點聽宮顴口穴，手足背尾與列缺。

　　　背部諸穴至命門，內外膝眼併肋季。

　　　點中成擒鬼哭泣，莫忘勾鼻牽十里。

（3）練法

面對盆內所盛的米粒，運氣3循，氣貫食指，向盆內演練點插，每日2次，每次50～100下。1月後改點石砂，2月後改點鐵砂，3月後改點木人，每次300～500下。

4. 金針指點穴法

（1）手型握法

中指伸直，其餘四指內屈，拇指內扣，緊壓食指和無名指點刺對方的要害穴位（圖144）。

（2）用途

金針指主要用於點刺人身孔眼和軟組織處的諸穴，如：眼、鼻孔、天突、耳道、鳩尾、中脘、臍眼、天樞、氣海等穴。

歌訣曰：

中指亦屬五峰第，單出亦稱金針指。

點中如就針插紙，霎時暴客命即息。

穴選鼻孔雙眼珠，耳孔天突與天樞，

鳩尾中脘氣海穴，左右膝眼併血池。

（3）練法

點物同雞嘴法，僅在3個月，開始演練鑽法，即點中旋鑽入內，日久皆威力無窮。

5.金剪指點穴法

（1）手型握法

食指、中指伸直，間距1寸2分許，形如刀剪，其餘3指內屈，拇指扣壓在無名指末節上，用中食指點插對方要害穴位（圖145）。

（2）用途

金剪指主要用於點插對方的眼、鼻、腋下、肋間和軟組織諸穴，如雙眼、雙鼻孔、腋下、不容、巨厥和諸肋間等。

歌訣曰：

金剪指法插加點，剪指入穴如箭穿。

透過泉眼可變鉤，橫轉如絞成紅剪。

瞄準眼鼻腋下窩，膈緣時間是插泉。

不容巨厥併期門，剪指到處他閉眼。

（3）練法

面對盆內穀物，運氣3循，氣貫中、食2指，然後輕插穀粒，每日2次，每次20～100發。1個月後改練插砂，2個月後改練鐵砂，每次300～500下，最後再練插點木人的有關穴位。

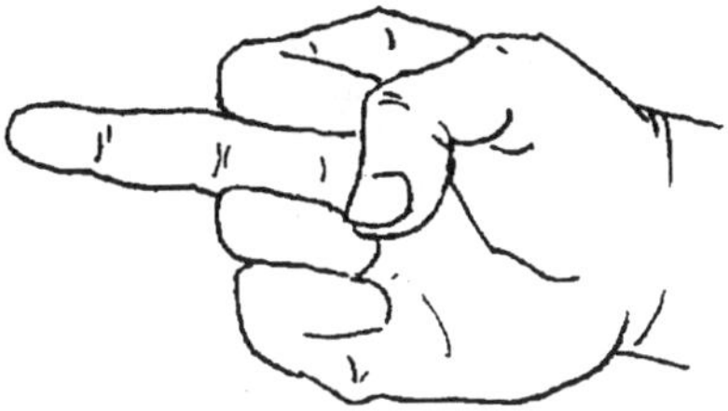

6.三陰指點穴法

（1）手型握法

食、中、無名3指伸直併攏，小指、拇指內屈，拇指扣壓在小指末節上，以3指點挖對方要害部位（圖146）。

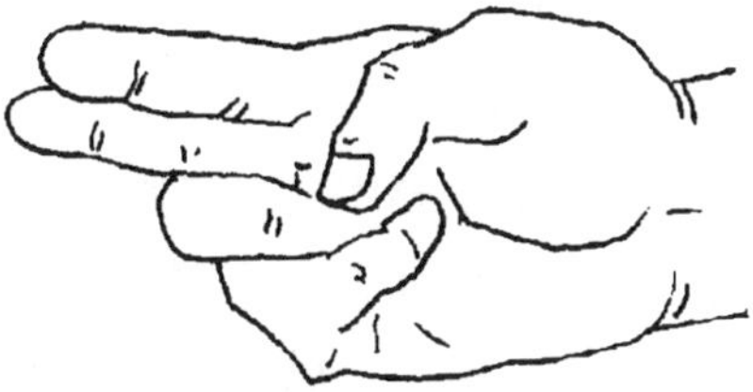

圖144

（2）用途

三陰指主要用於點插腹部和全身軟組織的諸穴如鳩尾、不容、幽門、三陰交、曲池、曲泉等。

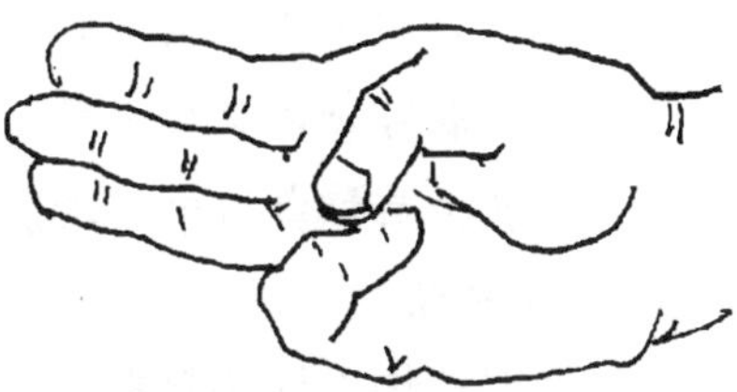

圖145

歌訣曰：

三陰指點似刀切，點插切轉左右掠。

斜插直取鳩尾穴，不容幽門併日月。

圖146

曲池曲泉三陰交，承山委中不可缺。

偷點翳風卸下頜，黑虎掏心濺鮮血。

（3）練法

練法同金剪指法。

7. 瓦楞拳點穴法

（1）手型握法

食、中、無名、小指內屈，
4指末節緊扣掌內；不能超過手
掌第1道橫紋，拇指封壓食指孔
眼，使手型如瓦楞形，用拳楞點
打對方（圖147）。

圖147

（2）用途

瓦楞拳主要用於點打胸部、頭部前後諸穴和四肢要害骨
骼，如百會、上星、印堂、頭維、後頂、膻中、乳根、肝
俞、膈俞、風市、肩井、肩髃等。

歌訣曰：

　　瓦楞拳技亦奇形，五指內扣如瓦楞。

　　打點刺砸力無窮，點中暴客即喪生。

　　敏取百會印堂穴，頭維後頂併上星。

　　乳根肩髃與膻中，諸俞風市連肩井。

（3）練法

先面對軟物以楞拳點擊，每日2次，每次50～100下。
2月後改點擊牆壁、木板等硬物。3個月後改換點擊木人，
每日300～500下。

8. 肘法點穴法

前臂內屈，形成肘尖，主要用於點打對方的胸腹脅部要

害穴位，如巨厥、中脘、章門、日月、神厥、天樞等。練
法：先是打點軟物，漸改打點木人，每日 300 下。

9. 足法點穴法

足法點穴，即踢法。踢出時足面繃平，用力向前或向兩
側彈踢。主要用於點踢對方臍胯以下部位，如中極、氣海、
曲骨、會陰、陰囊、長強、三里、鶴頂、膝蓋、脛骨、環
跳、崑崙等。練法：先踢點軟物，漸改踢點木人，每日 500
發。

歌訣曰：

> 少林點穴招法奇，更有足法虎勁踢。
> 撩襠致敵歸陰法，破脛致他斷下肢。
> 左右雙擺崑崙穴，斷踝三交向內擊。
> 直取曲骨會陰處，陰囊氣海與中極。
> 還有長強鶴頂穴，膝蓋環跳併三里。
> 手足並用招法全，上下兼施是真機。

10. 碰法點穴法

碰法即用頭部碰點對方要害部位。主要用來碰擊對方的
面部、胸、腹、肋和背部諸穴，如鼻、下關、下頜、膻中、
中脘、神厥、章門、膏肓、命門等。

歌訣曰：

> 用頭碰點妙中技，碰中敵方即倒地。
> 妙在乘他無防備，猛衝狠碰他命息。
> 上碰面鼻賤紅水，中碰心窩他吐食。
> 下碰陰仰臉朝天，後碰背部致他死。

練法：

運氣貫注頭，然後碰擊牆壁，每日 10～20 下。初用力

輕，日久漸用力重，3個月後改練碰木人要害部位，每日300下。

11. 靠法點穴法

即用臀部向後靠擊背後來犯者的要害部位，如下腹部、陰部、胯部等。

歌訣曰：

> 點打別有靠法奇，向後猛靠照殺敵。
>
> 臀擊點他肚中極，曲骨會陰血染衣。
>
> 側身擊胯可卸腿，亦名鐵身靠絕技。

● 練法

運氣後貫注臀部，對準牆或樹木用臀部靠擊，每日1次，每次15～50下。3個月後改靠擊木人，每日100下。

少林點穴之法甚多，除上述11種技法外，還有金產指（即4指點切法）、四平拳、足根、跪膝等法，只要用這得當，均能致敵傷殘。

二、點打要害穴位圖解

（圖注：穿黑靴者為彼方，穿白靴者為我方。）

1. 點擊枕骨穴

> 餓虎撲食勢雖凶，猿猴束身可避風。
>
> 轉身點他枕骨穴，能使金瓜應手崩。

解曰：他以餓虎撲食之招向我猛撲過來，我向右閃身躲開，使他撲空，我迅速向左轉身，用左手中指點他頭後的枕骨穴（圖148）。

2. 點取頰車穴

> 飛掌迎面來，接掌立時刻。

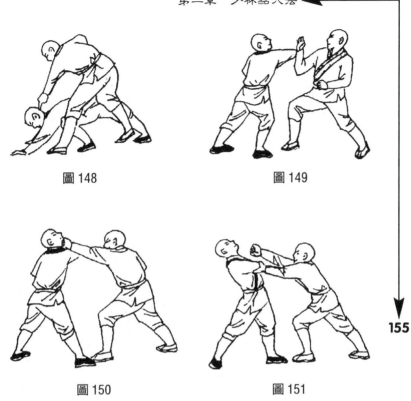

圖 148　　　　　　　　　　　圖 149

155

圖 150　　　　　　　　　　　圖 151

　　應者為虛勢，偷把領宮摘。

　　他以右弓步出右掌向我面部劈來，我以右弓步，出右手擋擊做虛勢，乘他不防，直取他右側頰車穴（圖149）。

3.點打承漿穴

　　陽拳頭上飛，取我面首魁。

　　左拳擋假招，右點承漿歸。

　　他以右弓步出右拳向我打來，我上右弓步出左拳前擋為虛勢（圖150）；乘他不防，我出右拳猛點打他承漿穴，致他慘痛後仰（圖151）。

圖 152

圖 153

4.點擊膻中穴

　　揣掌迎胸來，疾接掌撩開。

　　騎上赤兔馬，剎時偷取懷。

　　點他膻中穴，致他氣絕塞。

圖 154

　　他上左弓步出左掌劈我面部，我上左弓步用左手擋擊是假象（圖152）。乘他不防。速出右手點擊他胸部的膻中穴（圖153）。

5.點打章門穴

　　茅掌來穿喉，鋼盾頂他收，

　　　疾出金叉錐，點破章門流。

　　他以左弓步左掌向我頭部劈來，我上右弓步出左手擋擊作假象（圖154）。乘他不備，我出右手點他左肋脅的章門穴（圖155）。

圖 155

圖 156　　　　　　圖 157

6. 點擊中極穴

偷施陰錘最難防，銳目快手防遭殃。

虛實兼施迷誘他，點破中極亡當場。

他以右弓步右拳崩擊我下腹部，我上右弓步出右拳擋之（圖 156）。乘他不備，我速上左腳出左拳偷擊他下腹部的中極穴（圖 157）。

7. 點擊神厥穴

迎面飛掌來似箭，金蛟剪法速擋前。

乘機換把點神厥，當場開肚血水濺。

他以右弓步右掌取我咽喉，我施猿猴縮身之勢，再變兩手成金蛟剪抵他（圖 158）。乘他不防，我右腳向前上一步，同時出右手突然偷點他腹中的神厥穴（圖 159）。

8. 點打尾閭穴

弓樁鐵肘力無比，閃身躲開為妙計，

轉身點他尾閭穴，致他下身癱在地。

他以右弓步頂右肘向我衝來，我上右腳閃身躲過，並用左拳擊他耳部（圖 160），致他疼痛難忍，而身向前伏時，

圖 158　　　　　　　　圖 159

圖 160　　　　　　　　圖 161

速用右手按住他背部，同時用左拳猛點擊他尾閭穴（圖161）。

9.點打印堂穴

弓步標拳似飛箭，巧施撩拳可避關，

換把點他印堂穴，致他頭暈瞎雙眼。

他以右弓步出右拳擊我頭部，我立上右弓步出右拳向前擋擊作虛勢（圖162）。乘他不備，我速出左手點擊他印堂

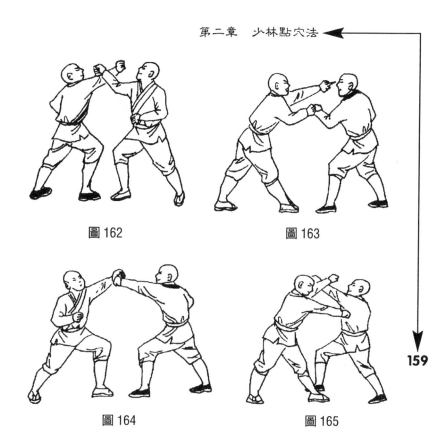

圖 162　　　　　　　　　圖 163

圖 164　　　　　　　　　圖 165

159

穴（圖163）。

10. 點擊下脘穴

　　　　箭步反臂錘，妄圖制我歸，

　　　　偷點他下脘，制妖腹濺水。

　　他以左弓步左拳擊我頭部，我上左弓步出左拳假意擋之（圖164）。乘他不防，我速用右拳點擊他下脘穴（圖165）。

11. 點擊中脘穴

　　　　飛拳來砸頭，雲拳疾對手，

圖 166

圖 167

換把取中腹，致他肚漿流。

他以左弓步出左拳向我頭部打來，我上右弓步出右拳向上擋之作假象（圖166）。乘他不備，我速上左弓步出左拳猛點擊他腹中的中脘穴（圖167）。

12. 點打啞門穴

圖 168

劈拳善破臂，轉身架打宜，

吾轉身溜走，回頭尋良機，

點他啞門穴，致他枯接梨。

他箭飛來落腳成右弓步，同時出右拳向我頭部打來，我施橫馬架打招閃身而過（圖168）；乘他撲空而前伏倒下時，我速回頭轉身出右拳點擊他頸後的啞門穴（圖169）。

13. 點擊巨厥穴

他上右馬右手劈，我施右馬右手抵，

對方又施左手疾，吾應風雲右手起，

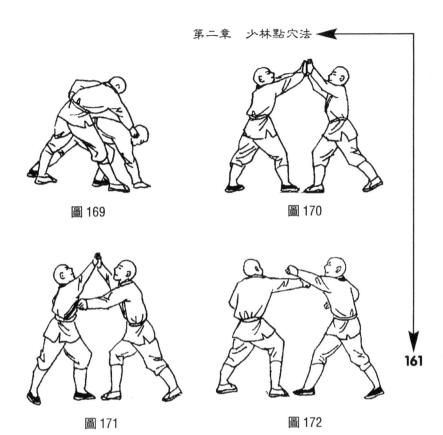

圖 169

圖 170

圖 171

圖 172

161

突然來個夜摸雞，左手點他巨厥息。

他以右弓步出右拳向我頭部打來，我上右弓步出左手擋擊為假招（圖 170），乘他不備，我甩開左手猛點擊他前胸下部的巨厥穴（圖 171）。

14. 點擊後谿穴

　　他上右腳使錘打，我轉橫馬低勢發，

　　手疾眼快崩右手，點他後谿慘叫媽。

　　他以右弓步出左拳打來，我以低勢馬步，體稍左轉，出右手點擊他腕側的後谿穴（圖 172）。

圖173　　　　　　　　　　圖174

15. 點擊人中穴

　　他以猛虎出籠勢，妄取小童飽餐食。

　　吾施織女穿梭奇，點他人中倒在地。

　　他以老虎出籠之勢向我猛撲過來，我施織女穿梭之招，穩準狠地點擊他鼻下正中的人中穴（圖173）。

16. 點擊命門穴

　　老虎出洞威力雄，向前撲人快如風。

　　勢如一口吞小羊，縮身能化雄為零。

　　轉身點他命門穴，亦叫打虎又降龍。

　　他施老虎出洞之勢猛然間向我撲來，我立即縮身躲開，使他撲空而過，前伏爬地。乘他不利之時，轉身用右手點擊他後背下部正中的命門穴（圖174）。

17. 點擊水分穴

　　鷂子鑽林猛衝肘，若失戰機實發愁。

　　不及來個虛誘架，明防暗攻開泉流。

　　偷取水分臍眼上，暴徒腹中開紅口。

　　他以鷂子鑽林勢衝來，出右肘擊我胸部，我左腳向後一

圖 175　　　　　　　　　圖 176

圖 177

步，同時出右拳擊擋作虛勢（圖 175）。然後，速上左弓
步，出左手向下點擊他臍上的水分穴（圖 176）。

18. 點擊乳中穴

　　他上右馬沖右拳，我上左馬立擋前。

　　誘他開門妙策靈，猛進右手點乳中。

　　他上右弓步出右手向我打來，我上左弓步出左手挑，同
時速出右手點擊他胸上部的乳中（圖 177）。

圖 178　　　　　　　　　　圖 179

19. 點打乳下穴

　　他沖右拳猛飛來，我出右拳擋一側。

　　誘他舉臂把門開，點他乳下最要害。

　　他以左弓步右拳向我打來，我以右弓步右拳擋之（圖178）。乘他不備，我突然上左弓步出左拳點打他左側乳下穴（圖179）。

20. 點擊風池穴

　　豹子出要如猛虎，小猴束身可躲過。

　　乘他撲空未站穩，甩擊銅錘準而狠。

　　點他風池大筋外，降龍拿妖送陰門。

　　他以豹子出林猛撲過來，我以猿猴坐氈勢避開（圖180）。乘他撲過還未站穩，我速起身出左拳點擊他項後右側風池穴（圖181）。

21. 點擊斷喉穴

　　他上右馬猛撲來，右手撩舞撥雲開。

　　我退右腳右手擋，乘機把他咽喉塞。

　　他上右弓步出右掌劈我面部，我右腳向後退，同時出右

圖180

圖181

圖182

圖183

手擋擊（圖182）。乘他不備，我速出左手向前點切他咽喉
（圖183）。

　　22. 點擊上星穴

　　　　暴客若施鐵頭功，我飛虎腳下取陰。

　　　　再施鐵拳破他心，更出銳矛刺星門。

　　　　指下打上軟硬兼，點破上星敵亡身。

　　他用鐵頭來撞我的面部，我飛左腳假取襠（圖184）。
乘他顧襠防下之際，我猛出右拳擊他胸，他必用左拳擋，我

圖184

圖185

再飛出左手點擊他前額上部正中上星穴（圖185）。

23.點擊不容穴

鐵肘沖人力最雄，需生妙計破空城。

托肘擋肘施虛法，飛箭穿眼破腹能。

點中不容吐紅漿，任他鐵人也不行。

他上右弓步以右肘沖我腹部，我左腳後退一步，用右手砸擊他肘端為虛象。乘他不備，速出左手點擊他上腹右側的不容穴（圖186）。

24.點擊聽會穴

弓步沖拳快而準，若遇高手需謹慎。

若遲一分必遭擊，他方閃身破耳門。

他上右弓步出拳擊我胸部，我上右弓步，出右拳擋回他右拳。乘他不備，速飛左拳點打他右側聽會穴（圖187）。

25.點擊腋下穴

實攻必先防，無防必遭秧。

飛拳擊我頭，或閃或直擋。

若能眼法靈，乘機取脅鄉。

點準腋下穴，致他全身僵。

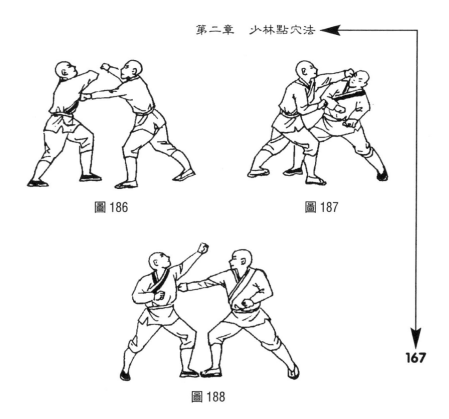

圖 186　　　　　　　　　　圖 187

圖 188

　　他上左弓步出拳向我頭部擊來，我眼疾手快，上右弓步出右拳點擊他腋下穴（圖188）。

三、點打七十二脈要點

（一）總　歌

　　　打點脈門秋月傳，七十二脈主命關，

　　　氣血脈絡維生存，臟腑神志歸命源，

　　　脈絡如網遍全身，若遭破阻必致殘，

　　　賢徒志習點脈法，精究脈理通根源，

悉知脈位取法全，方能點準諸脈關，
若得真功須苦練，數載暑寒披星天，
頻習沙袋木人功，觸硬狼習雙鐵拳，
再習撞牆鐵頭功，莫忘晨越峽谷澗，
更有肘臀通身法，全身皆勁崩力泉，
百勁須合一雙眼，漆宅點打如光天，
勁眼合智能百勝，缺一難開擂臺栓，
囑徒獲技高尚德，嚴守戒約歲有年，
國難征討可施技，功勛耀師凱歌還。
含笑迎傑歸山門，少林宇額掛金匾。

（二）點打脈穴法歌

點打脈穴著眼功，疾現脈位出把靈，
遲則反中他人把，霙毫必閃他手前，
軟位點插金剪指，隙位金針指要急，
骨骼猛施瓦楞拳，肋脅三陰指可穿，
背俞足踏方有力，下腹單針可穿線，
頭顱就用四平拳，以膝跪膝實靈驗，
足趾則用撥踩招，身後須把天兵搬，
手掌疾用觸招折，腕部施纏妙如仙，
頸技合智高一招，可降天兵蠹擂前。

（三）72脈穴總圖

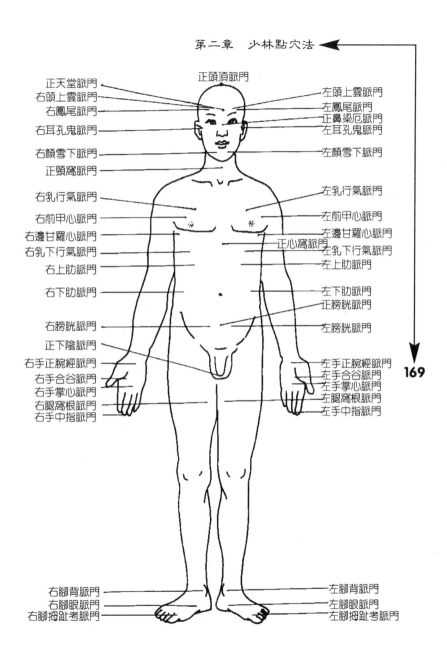

正天堂脈門
右頭上雲脈門
右鳳尾脈門
右耳孔鬼脈門
右顏雪下脈門
正頸窩脈門
右乳行氣脈門
右前甲心脈門
右邊甘羅心脈門
右乳下行氣脈門
右上肋脈門
右下肋脈門
右膀胱脈門
正下陰脈門
右手正腕經脈門
右手合谷脈門
右手掌心脈門
右腿窩根脈門
右手中指脈門

正頭頂脈門

左頭上雲脈門
左鳳尾脈門
正鼻梁厄脈門
左耳孔鬼脈門
左顏雪下脈門
左乳行氣脈門
左前甲心脈門
左邊甘羅心脈門
正心窩脈門
左乳下行氣脈門
左上肋脈門
左下肋脈門
正膀胱脈門
左膀胱脈門
左手正腕經脈門
左手合谷脈門
左手掌心脈門
左腿窩根脈門
左手中指脈門

169

右腳背脈門
右腳眼脈門
右腳拇趾考脈門

左腳背脈門
左腳眼脈門
左腳拇趾考脈門

圖189　人體正面脈

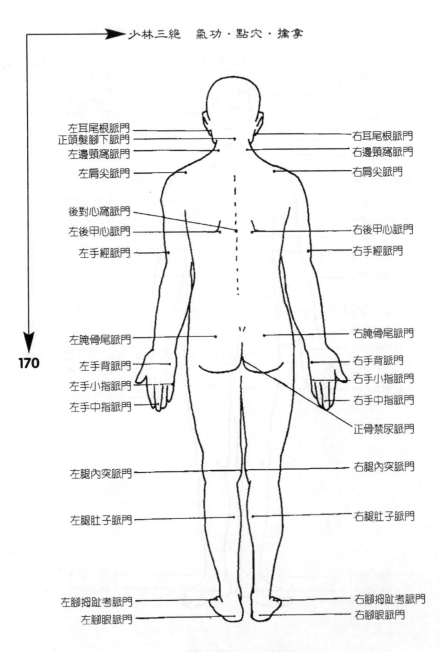

左耳尾根脈門
正頭髮腳下脈門
左邊頸窩脈門
左肩尖脈門

後對心窩脈門
左後甲心脈門
左手經脈門

左腌骨尾脈門
左手背脈門
左手小指脈門
左手中指脈門

左腿內突脈門

左腿肚子脈門

左腳拇趾考脈門
左腳眼脈門

右耳尾根脈門
右邊頸窩脈門
右肩尖脈門

右後甲心脈門
右手經脈門

右腌骨尾脈門
右手背脈門
右手小指脈門
右手中指脈門
正骨禁尿脈門

右腿內突脈門

右腿肚子脈門

右腳拇趾考脈門
右腳眼脈門

圖 190　人體背面脈

（四）72脈名稱

1. 左手背一脈	2. 右手背一脈
3. 左乳下行氣一脈	4. 右乳下行氣一脈
5. 左前甲心脈	6. 右前甲心脈
7. 左腳肚子一脈	8. 右腳肚子一脈
9. 左下脅一脈	10. 右下脅一脈
11. 左腿內突一脈	12. 右腿內突一脈
13. 左手合谷脈	14. 右手合谷脈
15. 左上脅一脈	16. 右上脅一脈
17. 左手掌心脈	18. 右手掌心脈
19. 左乳行氣一脈	20. 右乳行氣一脈
21. 正頸窩脈	22. 左邊頸窩脈
23. 右邊頸窩脈	24. 左腳膽脈
25. 右腳膽脈	26. 左耳尾脈
27. 左邊甘欏心脈	28. 右邊某欏心脈
29. 右耳尾根脈	30. 正心窩脈
31. 後頭項舌脈	32. 後對心窩脈
33. 左手小指脈	34. 右手小指脈
35. 左手中指脈	36. 右手中指脈
37. 左頭上雲脈	38. 右頭上雲脈
39. 左耳孔鬼脈	40. 右耳孔鬼脈
41. 正頭頂脈	42. 正天堂脈
43. 左鳳尾脈	44. 右鳳尾脈
45. 正鼻梁厄脈	46. 左顏雪下脈
47. 右顏雪下脈	48. 正手正腕經脈

49. 左手中指邊脈　　50. 右手中指邊脈
51. 左邊肩尖脈　　　52. 右邊肩尖脈
53. 左腿窩根脈　　　54. 右腿窩根脈
55. 左手靜脈　　　　56. 右手靜脈
57. 正頭發腳下脈　　58. 正腌骨尾脈
59. 正下陰脈　　　　60. 左腳背脈
61. 右腳背脈　　　　62. 左腳奇脈
63. 右腳奇脈　　　　64. 左腳眼脈
65. 左後甲心脈　　　66. 右後甲心脈
67. 正上脊尾脈　　　68. 右上脊尾脈
69. 正骨禁尿脈　　　70. 正膀胱脈
71. 左腳拇趾考脈　　72. 右腳拇趾考脈

172

（五）72脈門部位

總歌：

少林點穴技術精，點打脈門義一峰，
脈門血氣經絡會，臟腑百骸概此通，
一脈不通如掉翅，二脈不通難挪動，
三脈不能癱在塵，四脈不通失魂靈，
血脈不通枯肌膚，氣脈不通閉雙睛，
絡脈不通難動彈，五脈不通喪性命，
既知沖絡摔人命，不可隨意施術行，
真藝不傳非君子，少林戒約切記清，
若得真技固謹慎，可露高德有志人，
為國捐軀可應征，扶弱除賊藝可行，
則須苦練真功夫，脈位理法要精通，

一知半解反挨打，半途而廢非門生。

1. 左右手背脈門

【位置】：中指本節骨峰後。

【點打法】：於對方交戰時以拳尋機砸之，但必宜閃身法，以左拳點左手背脈，以右拳點打右手背脈，切勿遭進門拳襲。以子時點打為宜。

2. 左右乳下行氣脈門

【位置】：左右乳下方寸即可，相當於第 5 肋下緣方寸處。

【點打法】：以閃身法或下虛上實法出拳衝擊。以子時點打為宜。

3. 左右前甲心脈門

【位置】：左右乳上方寸處，相當於第 3 肋間方寸處。

【點打法】：同點打「左右乳下行氣脈」。以子時點打為宜。

4. 左右腿肚子脈門

【位置】：承山穴沿內側向前方寸處。

【點打法】：尋機對方失招俯身時，用足踢擊，以左踢左，以右踢右，見機宜而施招。以丑時點打為宜。

5. 左右下脅脈門

【位置】：左右兩乳直下，第 12 肋下緣方寸處。

【點打法】：用撩上猛進法，即黑虎偷心之招偷襲此脈部位。以丑時點打為宜。

6. 左右腿內突脈門

【位置】：兩腿脛骨內側下緣方寸處。

【點打法】：用上虛下實法誘敵不備，速起十字腿踢擊

此脈部位。宜丑時點打。

7. 左右合谷脈門

【位置】：兩手的合谷穴，即虎口處。

【點打法】：接著對方手掌時，巧用掐法，偶遇纏腕時也可點插此脈以解脫。宜在寅時點打。

8. 左右上脅脈門

【位置】：兩乳直下1寸，再向外1寸3分方寸處。

【點打法】：用閃身法，出拳以左打左，以右打右，亦可用三陰指或金剪指巧插肋間隙。宜寅時點打。

9. 左右掌心脈門

【位置】：即兩手掌的中心點方寸處。

【點打法】：接著對方手掌時，以掐、插、鑽、砸、砍等法制之。宜在寅時點打。

10. 左右乳行氣脈門

【位置】：即左右乳頭處。

【點打法】：用撩上撥架之招偷襲此脈，也可施「回頭虎尾」之招猛拳擊之。宜在卯時點打。

11. 正頸窩脈

【位置】：喉頭骨上凹陷處。

【點打法】：用下虛上實法，施金針指或金剪指點插，亦可用「單手斬劍」之招揣擊此脈。宜在卯時點打為妙。

12. 左右邊頸窩脈門

【位置】：頸側，平喉結，胸鎖乳突肌後緣，即天窗穴後1寸5分。

【點打法】：用明下暗上之法，以金剪指、三陰指插點，亦可用「側耳炮」或「見縫插針」之招擊點。宜在卯時

點打。

13. 左右腳膽脈門

【位置】：足內踝下赤白肉界上緣。

【點打法】：當對方起足踢彈時，尋機用撥法踢擊此脈。宜在辰時點打。

14. 左右邊甘欏心脈門

【位置】：位於左右腋窩中。

【點打法】：可用閃法以金剪指或三陽指點插，或有「一字簽拳」之招拳擊此脈。宜在辰時點打。

15. 左右耳尾根脈門

【位置】：耳垂下1分許。

【點打法】：用下虛上實法，以瓦楞拳鑽擊此脈或以「側耳炮」之招猛擊。宜在辰時點打。

16. 正心窩脈門

【位置】：兩乳之間，膻中穴上5分。

【點打法】：用左撩手右開門或右撩手左開門之法，以瓦楞拳鑽擊此脈。宜在辰時點打。

17. 後頭頸舌脈門

【位置】：風府穴上1分許。

【點打法】：用「天兵臨降」之法，騰落對方身後猛點砸此脈或以「夜叉偷瓜」之招扣砸。宜在巳時點打。

18. 後對心窩脈門

【位置】：第12胸椎棘突下方寸處。

【點打法】：用閃身法竄對方身後或用「將摟熊腰」之招，捶擊此脈。宜在巳時點打。

19. 左右手小指奇脈門

【位置】：小指本節後小骨頭處。

【點打法】：接著陽掌者用內閃法，陰掌者用外撩法，酌情砍、砸、掐之宜在巳時點打。

20. 左右手中指脈門

【位置】：手掌中指末節。

【點打法】：接著對方手掌時，速以握、掐、折、砸等法制之。宜在巳時點打。

21. 左右頭上雲脈門

【位置】：左右眉上1分正中。

【點打法】：以踢下擊上方，速出瓦楞拳沖出此脈，亦可「雙手車輪掌」勢擊點此脈。宜在午時點打。

22. 左右耳孔鬼脈門

【位置】：耳珠前。

【點打法】：用踢下擊上法，以「側耳炮」之招拳擊此脈。宜在午時點打。

23. 正頭頂脈門

【位置】：百會穴前5分。

【點打法】：用踢下擊上法，出拳點擊，或用「小鬼擊燈」，或用「打破金碗」之招擊打此脈。宜在午時點打。

24. 正天堂脈門

【位置】：印堂穴上5分處。

【點打法】：用下虛上實法，拳擊此穴，或以「雙手車輪掌」法點打此脈。宜在午時點打。

25. 左右鳳尾脈門

【位置】：左右眉上1寸。

【點打法】：用下虛上實，踢下打上法，出拳點擊此

脈，亦可用「箭穿千眼」之招點打此脈。宜在未時點打。

26. **正鼻梁厄脈門**

【位置】：印堂穴下1寸，鼻梁骨尾端。

【點打法】：用踢下打上法，拳擊此脈，亦可用「盤拳劈追」和「胭點梅花」之招點、鑽、沖打此脈。宜在未時點打。

27. **左右顏雪下脈門**

【位置】：口外角與地倉穴的中間。

【點打法】：用踢下反上法，出金剪指或金針指插點。亦可用「小鬼開泉」和「燕子斜飛」之招偷襲此脈。宜在未時點打。

28. **左手正腕經脈門**

【位置】：神門穴內1分處，腕橫紋內端。

【點打法】：接著手掌時，用纏、握、砸、砍等法擊點此脈。宜在未時點打。

29. **左右手中指邊脈門**

【位置】：兩手掌中指本節上5分。

【點打法】：接著對方手掌時，以折、陷、纏等法制之。宜在申時點打。

30. **左右肩尖脈門**

【位置】：肩髃上3分，即肩端高峰處。

【點打法】：用閃身法，以左打左，以右打右，以砸、砍、撩等法擊點，亦可用「夜叉卸臂」或「燕子鑽雲」之招砍、踢此脈。宜在申時點打。

31. **左右腿窩根脈門**

【位置】：箕門穴下1寸2分。

【點打法】：用「梅鹿彈蹄」或「鴛鴦蹬蛛」之招踢點此脈，亦可用上虛下實法點擊。宜在申時點打。

32.左右手靜脈門

【位置】：曲池穴外開 1 寸 5 分，即肘骨尖端下內陷凹處。

【點打法】：用閃身法，以拳點、砸或以肘頂，亦可用「拐線偷梭」之招擊之。此招宜在酉時點打。

33.正頭髮腳下脈門

【位置】：項後啞門穴下 1 寸正中。

【點打法】：用「夜叉偷瓜」或「順手牽羊」之招偷取其脈，拳砸或用金剪指點插。宜在酉時點打。

34.正腌骨尾脈門

【位置】：骶骨裂孔向外開 2 雨 5 分。

【點打法】：用牽引制後法或騰降突襲法，出拳砸擊此脈。宜在酉時點打。

35.正下陰脈門

【位置】：即陰囊。

【點打法】：用撩上踢下法或「猛虎撲食」或「仙人摘茄」法擊之。宜在酉時點打。

36.左右腳背脈門

【位置】：足舟骨粗隆下方凹陷處，稍後 5 分處。

【點打法】：近敵後用足撥根法踢之。宜在酉時點打。

37.左右腳脈門

【位置】：腳背脈中點下 1 寸處。

【點打法】：用「小鬼推碑」法制對方仰倒後踢擊此脈。宜在酉時點打。

38. 左腳眼脈門

【位置】：腳背脈後向１寸。

【點打法】：同左右腳背脈點打法。宜在酉時點打。

39. 左右後甲心脈門

【位置】：魄戶穴５分處。

【點打法】：用閃身法和流星步，返身拳擊，或以「降落天兵」之招，偷襲此脈。宜在戌時點打。

註：魄戶穴位於第２胸椎棘穴下旁開３寸。

40. 左右上脅尾脈門

【位置】：日月穴向內５分。

【點打法】：用「黑虎偷心」或「閃身炮拳」法，出拳揣擊此脈，亦可用金剪指插之。宜在戌時點打。

41. 正骨禁尿脈門

179

【位置】：尾骨端處。

【點打法】：用「降落天兵」和「閃身騰達」法，近敵左右側後用拳砸擊或以足踏之。宜在戌時點打。

42. 正膀胱脈門

【位置】：曲骨（臍下５寸）穴上５分方寸處。

【點打法】：用「撩上踢下」或「夜叉探海」法擊之，亦可用「燕子操水」之招以金剪指點插。宜在亥時點打。

43. 左右腳拇趾考脈門

【位置】：大都（足大趾內側本節後）穴下１分。

【點打法】：近敵時可用足撥擊，以傷此脈。宜在亥時點打。

第三節　損傷救治與點穴治病

一、點穴損傷救治法

（一）治法概要

拳譜曰：點穴法傷人者，其勢重也。醫治救人者，必熟知諸穴所在之部位，所傷之輕重，更需知良醫之法，否則妄為醫也。世醫為傷科者，未必完全熟知點穴之理，但應知其大略，否則會因不知其理，陌生其法，妄投藥醫，難以奏效。

若能開其門戶，陰陽平衡，氣血暢通，經脈自舒，萬病則除，人可得救。如某時點人，閉住某穴，則氣血必滯於其部之後，治法當在其傷者之前施，使所傷閉之穴，感受震波，漸漸放開，所阻滯之氣血亦能緩緩暢達此穴，使其流通也。

救治點穴所傷者，除施宜之手法（如推拿），還需尤當借藥之力，以消其淤，除其疾。否則，淤滯於內，氣血流行亦受阻礙，故體感不舒，久則成疾，重則殘廢，甚則危命。故應早醫。

（二）少林傷科 13 味藥主方

少林十三味主方（通治傷、外科一切疾病）

玄胡索 3 克、木香 3 克、青皮 3 克、烏藥 3 克、桃仁 3 克、蓬朮 3 克、骨碎朴 4.5 克、赤芍 4.5 克、蘇木 3 克、當

歸尾 3 克、三棱 15 克、大黃 12 克、縮砂 9 克。

若大便不通者加生大黃 6 克，小便不通者加車前子 9 克。胃口不好，不思飲食者加川朴、砂仁各 6 克。

按：「13 味主方」是少林傷科、外科方面用之有效的經驗方，無論是練武損傷，還是練時被對方擊傷，跌打損傷，閃腰岔氣，或血積內淤作痛，已破未潰者，均可用此方。再結合病情隨症加減，內服或輔以外治，無不奏效。

（三）諸穴點傷治方

1. 點傷丹田穴治方

臍下 1 寸 5 分為丹田穴，又名分水，屬腎經。被點傷重者 9 日可死。以三棱、木通各 1.5 克，同 13 味藥（即前述少林 13 味主方）煎服。

又一方：七厘散 0.45 克，用 13 味藥劑汁沖服。日 3 次，良效。

2. 點傷正分水穴治方

臍下 1 寸 4 分為正分水穴，屬膀胱經。此處是大、小腸 2 氣相匯之穴，被點者大小便不通。14 日可死。急用 13 味加引經藥（即蓬朮、三棱、生川軍各 1.5 克）水煎服。或服七厘散 0.45 克，次服紫金丹 2 劑，效果亦佳。

3. 點傷氣隔穴治方

臍下 3 分偏左腹為氣隔穴。被點傷者，取五加皮、川羌活各 4.5 克，與 13 味主方藥同煎 2 劑。或服七厘散 0.75 克，再服奪命丹 3 劑。

4. 點傷關元穴治方

臍下 3 寸為關元穴。被點傷者，需急治。以 13 味主方

約加青皮、車前子各6克，水煎服。或者服七厘散0.9克，奪命丹服3劑，可癒。

5. 點傷血海門穴治方

右肋臍下2寸（3橫指）為血海門穴。被點傷者，紫胡、當歸各4.5克，同13味主方藥煎服。另一方，七厘散0.75克，奪命丹3劑服之。

6. 點傷隔門穴治方

左肋軟骨下緣之處為隔門穴。被點傷者，厚朴、五靈脂、砂仁各3克，與13味主方藥同煎服，或服奪命丹3劑。

7. 點傷血囊穴治方

右肋軟骨下2分處為血囊穴。被點傷者，13味主方藥加歸尾、蘇木各15克煎服，或服地鱉紫金丹4劑。

8. 點傷血倉期門穴治方

右肋鎖骨下8分肌肉之處，為血倉期門穴。被點傷者，13味主方藥加引經藥丹皮、紅花各4.5克，水煎服，再服奪命丹3劑，可治癒。

9. 點傷氣血囊合穴治方

左膀肋鎖骨下1分，此處方血相交，名為氣血囊合穴。被點傷者，取引經藥蒲黃、韭菜子各4.5克，與13味主方藥同煎服。若加陳酒1盅沖飲更效。

10. 點傷督脈穴治方

腦後枕骨正中處，為督脈穴，能通三經，總督一身之陽。受傷者急用川芎6克、當歸3克為引經藥，同13味主方藥煎服。另外，服七厘散0.9克，次用奪命丹4、5劑服之。

11. 點傷正額穴治方

頭額正中屬心經。如被點打，但皮肉未破，淤血迷閉心竅者，急用引經藥羌活、防風、川芎各 4.5 克，同 13 味主方藥煎服，再服奪命丹 3 劑，效果佳。

12. 點傷太陽穴治方

頭角兩邊為太陽穴。若被點傷，重者，難治。輕者，如損傷耳目，淤血腫痛，急用引經藥川弓、羌活各 3 克，與 13 味主方藥水煎服。或服七厘散 0.6 克，奪命丹 3 劑。外用八寶丹粉藥敷之。

13. 點傷藏血穴治方

頭部兩側耳尖上，名藏血穴。屬厥陰肝經。被點傷，重者，氣滯血陰，閉絕而死。如傷破出血，外受風邪致局部浮腫，用引經藥當歸 3 克、生地 6 克、川芎 3 克，水煎服。加服七厘散 6 克，奪命丹 3 劑。患處用桃花散敷之。

183

14. 點傷印堂眉心穴治方

兩眉之中為印堂眉心穴，屬陽醒神。被點打者，頭部腫脹，急取引經藥防風、羌活、荊芥、川芎各 4.5 克煎服。加七厘散 0.9 克、奪命丹 3 劑服之。如外皮破，出血而不紅腫者，病輕；如氣傷腫滿出血者，須慎治。

15. 點傷血阻、捉命、斬命、黑虎掏心、歸陰、遊魂穴治方

此 6 穴被點傷，如輕傷可治，但切莫輕心，治方見前 13 味主方藥。如果肋骨斷裂者，雖非正穴，當及早治療。重用生石膏，又名喝骨引。製膏用法：續隨子葉去刺 60 克，搗千餘錘，以草灰和勻，再搗成糊狀加浮小麥粉 1 盅，調成膏，陳酒製好，敷患處，立止疼。再服十厘散，重者

0.3 克，輕者 0.15 克，用白酒送服。或用地鱉紫金丹 3
劑，重者每次 0.3 克，輕者 0.15 克，白酒送服。

16. 點傷背部穴治方

人身背部穴道，屬腎命者，於背中第 7 節椎骨兩旁，偏
下 1 分之處。打重者吐血痰。用引經藥補骨脂、杜仲各 6
克，與 13 味主藥同煎服。或奪命丹 3 劑服之。

17. 點傷後海底穴治方

腎命穴下 1 寸 8 分，為後海底穴。被點打致傷者，用引
經藥補骨脂 4.5 克、烏藥 6 克，與 13 味主方藥同煎服，又
經緊金丹 3 劑服之。

18. 點傷命門穴治方

第 2 腰椎下凹處為命門穴。被點傷者急以 13 味主方藥
加引藥桃仁、前胡各 4.5 克，水煎服，再服奪命丹 3 劑和藥
酒，效果更好。

19. 點傷海底穴治方

臀部骶椎下為海底穴。被點傷者，13 味主方藥加引經
藥大黃、月石、木瓜各 6 克，水煎服，繼服奪命丹 3 劑。

20. 點傷鶴口穴治方

兩腿骨盡處為鶴口穴。點重傷者，服用 13 味主方藥，
加引經藥薏仁、木瓜各 3 克，牛膝 4.5 克，水煎服。或服地
鱉紫金丹 4 劑。如不癒，為難治。

21. 點傷湧泉穴治方

腳底中心為湧泉穴。點重傷者，急用 13 味主方藥加引
經藥木瓜、川牛膝各 6 克，水煎服。若腎傷者，加用參三七
6 克、益智仁 6 克。

按：以上 21 穴，受傷重者難治，輕者可救。輕者始不

知其疼，而後發病不治。凡多服藥無效，為有內傷，不可輕心，須注意按時服藥。各穴道受損者，以 13 味主方藥為主，臨症加減用之。

22. 點傷華蓋穴治方

華蓋穴在心口上，屬肺經。受傷重者，血迷心竅，而致昏暈。急用溫化藥為妙，以防心血淤滯不通。用引經藥枳殼 6 克、良羌 6 克，同 13 味主方藥共煎服。並用陳酒沖服七厘散 0.6 克。

23. 點傷肺底穴救治方

肺底穴在背部第 3 胸椎旁向外 2 寸 1 分即是，左右一樣。被點傷時，急取 13 味主方藥加引經藥桑白皮 6 克，水煎服，再服七厘散 0.45 克，紫金丹 3 劑。

24. 點傷正氣穴治方

左側乳上 1 寸 3 分，為正氣穴，屬肝經。被點傷者，加引經藥乳香 6 克、青皮 6 克，同 13 味主方藥水煎服。或服七厘散 0.9 克，奪命丹 2 劑。如傷輕則不必服藥。

25. 點傷氣海穴治方

臍下 1 寸 5 分為氣海穴。被點傷者，以木香 6 克、廣陳皮 6 克同 13 味主方藥煎服。或服七厘散 0.75 克，奪命丹 3 劑。

26. 點傷上血海乳穴治方

右乳上 1 寸 3 分上血海乳穴，屬肺經。被點傷者，13 味主方藥加引經藥廣木香 6 克、玄胡索 6 克，水煎服。另服用七厘散 0.6 克，或奪命丹 3 劑。

27. 點傷正血海穴治方

右乳下 1 寸 3 分為正血海穴，屬肺經。被點者吐血，用

劉寄奴6克、蒲黃6克同13味主方藥煎服。再服七厘散0.75克，奪命丹1劑。

28. 點傷下血海穴治方

右乳上1寸4分為下血海穴，屬肺經。被點傷者急用13味主方藥加引經藥五靈脂4.5克，蒲黃4.5克，水煎服。再服七厘散0.75克，奪命丹3劑。

29. 點傷氣血二海穴治方

左右乳房下1寸3分為氣血二海穴，屬心肝肺。被點傷者，急用13味主方藥加引經藥木香4.5克、枳殼4.5克，水煎服。再服奪命丹3劑，七厘散0.9克。

30. 點傷黑虎掏心穴治方

心口軟骨中為黑虎偷心穴，屬胃經。被點傷者立刻會眩暈不醒，急用13味主方藥加引經藥肉桂、炒紫丁香1.8克，水煎服。或服用七厘散1劑，奪命丹3劑，後服地鱉紫金丹2、3劑，有效。

31. 點傷藿肺穴治方

心中下1寸3分為藿肺穴，屬心經。被點者會立刻昏暈不醒。此時點摸右膀肺底穴下半分處，即可還醒，故名回魂穴。受傷者引經藥桔梗3克、川貝4.5克與13味主方藥同煎，服7劑。另服奪命丹3劑，再取七厘散0.75克，次服紫金丹3劑。

32. 點傷翻肚穴治方

心口中偏左1寸3分為翻肚穴，屬肝經。被點者加引藥草豆蔻3克、木香3克、巴豆霜2.4克，與13味主方藥同煎服。又服七厘散0.9克，次服奪命丹3劑、加減13味湯藥2劑，繼服地鱉紫金丹3劑。再配合外用藥治之。

33. 點傷腹結穴治方

腹結穴屬小腸脾二經。被點致傷時，引經藥桃仁 4.5 克、元胡 4.5 克同 13 味主方藥煎服。另外取七厘散 0.9 克，奪命丹 1 劑同服之。

34. 點傷痰門穴治方

症狀：口噤不開，牙關緊閉，兩目上視，為氣厥之症。先服奪命丹，若傷其身體上部者可再服紫金丹。有淤血者，加紅花、赤芍、桃仁、枳殼各 6 克煎服。

35. 點傷血膝穴治方

虎骨 6 克、川斷 6 克、牛膝 6 克、木瓜 6 克、當歸尾 4.5 克、桂枝 3 克、骨碎補 6 克、杜仲 6 克，水煎後加童便半杯內服，每日 2 次。

36. 點傷血池穴治方

牛膝 4.5 克、歸尾 4.5 克、肉桂 4.5 克、川芎 3.9 克，金銀花 3 克、石斛 3 克、骨碎補 4.5 克、川斷 4.5 克。

以上諸味藥，取水、酒各半煎湯，連服 10 劑可癒。

37. 點傷七坎穴治方

【用藥】：肉桂 6 克、神麯 9 克、當歸 6 克、紅花 9 克、枳殼 3 克、寸冬 3 克、橘紅 9 克、龍骨 9 克、沉香 1.5 克、三棱 4.5 克，莪朮 6 克、生薑 3 片、生甘草 6 克。

以上 13 味藥，加入水、酒各半，煎服。

38. 點傷神關穴治方

【用藥】：生地 9 克、三七 3 克、血竭 3 克、茯苓 6 克、赤芍 9 克、當歸尾 6 克、陳皮 9 克、甘草 1.5 克、蔥白 3 段。

以上諸藥加水酒各半，煎服之。

39. 點傷命宮穴方

沙參9克、當歸6克、紅花3克、枳殼3克、菟絲子9克、厚朴3克、血竭6克、細辛1.6克、麥冬6克、五靈脂9克、自然銅（醋淬7次）6克、七厘散1.5克、生薑2片，取童便1杯，水銅煎服。

40. 點傷天突穴治方

【用藥】：當歸6克、川芎9克、白芍4.5克、天麻1.5克、白芷3克、肉桂3克、三七6克、甘草1.5克、尋骨風6克。

以上9味藥，共研細末，用黃酒沖服。每日兩次，每次3～6克。

41. 點傷尾閭穴治方

車前子4.5克、麻黃4.5克、防風、紅花、桃仁、赤芍各9克、生甘草6克，水煎服。

42. 點傷小肚旁穴方

用紫金丹2付，再煎茵陳湯服之。

43. 點傷風頭穴治方

【用藥】：茄皮6克、紅花3克、木香3克、甘草1.5克、桑寄生9克、乾葛4.5克、虎骨9克、肉桂3克、木通3克、法半夏4.5克、地鱉蟲9克、穿山甲9克、制乳香9克、制沒藥9克、破故紙9克、蔥白3段。

以上諸藥，加水、酒各半，煎服。

44. 點傷腎俞穴治方

【用藥】：生地9克、黃柏6克、烏藥6克、牡蠣9克、故紙9克、元胡9克、小茴香3克、澤蘭4.5克、紅花3克、蘇木9克、紫草9克、制乳香9克、木瓜3克、杜仲

9克、甘草1.5克。

水煎服，每日2次，加童便半杯兌服。

45.點傷風尾穴治方

【用藥】：羌活3克、烏藥3克、制半夏4.5克、紅花3克、乳鐘石9克、血竭9克、檳榔4.5克、木香3克、小茴香3克、故紙9克、丹皮4.5克、木通3克、桃仁9克、胡椒3克、生薑2片、童便1杯。

以上藥加水、酒各半，煎服之。

46.點傷天平穴治方

血竭6克、虎骨6克、三七3克、甘草1.5克、人中白3克、出羊血3克、自然銅（醋煅）6克、灶心土12克，水煎服。

47.點傷風門穴治方

【用藥】：桔梗3克、丹皮4.5克、紅花3克、木通3克、故紙9克、木瓜3克、三七6克、大茴香3克、獨活3克、肉桂3克、甘草1.5克、乳香（去油）4.5克、沒藥（去油）4.5克、茯苓9克、灶心土30克。

以上藥加水、酒各半煎服。若不癒，另服下方。

滑石12克、硃砂3克、龍骨9克、烏藥3克、人中白6克、茯神9克、秦艽4.5克、甘草1.5克、續斷6克、紫荊皮4.5克、紅棗3枚、葦蓮7粒、川朴3克，水煎服。

48.點傷百會穴治方

【用藥】：川芎9克、當歸15克、赤芍9克、升麻4.5克、防風9克、紅花9克、陳皮4.5克、乳香（去油）4.5克、甘草6克。

以上諸藥加水、酒各半煎服。

49. 點傷太陽穴治方

【用藥】：當歸 5 克、紅花 9 克、黃芩 15 克、白芷 9 克、升麻子 4.5 克、橘紅 9 克、荊芥 6 克、肉桂 2.4 克、川芎 6 克、甘草 4.5 克。

以上藥加入水、酒各半煎服。若加適量童便，療效更佳。

50. 點傷玉堂穴治方

【用藥】：川大黃 2.4 克、茅節（炭）1.5 克、金鈴子 3 克。

以上 3 味藥共為細末，陳酒送服。

又一方：靈仙 3 克、桂枝 6 克、川芎 9 克、川斷 9 克、桃仁 9 克、陳皮 2.4 克、甘草 1.5 克、當歸 16.5 克。

以上諸藥加水煎後，用酒沖服。

51. 點傷肩窩、勄池穴治方

【用藥】：蘇木心 4.5 克、木瓜炭 4.5 克、毛竹節（灰）4.5 克、當歸身 1.5 克、升麻 4.5 克、川芎 9 克。

以上諸藥共研細末，用黃酒送服。

52. 點傷命脈穴治方

【用藥】：歸尾 15 克、紫草 7.5 克、蘇木 7.5 克、紅花 7.5 克、肉桂 3 克、陳皮 6 克、枳殼 6 克、石斛 6 克、甘草 6 克、童便 1 杯。

以上藥加陳酒煎服，連服 3 劑。

53. 點傷脈宗穴治方

【用藥】：歸尾 9 克、川斷 6 克、桃仁 9 克、食枳殼 6.9 克、劉寄奴 6 克、紅花 9 克、甘草 6 克、藕節 9 克、骨碎補 9 克、山羊血 0.9 克（沖服）。

以上 10 味藥，水、酒各半煎服。

54.點傷痰凸穴治方

【用藥】：當歸 15 克、川芎 9 克、紅花 9 克、大腹皮 6 克、骨碎補 6 克、荊芥 6 克、杏仁 4.5 克、紫草 6 克、蘇葉 6 克、木耳炭 4.5 克、燈芯草 0.9 克（沖服）。

上藥加水、酒各半煎服。

55.點傷玄機穴治方

胡猻竹根、錦醬樹根、連根獅子頭草、槿漆樹根（去心）天僑麥根（去皮）各 3 克。

上藥用陳酒煎服。如嘔吐，生薑汁 1 匙，開水沖後溫服。忌油膩生冷食物。

56.點傷鎖心穴治方

【用藥】：大黃 4.5 克、毛竹節（炭）3 克、鬱金香 1.2 克、千年見（灰）2.4 克、松節（炭）3 克。

上藥共研成細末為散，用酒沖服。然後再服湯藥：桃仁 7 粒、紅花 2.4 克、白芥子 3 克、陳皮 6 克、枳殼 6 克、羌活 6 克、歸尾 9 克、肉桂 4.5 克、蘇木 4.5 克、赤芍 9 克、甘草 6 克，加水、酒各半煎服。

57.點傷肺苗穴治方

歸尾 9.6 克、紅花 9 克、陳皮 2.4 克、杏仁 2.4 克、白芥子 9 克、沒藥（去油）4.5 克、獨活 4.5 克、石斛 6 克、甘草 6 克、蘇葉 6 克、燈芯草 3 克，加陳酒煎服。

58.點傷腕心穴治方

歸尾 9 克、陳皮 6 克、川斷 6 克、白芥子 6 克、大黃 6 克、枳殼 2.4 克、紅花 9 克、羌活 4.5 克、黃丑 4.5 克、大甘草 6 克、小蘇打 4.5 克、燈芯草 3 克，加水、酒各半煎

服。

59. 點傷吊筋穴治方

【用藥】：威靈仙 6 克、川斷 3 克、狗脊 3 克、當歸 3 克、虎骨 4.5 克、桃仁 0.6 克、淡竹葉 1.2 克、蘇葉 1.5 克、防風 1.5 克、乾薑 1.5 克。

以上諸藥加水、酒各半煎服，加服 3 劑。

60. 點傷攢心穴治方

【用藥】：大黃 3 克、歸尾 9 克、川芎 10.5 克、赤芍 10.5 克、羌活 3 克、柴胡 6 克、紅花 3 克、陳皮 3 克、桔梗 6 克、甘草 6 克。

以上藥水、酒各半煎服。

61. 點傷肺俞穴治方

【用藥】：杏仁 7.5 克、陳皮 7.5 克、降香 3 克、蘇葉 6 克、當歸 5 克、骨碎補 6 克、白芥子 6 克、升麻 1.5 克、甘草 6 克。

以上藥加水、酒各半煎服，連服 3 日。

62. 點傷食倉穴治方

山羊血 9 克、當歸 15 克、紫草 9 克、骨碎補 6 克、白芥子 6 克、大黃 6 克、羌活 1.5 克、枳殼 3 克、石斛 9 克、乳香（去油）3 克、甘草 6 克、燈芯草 0.9 克，水、酒各半煎服。

63. 點傷血倉穴治方

當歸 3 克、續斷 3 克、石斛 3 克、生地 3 克、紅花 1.5 克、陳皮 1.5 克、白芥子 1.5 克、羌活 2.4 克、赤芍 2.4 克、甘草 0.6 克，加入水、酒各半煎服。

64. 點傷膽疸穴治方

當歸9克、桃仁10粒、橘紅4.5克、甘草3克、燈芯草0.6克,煎湯溫服。

65.點傷幽門穴治方

肉桂3克、歸身9克、紫丁香1.5克、降香1.5克、陳皮2.4克、蘇子7.5克、甘草6克、燈芯草0.6克,陳醋、水各半煎服,連服4劑。

66.點傷淡寧穴治方

【用藥】：蘇葉6克、荊芥6克、良薑3克、羌活2.4克、當歸15克,杏仁1.5克、砂仁4.5克、紅花4.5克、枳殼3克、甘草6克。

以上各藥加水、酒各半煎服。

67.點傷肝經穴治方

【用藥】：藕節16.5克、肉桂3克、烏藥6克、川斷6克、白芥子6克、乳香（去油）3克、當歸9克、劉寄奴2.4克、木耳炭1.5克、甘草4.5克。

以上藥加水、酒各半煎服,連服3劑。

68.點傷脈宗穴治方

【用藥】：金鈴子12克、毛竹節（炭）1.5克、千年見（灰）1.5克、蘇木心15克、白地龍4.5克,加13味主方藥。

以上各藥共研末為散劑,用陳酒沖服。

69.點傷食結穴治方

【用藥】：大黃9克、谷芽9克、莪朮3克、陳皮6克、川芎6克、桃仁6克、山楂肉9克、石斛9克、當歸15克、白芥子2.4克、甘草6克、虎骨3克。

以上各味藥加陳酒煎服。

70. 點傷海角穴治方

【用藥】：川芎 9 克、陳皮 9 克、砂仁 3 克、白芷 10.5 克、當歸 16.5 克、大黃 6 克、甘草 6 克。

以上諸藥加陳酒、童便煎服，連服 3 劑。

71. 點傷頭額前穴治方

此穴屬心經，打重者出血不止，若見風、發腫者 3～5 日死。

川羌、川芎、防風各 3 克加 13 味主方藥煎服，再用奪命丹 3 劑，可癒。

72. 點傷枕骨穴治方

此穴係督脈，一身之主，打重者多則 7 日，少至 1 日死。

194

【用藥】：13 味主方藥加當歸、川芎各 3 克煎汁，沖七厘散 0.9 克服，再服奪命丹 1.5 克。

73. 點傷厥陰穴治方

【用藥】：13 味主方藥加生地、川芎、當歸各 3 克煎服，沖七厘散 0.9 克，再服奪命丹 3 劑。

74. 點傷巨厥穴治方

【用藥】：13 味主方藥加桔梗 2.4 克、川貝 3 克同煎兩服，再用奪命丹 3～5 劑。

75. 點傷中極穴治方

【用藥】：13 味主方藥加 3 劑，莪朮、生大黃各 3 克同煎，沖七厘散 0.45 克，再用紫金丹 2 劑。

76. 點傷左鷹窗穴治方

【用藥】：13 味主方藥加青皮、乳香各 3 克同煎，沖七厘散 0.9 克，再用奪命丹 3 劑。

77. 點傷右鷹窗穴治方

【用藥】：13味主方藥加木香0.45克同煎，沖七厘散0.3克。

78. 點傷左乳根穴治方

【用藥】：13味主方藥加鬱金香、劉寄奴各0.45克同煎，沖七厘散0.4克服，再用奪命丹2劑。

79. 點傷右乳根穴治方

【用藥】：13味主方藥加百部、桑白皮各3克同煎，沖七厘散0.45克服，再服紫金丹3劑。

80. 點傷左期門穴治方

【用藥】：13味主方藥加木香、廣皮4.5克同煎，沖七厘散0.9克、每服1.5克，再用奪命丹3劑。

81. 點傷右期門穴治方

195

【用藥】：13味主方藥加五靈脂0.45克、蒲黃0.3克同煎，沖七厘散0.75克，再用奪命丹3劑。

82. 點傷左商曲穴治方

【用藥】：13味主方藥加羌活、五加皮各0.3克同煎，沖七厘散0.75克，再用奪命丹3劑。

83. 點傷右商曲穴治方

【用藥】：13味主方藥加柴胡、當歸各3克同煎，沖七厘散0.75克，再用奪命丹3劑。

84. 點傷左章門穴治方

【用藥】：13味主方藥加歸尾、蘇木各3克同煎，沖七厘散0.75克，再用紫金丹3.5劑。

85. 點傷右章門穴治方

【用藥】：13味主方藥加五靈脂4.5克、砂仁0.3克

同煎，沖七厘散 0.75 克，再用紫金丹 3.5 劑。

86.點傷腹結穴治方

【用藥】：13 味主方藥加蒲黃 2 錢、生靡子 3 克同煎，沖七厘散 0.75 克服，再用紫金丹 3 劑。

87.點傷右腹結穴治方

【用藥】：13 味主方藥加丹皮、紅花各 0.3 克同煎，沖七厘散 0.75 克。

88.點傷志室穴治方

【用藥】：13 味主方藥加桃仁、菟絲子各 3 克同煎服，再用奪命丹 3 劑。

89.點傷氣海兪穴治方

【用藥】：13 味主方藥加補骨脂 4.5 克、烏藥 6 克同煎服，再用紫金丹 2 劑。

90.點傷鶴口穴治方

【用藥】：13 味主方藥加牛膝、苡薏仁各 3 克同煎服，再用紫金丹 3 劑。

91.點傷大關穴治方

【用藥】：紅花 6 克、當歸 9 克、劉寄奴 4.5 克、赤芍 6 克、陳皮 4.5 克、蘇木 6 克、續斷 6 克、川芎 6 克、威靈仙 4.5 克、乳香 4.5 克、沒藥 4.5 克，同煎服。

92.點傷頂門穴治方

【用藥】：當歸 9 克、紅花 6 克、威靈仙 6 克、枳殼 4.5 克、烏藥 4.5 克、陳皮 4.5 克、赤芍 6 克、澤蘭 6 克、五加皮 6 克，同煎服。

93.點傷天星穴（又名風府穴）治方

【用藥】：澤蘭 6 克、紅花 6 克、歸尾 9 克、三棱 3

克、川芎6克、桃仁6克、川斷6克、烏藥4.5克、陳皮6克、蓬朮6克、五加皮4.5克、骨碎補4.5克、蘇木4.5克、赤芍6克、薑黃3克、紫蘇3克、木香3克，同煎服。

94.點傷耳後穴（又名瘻脈穴）治方

【用藥】：川芎6克、薄荷4.5克、薑黃3克、當歸9克、澤蘭6克、五加皮4.5克、烏藥4.5克、莪朮3克、三棱3克、肉桂1.5克、陳皮4.5克、骨碎補3克，同煎服。

95.點傷心井穴（又名鳩尾穴）治方

【用藥】：木香4.5克、半夏6克、澤蘭6克、紅花6克、當歸9克、陳皮6克、骨碎補6克、二花9克、赤芍6克、烏藥4.5克、肉桂1.5克、石斛6克，同煎服。

96.點傷氣舍穴治方

【用藥】：紅花6克、烏藥4.5克、藿香6克、石斛6克、薑黃3克、當歸9克、陳皮6克、五加皮4.5克、丹參9克、赤芍6克、川斷6克，同煎服。

97.點傷開氣穴治方

【用藥】：澤蘭、枳殼、紅花、烏藥、生地各6克、丹參9克、陳皮4.5克、木通3克、赤芍4.5克、續斷4.5克、木香3克，同煎服。

98.點傷轉喉穴治方

【用藥】：生地6克、赤芍6克、青黛1.5克、桔梗4.5克、陳皮4.5克、甘草3克，同煎服。

99.點傷泰山穴治方

【用藥】：紅花6克、當歸9克、續斷6克、赤芍6克、元胡索4.5克、烏藥3克、生地6克、丹參9克、陳皮6克、澤蘭6克、秦艽4.5克、茯神4.5克、遠志肉4.5

克，同煎服。

100. 點傷對門（又名不容）穴治方

【用藥】：木香3克、當歸9克、赤芍4.5克、澤蘭4.5克、陳皮6克、烏藥4.5克、秦艽4.5克、紅花4.5克、肉桂3克、薑黃3克、藿香6克、元胡索4.5克，同煎服。

101. 點傷京門穴治方

【用藥】：澤蘭4.5克、紅花6克、當歸9克、五加皮4.5克、陳皮6克、薑黃3克、川斷4.5克、威靈仙4.5克、赤芍6克，同煎服。

102. 點傷京門穴治方

【用藥】：紅花6克、歸尾9克、川斷6克、威靈仙4.5克、赤芍6克、五加皮6克、骨碎補4.5克、陳皮4.5克、烏藥4.5克、澤蘭6克、生甘草4.5克，同煎服。

103. 點傷天樞穴（又名五定穴）治方

【用藥】：當歸9克、紅花6克、澤蘭4.5克、赤芍4.5克、五加皮4.5克、烏藥4.5克、二花6克、骨碎補6克、三棱3克、秦艽6克、陳皮4.5克、桂枝3克，同煎服。

104. 點傷伯勞（又名陶道）穴治方

【用藥】：劉寄奴3克、紅花6克、當歸4.5克、薑黃3克、五加皮4.5克、烏藥3克、續斷4.5克、川芎6克、赤芍6克、骨碎補4.5克、陳皮4.5克、金銀花6克，同煎服。

105. 點傷肺使（又名肺兪）穴治方

【用藥】：紅花6克、當歸9克、川芎4.5克、薑黃3

克、三棱4.5克、莪朮4.5克、肉桂3克、陳皮4.5克、威
靈仙6克、烏藥4.5克、赤芍6克、五加皮6克，同煎服。

106.點傷膏肓俞穴治方

【用藥】：防風6克、赤芍6克、當歸9克、威靈仙
4.5克、薑黃3克、陳皮4.5克、金銀花6克、桔梗4.5
克、肉桂3克、烏藥4.5克、柴胡4.5克，同煎服。

107.點傷對心穴（至陽穴）治方

【用藥】：陳皮4.5克、烏藥4.5克、骨碎補4.5克、
當歸9克、紅花6克、威靈仙4.5克、薑黃3克、五加皮
4.5克、肉桂3克、三棱4.5克、赤芍6克、莪朮4.5克、
木香3克、藿香6克。同煎服。

108.點傷環跳穴治方

【用藥】：歸尾9克、金銀花6克、川斷6克、生地6
克、骨碎補4.5克、陳皮6克、五加皮4.5克、紅花6克、
木香3克、石斛6克、烏藥4.5克、牛膝6克，同煎服。

109.點傷蓋膝穴治方

【用藥】：元胡索6克、丹皮6克、赤芍6克、續斷
4.5克、歸尾9克、紅花6克、骨碎補4.5克、金銀花6
克、牛膝4.5克、烏藥4.5克、五加皮6克、蘇木4.5克，
同煎服。

110.點傷膝眼穴治方

【用藥】：歸尾9克、紅花萆薢6克、澤蘭6克、牛膝
6克、五加皮6克、骨碎補6克、石斛6克、續斷4.5克、
烏藥4.5克、陳皮4.5克、威靈仙4.5克，同煎服。

111.點傷竹柳穴（又名交信穴）治方

【用藥】：歸尾9克、紅花4.5克、澤蘭4.5克、赤芍

6克、金銀花6克、陳皮6克、續斷4.5克、牛膝6克、木瓜4.5克、威靈仙4.5克、丹皮6克、烏藥4.5克，同煎服。

112. 點傷住腳穴治方

【用藥】：元胡索6克、歸尾9克、丹皮4.5克、赤芍6克、續斷4.5克、骨碎補6克、牛膝6克、生地6克、澤蘭6克、陳皮4.5克、五加皮6克，同煎服。

113. 點傷囟門穴治方

【用藥】：天麻6克、白芷6克、槀本6克、羌活4.5克、木香3克、青皮4.5克、骨碎補6克、紅花6克、赤芍6克、制草烏3克、甘草4.5克，共為末，每次蔥引酒下1.5克。

114. 點傷腦門穴治方

【用藥】：硃砂0.9克、瑪瑙0.5克、龍骨6克、象皮6克、鹿角膠6克、地鱉蟲4.4克、白蠟4.5克、乳香3克、沒藥3克，以上諸藥共末，用人乳調散。

115. 點傷開腔穴治方

【用藥】：威靈仙4.5克、當歸9克、山藥9克、木通3克、虎茨4.5克、茯苓、腳樟各6克、陳皮、甘草各4.5克、木香2.4克，童便引酒敦服。

116. 點傷喬空穴治方

【用藥】：天麻6克、白芷6克、蒿本6克、秦芄4.5克、麝香0.3克、血竭4.5克、紅花6克、甘草6克，共末酒下1.5克。

117. 點傷左眉尖穴治方

【用藥】：五加皮6克、桂枝4.5克、柴胡4.5克、龍

膽草 4.5 克、羌活 4.5 克、陳皮 6 克、荊芥 4.5 克、薄荷
6.5 克、甘草 3 克，共為末酒下。

118.點傷右眉尖穴治方

【用藥】：五加皮 6 克、桂枝 3 克、柴胡 4.5 克、龍膽
草 6 克、細廣 2.4 克、五味子 6 克、威靈仙 4.6 克、木香 3
克、麝香 0.3 克，共末酒下。

119.點傷眼角穴治方

【用藥】：當歸 9 克、茯苓 9 克、川芎 6 克、茜草 6
克、地鱉蟲 15 克、制川烏 9 克、青木香 6 克、肉桂 3 克、
甘草 3 克、參三七 1.5 克，共末酒下 0.9 克。

120.點傷大中穴治方

【用藥】：香附 6 克、桂皮 3 克、紅花 6 克、蘇梗 4.5
克、澤蘭 4.5 克、半夏 4.6 克、桔梗 6 克、升麻 6 克、白芷
6 克、陳皮 4.5 克、甘草 4.5 克、蔥引酒炖服。

201

121.點傷駕梁穴治方

【用藥】：當地 9 克、生地 9 克、川芎 6 克、白芍 9
克、尋骨風 6 克、天麻 6 克、白芷 6 克、肉桂 3 克、三七 3
克、甘草 6 克，共為末蔥引酒下。

122.點傷山根穴治方

【用藥】：當歸 90 克、川芎 6 克、細辛 2.4 克、生地
6 克、白芷 6 克、茯苓、虎骨各 6 克、甘草 4.5 克，共為末
蔥引酒下 0.9 克。

123.點傷人中穴治方

【用藥】：升麻 6 克、白芷 6 克、自然銅 4.5 克、肉桂
3 克、地鱉蟲 4.5 克、木香 3 克、冰片 0.9 克、蔥引酒水煎
服。

124.點傷對口穴治方

肉桂、茯苓、白芷、芩皮各 3 克、紅花、熟地各 4.5 克、枳實 4.5 克、木香 2.4 克、麝香 0.6 克、甘草 1.5 克，龍眼肉 5 枚引酒煎服。

125.點傷脈門穴治方

【用藥】：桔梗 6 克、三七 3 克、川芎 6 克、木香 3 克、五味子 6 克、細辛 2.4 克、桂枝 3 克、龍膽草 4.5 克、懷牛膝 4.5 克、丁香 0.3 克、陳皮 6 克，共末酒沖服。

126.點傷脊梁穴治方

【用藥】：紅花 5 克、骨碎補 6 克、乳香 4.5 克、沒藥 4.5 克、猴骨 6 克、虎骨 6 克、劉寄奴、粟殼、龍骨、地榆、甘草各 3 克、胡桃殼內破片 3 克、木香 1.6 克、砂仙 7 粒、地鱉蟲 10 個、紅棗 10 枚，童便引酒煎服。

127.點傷背漏穴治方

【用藥】：當歸、狗脊、澤蘭、乳香、沒藥各 4.5 克、桑皮生 6 克、骨碎補 6 克、川芎 6 克、地榆 6 克、檳榔 4.5 克、續斷 4.5 克、紫蘇 4.5 克、秦艽 6 克，黑棗引酒煎服。

128.點傷騎襠穴治方

【用藥】：當歸 9 克、白芍 6 克、乳香 4.5 克、沒藥 4.5 克、元胡索 6 克、黃芪 9 克、升麻 4.5 克、熟附子 4.5 克、小茴香 3 克、茯苓 6 克、茯神 6 克、血竭 3 克、沉香 3 克、甘草 6 克，紅棗引煎服。

129.點傷攔馬穴治方

【用藥】：歸尾、丹皮各 5 克、五加皮、苡薏仁、川牛膝、懷牛膝各 21 克、陵麻 6 克、肉桂 3 克，共末酒下 1.5 克。

130. 點傷中脘穴治方

【用藥】：茯苓、黃芪各4.5克、硃砂、乳石、枳殼、厚朴、砂仁、白芷、破故紙、陳皮、甘草各3克，龍眼5枚引酒炖服。

131. 點傷湛遍們治方

【用藥】：生地5克、蘇梗6克、桂枝4.5克、小茴香3克、細辛2.4克、麝香0.3克、茜草6克、制草烏4.5克、甘草6克，共末酒下。

132. 點傷內廉穴治方

【用藥】：牛膝9克、木瓜6克、苡薏仁6克、五加皮6克、廣皮6克、羌活4.5克、青皮4.5克、丹皮6克、桂枝7克、紅花6克、白芍15克，馬鞭草引酒下。

133. 點傷側足穴治方

【用藥】：懷牛膝9克、歸尾9克、大黃6克、木通、五味子各6克、三七3克、細辛2.4克、車前子9克、白芷6克、紅花6克、甘草6克，馬鞭草引酒下。

134. 點傷攢竹穴治方

【用藥】：澤蘭、紅花、草決明、歸尾、續斷、二花各9克、三稜、莪朮各4.5克。

135. 點傷咽腔穴治方

【用藥】：血竭3克、茜草6克、桔梗6克、獨活、杜仲、白朮各12克、紅花、柏葉、連翹各9克，蔥引水酒煎服。

136. 點傷牙關穴治方

【用藥】：白芷、山藥、連蒿、神曲、麥冬各9克、五味子、檳榔各6克、赤茯苓6克、細辛2.4克、陳皮6克，

共末酒下。

137.點傷咽喉穴治方

【用藥】：麝香 0.6 克、馬兜鈴、青木香、半夏、山楂、元參各 3 克，共末服。

138.點傷將合穴治方

【用藥】：當歸、川芎、防風、尋骨風、白朮各 9 克、黃芪15克、益母草 9 克、甘草 6 克，共末酒下。

139.點傷舌咽穴治方

【用藥】：蒼朮、陳皮、厚朴各 9 克、甘草 6 克、五加皮、香附各 9 克、砂仁 6 克、酒炖服。

140.點傷童骨穴治方

【用藥】：紅曲、自然銅各 1.5 克、乳香、沒藥各 6 克、地鱉蟲 10 個、小雞 1 隻、糯米飯 1 碗，共搗爛地泥狀敷患處。

141.點傷精靈穴治方

【用藥】：柴胡 9 克、龍膽草 6 克、五加皮 9 克、桂枝 6 克、懷牛膝 9 克、羌活 4.5 克、細辛 2.4 克、五味子 6 克、川芎 6 克、木香 3 克、丁香 0.5 克、陳皮、紅花各 6 克、甘草 3 克、地鱉蟲 4.5 克、虎骨 6 克，共末酒下。

142.點傷曲池穴治方

【用藥】：五加皮 6 克、桂枝 6 克、甘草 4.5 克、龍膽草 4.5 克、柴胡 6 克、牛膝 9 克、細辛 2.4 克、紅花 3 克、生地 9 克、丁香 0.3 克、參三七 3 克，共末酒下。

143.點傷六宮穴治方

【用藥】：生地 9 克、三七 4.5 克、血竭 7 克、雲皮 6 克、茯苓、赤芍、歸尾各 9 克、陳皮、甘草各 6 克、蔥引酒

煎服。

144.點傷氣關穴治方

【用藥】：桔梗、枳殼各6克、白芷9克、乳香、沒藥各4.5克、紅曲9克、砂仁4.5克、血竭6克、三七1.5克、自然銅1.5克，酒煎空腹服。

145.點傷血瘦穴（又名血關穴）治方

【用藥】：蒼朮、厚朴、陳皮、甘草、木香、五加皮各3克、枳殼、香附各4.5克、砂仁3克、菟絲子3.6克，燈芯草引酒煎服。

146.點傷掛膀穴治方

【用藥】：大黃6克、紅花、蘇木、澤蘭、桃仁各9克、陳皮6克、歸尾9克、地鱉蟲4.5克，醋引服。

147.點傷肚角穴治方

【用藥】：白芍、故紙、車前、菟絲子、乳香、沒藥各3克、小茴香、地夫子、良薑、青皮、西砂、枳殼各2.4克、紫草、杏仁各2克、肉桂、甘草、木香各1.5克，童便引生酒服。

148.點傷背心穴治方

【用藥】：生地、五味子、防風、獨活、木香各3克、乳香、沒藥各2克，共末蔥引酒下0.9克。

149.點傷腰眼穴治方

【用藥】：肉桂2.4克、龍骨、鬱金香、棗仁、五加皮、紅花、龍骨、香附、甘草各3克、純麻、地鱉蟲各6克，酒炖服。

150.點傷沖陽穴治方

【用藥】：白芨根6克、川芎6克、木瓜9克、檳榔、

乳香、甘草、歸尾、澤蘭各 6 克、青木香 3 克、鐵砂（制）
4.5 克。

151. 點傷淨瓶穴治方

【用藥】：三七、血竭、蒼朮、腳樟、紫草茸、甘草各
3 克、紅花、生地、熟地、苡薏仁各 9 克。

152. 點傷糞門穴治方

【用藥】：歸尾 9 克、大黃 6 克、五味子 6 克、獨活 6
克、三七 3 克、肉桂 3 克、五靈脂、甘草各 5 克、生地 9
克，共末酒下 1.5 克。

153. 點傷命關穴治方

【用藥】：麝香、肉桂、參三七、木香、牡蠣、白朮、
青皮各 9 克、細辛 2.4 克、甘草 1.5 克。

154. 點傷膀胱穴治方

【用藥】：豬苓、澤瀉、檳榔、小茴香、桔梗、青皮、
杜仲、陳皮、半夏、桑寄生、良薑、甘草各 4.5 克、大黃
2.4 克、燈芯草、生薑，補水煎服。

155. 點傷封門穴治方

【用藥】：故紙、桔梗、丹皮、紅花、木通、木瓜、三
七、大茴香、獨活、乳香、沒藥、甘草各 3 克、肉桂 2.4
克、茯苓 4.5 克，灶心土引酒炖服。

156. 點傷神門穴治方

【用藥】：蘇木、澤蘭、丹參各 9 克、紅花、赤芍、當
歸、龍眼肉各 4.5 克。

157. 點傷外關穴治方

【用藥】：蘇子、柴胡、防風、木瓜、桃仁各 4.5 克、
甘草、柴胡各 3.6 克。

158. 點傷手三里穴治方

【用藥】：木瓜、乳香、沒藥各 4.5 克、當歸、尋骨風、益母草各 9 克、血竭 2.4 克、甘草 1.5 克，童便引水煎兌酒服。

159. 點傷支正穴治方

【用藥】：當歸、紫蘇、荊芥、桑寄生各 7.5 克、血竭 2.4 克、細辛 1.5 克，燈芯草引水煎兌酒服。

160. 點傷大陵穴治方

【用藥】：防風、白芷、桑枝各 4.5 克、細辛、血竭各 1.5 克，蔥引煎服。

161. 點傷風市穴治方

【用藥】：川羌 9 克、獨活 6 克、紅花 9 克、赤芍 6 克、桃仁 6 克、劉寄奴 6 克、自然銅 6 克、柴胡 9 克、地鱉蟲 6 克，童便引服。

162. 點傷三陰交穴治方

【用藥】：獨活 6 克、木瓜 9 克、地鱉蟲 6 克、當歸 9 克、川芎 6 克、地生 9 克、紅花 9 克、甘草 6 克，煎服。

163. 點傷足三里穴治方

【用藥】：川芎 9 克、木瓜 9 克、紫蘇 9 克、厚朴 6 克、木香 3 克、追地風 9 克、自然銅 6 克、生日草 6 克，煎服。

164. 點傷委中穴治方

【用藥】：當歸 9 克、獨活 6 克、防風 6 克、川牛膝 9 克、木瓜 6 克、盆母草 6 克、厚朴 6 克、山楂 9 克、紅曲 9 克、自然銅 4.5 克，童便引水酒煎服。

165. 點傷承山穴治方

【用藥】：獨活 9 克、木香 6 克、細辛 2.4 克、當歸 9 克、劉寄奴 6 克、血竭 6 克、龜板 9 克、白花蛇 6 克、甘草 6 克，童便引水酒煎服。

166. 點傷外踝尖穴治方

【用藥】：紅花 30 克、赤芍 9 克、三七 6 克、澤蘭 9 克、指甲花 6 克、甘草 6 克，共末酒下 0.9 克。

167. 點傷內踝尖穴治方

【用藥】：木瓜 9 克、當歸 9 克、自然銅 6 克、血竭 6 克、乳香 4.5 克、沒藥 4.5 克、益母草 9 克，共末酒下 0.9 克。

168. 點傷鶴頂穴治方

【用藥】：自然銅、乳香、沒藥、三七、大黃、雞爪黃連、白芷各 12 克，末調香油敷。

169. 點傷尾骨上穴治方

【用藥】：13 味主方藥加小茴香、桑枝各 3 克，煎沖奪命丹 3 劑。

170. 點傷然谷穴治方

【用藥】：桑寄生、五加皮、萆薢、木瓜各 7.5 克、木通 1.5 克、甘草 2.1 克，水煎服。

171. 點傷曲骨穴治方

【用藥】：紅曲 9 克、枳殼 6 克、陳皮 6 克、川朴 6 克、懷山藥 15 克、茯苓 12 克、竹茹 6 克，水煎服。

172. 點傷大都穴治方

【用藥】：羌活、桂枝、尋骨風各 4.5 克、細辛 2.4 克、甘草 3.6 克，水煎服。

173. 點傷魄戶穴治方

【用藥】：枳殼、三稜、莪朮各 6 克、烏藥、紅曲、良薑各 3 克、山楂 15 克、青皮 6 克、香附 4.5 克，水煎服。

174. 點傷天窗穴治方

【用藥】：白芷、紅花各 9 克、砂仁、厚朴各 6 克、茯苓 9 克、木瓜 4.5 克、甘草 3 克、竹葉 6 克，水煎服。

175. 點傷箕門穴治方

【用藥】：桑白皮、木瓜、劉寄奴、紅花、益母草、卷柏各 9 克、血竭、甘草各 6 克，水煎服。

176. 點傷玉枕穴治方

【用藥】：遠志、當歸、川芎、白芷各 9 克、桂枝、柴胡、甘草各 6 克，水煎服。

177. 點傷通天穴治方

【用藥】：升麻、當歸、白芷各 9 克、乳香、沒藥各 4.5 克、木瓜、懷牛膝各 9 克、甘草 6 克，童便引水煎服。

209

（四）發散三部通用治方

1. 發散上部方

【用藥】：防風 6 克、白芷 3 克、紅木香 3 克、川芎 6 克、歸尾 6 克、赤芍 6 克、陳皮 6 克、羌活 6 克、法半夏 6 克、獨活 4.5 克、碎朴 4.5 克、甘草 3 克、生薑 3 片，水煎，用酒沖服。

2. 發散中部方

【用藥】：杜仲、川斷、貝母、桃仁、劉寄奴、蔓荊子各 6 克、當歸、赤芍、自然銅（醋淬）各 9 克、肉桂 2.4 克、茜草 3 克，水煎，加薑汁服。

3. 發散下部方

【用藥】：牛膝、木瓜、獨活各9克、歸尾6克、川芎6克、川斷、厚朴、靈仙、赤芍、金銀花各7.5克、甘草3克，水煎，加薑汁服。

4.凡人體上中下3部受傷，須用發散藥1、2劑。氣急有痰者加制半夏9克，風痰者加制南星6克，心驚者加膽南星4.5克、桂心2.4克、香附4.5克，同煎服。

（五）少林傷科藥案

1.13味藥加砭方

【用藥】：遠志（去油）4.5克、劉寄奴6克、肉桂4.5克、廣陳皮6克、杜仲6克、當歸9克、玄胡索6克、砂仁6克、五加皮9克、五靈脂6克、生蒲黃6克、枳殼4.5克，水煎，加酒沖服。

2.隨症加減方

【用藥】：歸尾、川芎、生地、續斷各6克，蘇木、乳香（去油）、沒藥（去油）、木通、烏藥、澤蘭各3克、桃仁（去皮尖）14粒、甘草2.4克、木香2.1克、生薑3片，水煎，加童便、老酒各1杯沖服。

（六）傷料臨症加減方

1.淤血凝胸者加砂仁3克。

2.血攻心，氣欲絕者加淡豆豉3克。

3.氣攻心者加丁香3克。

4.氣喘者加杏仁、枳殼各3克。

5.狂言者加人參3克、辰砂1.5克、金銀花3克。

6.失音不能言者加木香、菖蒲各3克。

7. 氣塞者加厚朴、膽草各 3 克、陳皮 1.5 克。

8. 發熱者加柴胡、黃芩、白芍、薄荷、防風各 3 克、細辛 1.8 克。

9. 淤血者加頭髮灰 6 克。

10. 發笑者加蒲黃 3 克、川連 6 克。

11. 腰傷者加破故紙、杜仲各 3 克、肉桂、小茴香各 2.4 克。

12. 大便不通者加大黃、當歸各 6 克、朴硝 3 克。

13. 小便不通者加荊芥、大黃、瞿麥各 3 克、杏仁（去皮尖）14 粒。

14. 大便黑血者加川黃連 3 克、側柏葉 3 克。

15. 小便出血者加石榴皮 4.5 克、茄子皮 6 克。

16. 大小便不通者加大黃、杏仁、肉桂各 4.5 克。

211

17. 小便不禁者加肉桂、丁香各 3 克。

18. 大便不禁者加生麻、黃芪、附子、桔梗各 1.5 克。

19. 腸中冷痛者加玄胡索、良薑各 3 克。

20. 咳嗽者加阿膠 6 克、韭根汁 1 杯。

21. 腸右一點痛者加草果、連翹、白芷各 3 克。

22. 糞門氣出不收者加升麻、柴胡、黃芪、白朮各 3 克、陳皮、甘草各 1.5 克。

23. 腸左邊一點疼者加小茴香、赤芍各 3 克、蔥白 3 段。

24. 咳嗽帶者血加蒲黃、茅花各 3 克。

25. 口中出糞者加丁香、草果、制南星、法半夏各 3 克、縮砂 7 粒、赤小豆百粒。

26. 舌上生苔者加薄荷 6 克、生薑 3 克。

27. 舌短語不清者加人參、黃連、生石膏各 3 克，舌長寸許者加生薑蠶、伏龍肝各 3 克、磁石 12 克。

28. 耳胪起者加豆豉 3 克。

29. 呃塞者加柴胡、五加皮、木瓜、車前子各 3 克。

30. 七竅出血者加木鱉子、柴荊皮各 3 克，童便 1 杯沖服。

31. 腰疼不能轉側者加泡濃茶 3 杯，陳老酒 1 杯沖服。

32. 遍身疼難轉側者加巴戟、牛膝、桂枝、杜仲各 3 克。

33. 發腫者加防風、荊芥、白芷各 3 克。

34. 喉乾服藥即吐者加豆砂粉適量，放在舌上用藥湯送下。

212

35. 服藥即吐者加香附、砂仁、丁香各 3 克。

36. 言語恍惚，時時昏沉者加木香、辰砂、硼砂、琥珀各 3 克。

37. 血氣攻心有縮血不散者，用烏雞 1 隻煎湯，加陳老酒、黑豆汁各半（適量）沖藥內服。

38. 頭疼如裂者加肉蓯蓉、白芷各 3 克。

39. 頭頂心傷者加白芷、厚朴、蒿本、黃芩各 3 克。

40. 眼傷者加草決明 4.5 克、蔓荊子 1.2 克。

41. 鼻傷者加辛荑、鱉甲各 3 克。

42. 耳傷者加磁石 3 克。

43. 喉嚨傷者加青魚膽、清涼散各等份（適量）沖服。

44. 兩頰傷者加獨活、細辛各 3 克。

45. 唇傷者加升麻、秦艽、牛膝各 3 克。

46. 齒傷者加穀精草 3 克。

47.齒搖動未落者加獨活 3 克、細辛 2.1 克，另用五倍子、乾地龍為末，抹牙根上即癒。

48.左肩傷加青皮 4.5 克。

49.右肩傷者加升麻 4.5 克、另用五倍子、乾地龍為末。若身上亦有傷者，不可用升麻。

50.手傷者加桂枝、禹餘糧各 3 克、薑汁 3 匙。

51.乳傷者加百合、貝母、漏蘆各 3 克。

52.胸傷者加柴胡、枳殼各 3 克、韭汁 1 杯。

53.左肋傷者加白芥子、柴胡各 3 克。

54.右肋傷者加地膚子、白芥子各 3 克、黃芪1.5 克、升麻 3 克。

55.肚傷者加大腹皮 3 克。

56.背傷者加砂仁、木香 3 克。

57.腰傷者加杜仲、破故紙各 3 克。

58.腰肋隱疼者加急性子 6 克。

59.小肚傷者加小茴香、急性子各 3 克。

60.左右兩胯傷者加蛇床子、槐花各 3 克。

61.外腎傷者縮上小腹者加麝香 0.6 克、樟腦 0.9 克、萵苣子 3 克，3 味共研細末，將萵苣葉搗為膏，和藥貼敷臍上。

62.肛門上傷者加檳榔、槐花、炒大黃各 3 克。

63.兩足腿傷者加牛膝、木瓜、石斛、五加皮、蘇梗各 3 克。

64.兩足根傷者加茴香、柴荊皮、蘇木各 3 克。

65.諸骨損傷者加蒼耳子、骨碎補各 3 克。

66.諸骨節損傷者加茯神、蘇木各 6 克。

67.腫疼者加人參、附子各3克。

68.淤血積聚不散、腫疼、服藥不效者，取天應穴，用銀針刺出血。

69.腫疼發熱飲食不思者加人參、黃芪各15克、柴胡、白朮各6克。

70.發熱作疼者加陳皮1.5克、黃芪、白朮各3克、黃連2.4克。

71.腫疼不赤者加破故紙、大茴香、巴戟各3克、菟絲子4.5克。

72.如脬腫不甚作疼者，加赤芍、熟地、杜仲、蒼朮各6克。

73.青腫發熱者加山楂、山藥、厚朴、白朮各3克、砂仁7粒。

74.青腫不消、面黃寒熱者，加人參、黃芪各2.1克、白朮、升麻、柴胡各3克、陳皮2.4克。

（七）點穴致死急救方

1.少林復生散

【用藥】：元寸0.3克、土鱉蟲7.5克、巴豆霜3克、蘇合香9克、自然銅（醋淬7次）2.4克、乳香（醋制）3克、沒藥（醋制）3克、朱砂（水飛）3克、木香3克、血竭3克。

【製法】：以上10味藥，分別研成極細粉末，裝瓶密封備用。成人每服0.6～1.2克，用黃酒30克送下，有神效。如外傷未潰破者，可以取適量藥粉，以白酒調成糊狀敷於患處。

2. 少林奪命湯

凡被點傷要穴而昏倒不省人事者，用人參 30 克、附子片 4.5 克、生薑 3 片、炙甘草 6 克，速煎湯半腕灌之甚效。

3. 捷針還陽法

凡被點穴致暈者，刺人中、合谷、湧泉、十宣，艾炙百會，指掐肩井穴，可立即復醒還陽。或針刺長強、風府、少商亦效。

按：以上 3 方均適應氣厥者（即假死者）

（八）傷後補養方

1. 人參當歸湯

【功效】：補血益氣，治病後諸虛。

【用藥】：炙黃芪 30 克、人參 15 克、當歸 15 克、熟地 9 克、雞頭根 90 克、豬蹄 2 枚。

【服法】：取南山泉水 5000 毫升，煎至 500 毫升，1 次服完。連服 3 劑可使身體復原。

2. 人參薺菜湯

【功效】：補氣養血。

【用藥】：紅人參 15 克、熟地 30 克、黃芪 30 克、白朮 12 克、茯苓、山藥、薺菜根各 32 克、紫河車 16.5 克、大棗 3 枚。

【服法】：水煎服，連服 3 劑。

按：德禪法師在 1961 年用此方治療 100 多名氣血雙虛、全身胕腫、四肢無力的老年患者，一般服 3 劑後有明顯療效。

3. 人參蝗蟲湯

【功效】：補氣養血，消積。

【用藥】：人參 30 克、當歸 15 克、蝗蟲（去頭足翅）30 克。

【服法】：水煎服，並把蝗蟲吃完。對於小兒黃病和疳積亦有較好療效。

4. 少林健身丹

當歸、生熟地、赤白芍、黃芩、茯苓各 30 克、何首烏、山藥、白朮、天冬各 15 克、紅曲、雞內金、玉竹、枸杞子、菟絲子、女貞子、益智仁、寄生、青箱子、五味子、大山楂各 12 克、木香、陳皮、小茴香、肉桂、甘草各 3 克、鹿胎隻，外加米泔水（濃）500 毫升。

以上藥（除米泔水），共研成細粉，有濃米泔水泛丸如豌豆大，每服 18 丸，日服 2 次。

【禁忌】：大蔥、魚蝦、綠豆及生硬乾冷、辛、辣、酸等有刺激性食物。

5. 復速丸

【功效】：舒筋活絡，補氣養血。

【用藥】：當歸 30 克、熟地 30 克、黨參 30 克、白芍 30 克、赤芍 15 克、雞血藤 30 克、胎盤 30 克、元參 15 克、桂枝 15 克、川牛膝 15 克、山藥 60 克、黃芪 30 克、阿膠 15 克、陳皮 9 克、山楂 30 克、桃仁 15 克、川芎 15 克、千年見 9 克、桑枝 15 克。

【服法】：以上藥共研末過籮，製成蜜丸如彈子大。每服 1 丸，每日 2 次，早晚空腹時用溫開水送服。

【禁忌】：生冷、油膩食物。

（九）點傷 72 脈門治方

1. 點傷右手背一脈（子時點中）

【用藥】：川斷 9 克、骨碎補 9 克、自然銅 4.5 克、灸草草 3 克、乳香 3 克、大麥芽 7.5 克、丁香 3 克、田三七 9 克、木香 3 克、地榆 9 克、桂枝 9 克。

2. 點傷左手背一脈（子時點中）

【用藥】：紅花 3 克、碎朴 9 克、歸尾 3 克、川斷 6 克、自然銅 4.5 克、灸甘草 3 克、乳香 3 克、大麥芽 6 克、丁香 6 克、木香 6 克、地榆 6 克、田三七 6 克、桂枝 6 克。

3. 點傷右乳下行氣一脈（子時點中）

【用藥】：蘇木 3 克、田三七 2.1 克、甘草 2.1 克、鬱金香 9 克、乳香 6 克、麥芽 6 克、香附 3 克、赤芍 6 克、生地 9 克、丹皮 4.5 克、歸尾 4.5 克、枳殼 4.5 克、木通 6 克、澤蘭 6 克、木香 6 克、桔梗 9 克、沒藥 4.5 克、元胡 9 克。

4. 點傷左乳下行氣一脈（子時點中）

【用藥】：甘草 2.1 克、川斷 4.5 克、五加皮 6 克、枳殼 6 克、田三七 6 克、石菖蒲 4.5 克、碎朴 4.5 克、穿山甲 6 克、川烏 4.5 克、草烏 4.5 克、降香 6 克、元胡 6 克、桔梗 6 克、當歸 6 克、杜仲 6 克。

5. 點傷右前甲心脈過氣（子時點中）

【用藥】：生地 6 克、鬱金香 6 克、丹參 9 克、歸尾 4.5 克、蘇木 6 克、澤蘭 6 克、乳香 9 克、枳殼 9 克、香附 6 克、赤芍 6 克、桔梗 6 克、沒藥 9 克、田三七 3 克、穿山甲 6 克、甘草 6 克、桑寄生 6 克。

6.點傷左前甲心脈過氣（子時尾點中）

【用藥】：生地 6 克、鬱金香 6 克、丹參 6 克、歸尾 6 克、枳殼 6 克、蘇木 9 克、澤蘭 9 克、乳香 9 克、沒藥 3 克、香附 3 克、赤芍 6 克、桔梗 6 克、甘草 4.5 克、田三七 6 克、穿山甲 3 克、桑寄生 6 克。

7.點傷右腿肚子一脈（丑時點中）

【用藥】：田三七 9 克、生地 9 克、丹皮 6 克、車前子 9 克、澤蘭 6 克、歸尾 9 克、牛膝 9 克、木瓜 6 克、桃仁 4.5 克、五加皮 6 克、澤蘭 6 克、紅花 6 克、枝子 6 克、甘草 6 克、薏米 6 克、香附 6 克。

8.點傷左腿肚子一脈（丑時點中）

【用藥】：牛膝 6 克、生地 9 克、自然銅 9 克、金櫻子 6 克、木瓜 9 克、歸尾 9 克、乳香 4.5 克、木通 6 克、澤蘭 6 克、沒藥 9 克、甘草 6 克、薏米 6 克、五加皮 6 克、田三七 3 克、蘇木 6 克。

9.點傷右脅下一脈（丑時點中）

【用藥】：桑皮 4.5 克、茯神 4.5 克、甘草 2.1 克、青皮 6 克、羌活 6 克、蘇葉 6 克、田三七 6 克、木通 6 克、赤芍 6 克、山萸肉 6 克、木瓜 6 克、紅花 6 克、蔥根 3 寸，引酒沖服。

10.點傷左脅下一脈（丑時點中）

【用藥】：灸草 6 克、白朮 4.5 克、白芥子 3 克、田三七 6 克、陳皮 6 克、桃仁 3 克、赤芍 6 克、荔枝仁 6 克、血竭 6 克、秦艽 6 克、甘草 3 克、灸黃芪 6 克、白芷 6 克。

11.點傷左腳內突一脈（丑時點中）

【用藥】：乳香 4.5 克、木通 6 克、勾藤 3 克、川斷 6

克、蘇木 4.5 克、赤芍 6 克、甘草 2.1 克、木瓜 6 克、牛膝
9 克、沒藥 6 克、石鱉 6 克、木香 6 克、獨活 6 克、薏米 6
克。

12. 點傷右腳內突一脈（丑時點中）

【用藥】：紅花 4.5 克、田三七 4.5 克、沒藥 3 克、五
加皮 6 克、牛膝 6 克、歸尾 4.5 克、木瓜 6 克、桔梗 6 克、
赤芍 6 克、續斷 6 克、碎朴 3 克、澤蘭 3 克、石鱉 6 克、乳
香 6 克、自然銅 3 克。

13. 點傷左手合谷一脈（寅時點中）

【用藥】：酒白芍 6 克、川斷 6 克、白芷 4.5 克、莪朮
6 克、蘇子 6 克、生地 9 克、紅花 3 克、桔梗 6 克、蒼朮 3
克、桂枝 6 克、五加皮 6 克、蘇木 6 克、川芎 3 克、甘草 6
克。

14. 點傷右脈手合谷一脈（寅時點中）

【用藥】：蜈蚣 1 條、杜仲 12 克、松節 12 克、五加皮
9 克、防風 6 克、川斷 6 克、桂枝 6 克、川芎 3 克、草烏 3
克、桔梗 3 克、使君子 9 克、甘草 3 克。

15. 點傷左上脅一脈（寅時點中）

【用藥】：生地 9 克、五加皮 6 克、薑黃 6 克、川斷 6
克、澤蘭 6 克、枳殼 3 克、田三七 6 克、薄荷 9 克、甘草 3
克、赤芍 6 克、乳香 6 克、川芎 9 克、白芥子 6 克、香附 6
克、碎朴 6 克、自然銅 9 克、陳皮 6 克、白茯苓 6 克。

16. 點傷右上脅一脈（寅時點中）

【用藥】：田三七 2.1 克、茯神 3 克、沉香 3 克、桂枝
3 克、獨活 3 克、沒藥 3 克、甘草 3 克、桑皮 3 克、陳皮
4.5 克、木通 3 克、蘇木 3 克、赤芍 3 克、木香 6 克、青皮

6 克、羌活 3 克、紅花 3 克、川芎 6 克、薄荷 6 克、枳殼 4.5 克。

17. 點傷左手掌心一脈（寅時點中）

【用藥】：生地 9 克、碎朴 4.5 克、桂枝 6 克、歸尾 9 克、赤芍 4.5 克、紅花 6 克、川斷 4.5 克、乳香 4.5 克、五加皮 6 克、田三七 3 克、丁香 1.5 克、木香 3 克、地榆 6 克、甘草 3 克。

18. 點傷右手掌心一脈（寅時點中）

【用藥】：木香 6 克、丁香 6 克、沒藥 6 克、地榆 6 克、桂枝 6 克、川斷 9 克、自然銅 3 克、乳香 4.5 克、紅化 3 克、歸尾 4.5 克、獨活 4.5 克、澤蘭 3 克、田三七 3 克、甘草 2.1 克。

19. 點傷左乳行氣一脈（卯時點中）

【用藥】：當歸 6 克、枳殼 9 克、菖蒲 9 克、木通 9 克、桂枝 3 克、茯神 3 克、紅花 4.5 克、陳皮 3 克、田三七 3 克、蘇木 6 克、沒藥 6 克、甘草 2.1 克、大腹皮 4.5 克。

20. 點傷右乳行氣一脈（卯時點中）

【用藥】：木通 9 克、桂枝 6 克、茯神 6 克、制半夏 6 克、紅花 6 克、丹皮 4.5 克、羌活 4.5 克、蘇葉 4.5 克、穿山甲 3 克、甘草 3 克、陳皮 4.5 克、赤芍 6 克、大腹皮 3 克。

21. 點傷正頸窩脈（卯時點中）

【用藥】：桂枝 3 克、山豆根 6 克、丁香 2.1 克、制半夏 6 克、莪朮 3 克、碎朴 3 克、沉香 3 克、桔梗 6 克、元參 6 克、蘇木 4.5 克、甘草 3 克。

22. 點傷左邊窩脈（卯時點中）

【用藥】：桂枝6克、山豆根6克、丁香2.1克、莪朮4.5克、碎朴4.5克、田三七6克、蘇木6克、白芷3克、灸半夏3克、甘草3克。

23.點傷右邊頸窩脈（卯時點中）

【用藥】：枝子6克、山豆根6克、丁香2.1克、沉香3克、莪朮4.5克、碎朴4.5克、田三七6克、桔梗3克、蘇木3克、半夏（灸）3克、甘草3克。

24.點左腳膽脈（卯時尾點中）

【用藥】：大黃3克、川朴6克、生地6克、紅花4.5克、枳殼6克、桃仁3克、枳實4.5克、牛膝3克、木瓜3克、赤芍3克、陳皮3克、青皮3克、鬱李仁4.5克、豬膽適量，沖服。

25.點傷右腳膽脈（辰時點中）

【用藥】：大黃6克、枳殼6克、川朴6克、生地6克、紅花4.5克、桃仁3克、枳實4.5克、田三七3克、木瓜4.5克、赤芍3克、陳皮3克、青皮3克、鬱李仁4.5克、豬膽1個，沖服。

26.點傷左耳尾根脈（辰時點中）

【用藥】：薑黃4.5克、川芎6克、白芷4.5克、防風6克、兒茶3克、荊芥6克、細辛2.4克、丹皮4.5克、生地9克、紅花3克、血竭3克、莪朮4.5克、石菖蒲4.5克。

27.點傷左邊甘欄心脈（辰時點中）

【用藥】：碎朴9克、自然銅3克、生地12克、川芎6克、紅花6克、歸尾6克、蒿苯6克、白芷6克、升麻4.5克、薑黃3克、柴胡3克、防風4.5克、田三七4.5

克、生枝子 4.5 克、甘草 1.5 克。

28.點傷右邊甘心攊脈（辰時點中）

【用藥】：碎朴 6 克、自然銅 6 克、川芎 6 克、白芷 4.5 克、當歸 3 克、赤芍 4.5 克、秦芃 3 克、荔枝仁 3 克、血竭 3 克、桃仁 3 克、肉桂 1.5 克、沉香 1.5 克、硃砂 1.5 克、木香 3 克、甘草 3 克。

29.點傷右耳尾根脈（辰時點中）

【用藥】：生地 12 克、赤芍 6 克、菖蒲 6 克、紅花 6 克、蘇木 3 克、丹皮 4.5 克、薑黃 3 克、川芎 6 克、白芷 3 克、乳香 4.5 克、細辛 3 克、防風 4.5 克、枝子 3 克、歸尾 4.5 克、田三七 2.1 克、甘草 2.1 克。

30.點傷正心窩脈（辰時點中）

【用藥】：制川烏 6 克、桔梗 3 克、甘草 3 克、枳殼 3 克、制草烏 3 克、川斷 12 克、山楂肉 6 克、五加皮 12 克、當歸 4.5 克、杜仲 12 克、菖蒲 9 克、碎朴 6 克、田三七 6 克。

31.點傷後心頸舌一脈（巳時點中）

【用藥】：升麻 6 克、五加皮 9 克、莪朮 6 克、蘇木 6 克、枳殼 6 克、鬱金金 3 克、薑黃 4.5 克、紅花 4.5 克、川貝 6 克、澤蘭 6 克、田三七 6 克、枳實 3 克、桑寄生 4.5 克、甘草 2.1 克。

32.點傷後對心窩脈（巳時點中）

【用藥】：蒿苯 6 克、穿山甲 6 克、澤蘭 6 克、地榆 6 克、田三七 3 克、川黃連 3 克、制川烏 3 克、碎朴 4.5 克、防風 3 克、莪朮 6 克、血竭 6 克、桔梗 3 克。

33.點傷右手小指奇脈（巳時點中）

【用藥】：生地 6 克、桂枝 6 克、桔梗 6 克、五加皮 3 克、松節 3 克、蘇木 9 克、川芎 6 克、白芷 6 克、莪朮 3 克、蘇子 4.5 克、紅花 3 克、酒白芍 3 克、羌活 3 克、歸尾 3 克、甘草 3 克。

34.點傷左手小指奇脈（巳時點中）

【用藥】：生地 9 克、桂枝 9 克、赤芍 9 克、歸尾 6 克、蘇木 6 克、澤蘭 3 克、獨活 4.5 克、碎朴 4.5 克、乳香 4.5 克、川斷 6 克、沒藥 6 克、蘇子 6 克、五加皮 3 克、田三七 2.1 克、甘草 2.1 克。

35.點傷左手中指脈（巳時點中）

【用藥】：生地 9 克、杜仲 6 克、田三七 3 克、赤芍 6 克、當歸 9 克、碎朴 9 克、菖蒲 6 克、澤蘭 9 克、桂枝 9 克、穿山甲 4.5 克、枳殼 6 克、獨活 6 克、沒藥 6 克、紅花 6 克、甘草 3 克。

223

36.點傷右手中指脈（巳時點中）

【用藥】：當歸 9 克、杜仲 6 克、桂枝 6 克、碎朴 6 克、菖蒲 4.5 克、澤蘭 3 克、赤芍 6 克、制川烏 3 克、制草烏 6 克、獨活 4.5 克、紅花 4.5 克、乳香 4.5 克、沒藥 6 克、五加皮 4.5 克、田三七 2.1 克、甘草 2.1 克。

37.點傷左頭上雲睛脈（午時點中）

【用藥】：川芎 6 克、白芷 6 克、乳香 6 克、地榆 4.5 克、沒藥 6 克、細辛 2.4 克、升麻 6 克、防風 4.5 克、荊芥 6 克、蒿苯 6 克、紅花 6 克、歸尾 6 克、歸身 4.5 克。

38.點傷右手上雲睛脈（午時點中）

【用藥】：川芎 4.5 克、白芷 4.5 克、乳香 6 克、地榆 6 克、歸身 6 克、沒藥 6 克、天麻 9 克、防風 6 克、荊芥 6

克、蒿苯 6 克、紅花 6 克、歸尾 6 克、細辛 2.4 克。

39. 點傷左耳孔鬼脈（午時點中）

【用藥】：生地 6 克、沒藥 9 克、川芎 9 克、木耳 6 克、防風 6 克、荊芥 6 克、細辛 2.4 克、桂枝 6 克、枝子 9 克、歸尾 4.5 克、蘇木 9 克、天麻 3 克、田三七 3 克、菖榆 6 克、丹皮 3 克、甘草 3 克。

40. 點傷右耳孔鬼脈（午時點中）

【用藥】：生地 6 克、赤芍 6 克、荊芥 9 克、紅花 6 克、田三七 3 克、枝子 6 克、菖榆 9 克、細辛 3 克、歸尾 6 克、升麻 6 克、丹皮 6 克、川芎 4.5 克、蘇木 6 克、白芷 4.5 克、甘草 3 克。

41. 點傷正頭頸脈（午時點中）

【用藥】：山豆根 6 克、扁豆 6 克、丁香 2.1 克、木香 4.5 克、乳香 6 克、沒藥 6 克、木耳 4.5 克、川芎 4.5 克、白芷 6 克、升麻 4.5 克、蒿苯 6 克、防風 4.5 克、菖榆 6 克、荊芥 6 克、甘草 2.1 克。

42. 點傷正天堂脈（午時點中）

【用藥】：木香 4.5 克、山豆根 6 克、扁豆 6 克、丁香 1.5 克、乳香 6 克、沒藥 3 克、木耳 4.5 克、川芎 4.5 克、防風 6 克、蒿苯 6 克、白芷 6 克、升麻 4.5 克、菖蒲 6 克、甘草 2.1 克。

43. 點傷左鳳尾脈（未時點中）

【用藥】：生地 6 克、紅花 6 克、歸尾 6 克、血竭 6 克、枝子 6 克、兒茶 6 克、川芎 6 克、細辛 2.4 克、白芷 6 克、防風 4.5 克、荊芥 6 克、大黃 6 克、甘草 3 克。

44. 點傷右鳳尾脈（未時點中）

【用藥】：生地6克、荊芥6克、紅花6克、歸尾6克、血竭6克、枝子2.4克、川芎6克、細辛2.4克、白芷6克、防風4.5克、甘草3克。

45.點傷正鼻梁厄脈（未時點中）

【用藥】：生地6克、枳殼6克、丹皮6克、澤蘭6克、薄荷6克、田三七3克、紅花6克、寸冬6克、乳香6克、白茯苓6克、蒿苯4.5克、白芷6克、吳茱萸6克、甘草3克。

46.點傷右顏雪下脈（未時點中）

【用藥】：桔梗9克、山豆根9克、元參6克、枝子6克、丁香1.5克、碎朴6克、莪朮6克、白芷6克、蘇木6克、甘草6克。

47.點傷左顏雪下脈（未時點中）

【用藥】：桔梗9克、山豆根6克、元參6克、枝子6克、丁香1.5克、木香3克、沉香6克、制半夏4.5克、莪朮6克、碎朴6克、蘇子6克、田三七3克、甘草3克。

48.點傷右手正腕絡脈（未時點中）

【用藥】：生地6克、桂枝6克、赤芍4.5克、歸尾6克、澤蘭4.5克、紅花6克、獨活3克、乳香4.5克、碎朴6克、田三七1.5克、五加皮4.5克、松節6克、蜈蚣1條、甘草1.5克、使君子9克。

49.點傷左手中指邊脈（申時點中）

【用藥】：桔梗6克、桂枝6克、五加皮4.5克、蘇木4.5克、川芎3克、白芷6克、莪朮4.5克、蒼朮9克、生地9克、酒白芍6克、川斷3克、沒藥6克、田三七2.1克、甘草2.1克。

50.點傷右邊手中指邊脈（申時點中）

【用藥】：沒藥 6 克、丁香 1.5 克、木香 9 克、桂枝 6 克、地榆 9 克、川斷 6 克、赤芍 6 克、獨活 4.5 克、紅花 4.5 克、歸尾 6 克、澤蘭 6 克、碎朴 6 克、五加皮 6 克、田三七 3 克、灸甘草 3 克。

51.點傷左邊肩尖脈（申時點中）

【用藥】：蒿苯 9 克、生地 6 克、川芎 6 克、紅花 4.5 克、乳香 4.5 克、生枝子 4.5 克、碎朴 4.5 克、升麻 4.5 克、赤芍 3 克、柴胡 6 克、防風 6 克、田三七 1.5 克、甘草 1.5 克。

52.點傷右邊肩尖脈（申時點中）

【用藥】：青皮 6 克、桂枝 6 克、生地 6 克、鬱金香 4.5 克、田三七 6 克、桔梗 6 克、木耳 3 克、薑黃 6 克、乳香 6 克、紅花 6 克、桃仁 6 克、枳殼 6 克、澤蘭 6 克、續斷 6 克、自然銅 6 克、甘草 6 克。

226

53.點傷左腿窩根脈（申時點中）

【用藥】：牛膝 6 克、木瓜 6 克、桔梗 9 克、薏米 6 克、獨活 6 克、青皮 6 克、田三七 6 克、桃仁 6 克、沒藥 6 克、海馬 1 對、蘇木 6 克、勾藤 6 克、田三七 6 克、甘草 1.45 克。

54.點傷右腿窩根脈（申時點中）

【用藥】：牛膝 6 克、木瓜 6 克、川斷 4.6 克、制半夏 4.5 克、防風 4.5 克、大黃 3 克、穿山甲 3 克、白茯苓 6 克、蘇木 2.1 克、沒藥 6 克、海馬 1 對、碎朴 6 克、自然銅 4.5 克、甘草 3 克。

55.點傷左手靜脈（酉時點中）

【用藥】：桂枝6克、制川烏3克、制草烏6克、桔梗6克、杜仲6克、黃連3克、松節3克、防風6克、蜈蚣1條、甘草3克、使君子3克、土茯苓6克。

56.點傷右手靜脈（酉時點中）

【用藥】：桔梗3克、五加皮4.5克、蘇木6克、川芎3克、白芷3克、莪朮4.5克、蘇木6克、紅花6克、川斷6克、生地6克、蒼朮4.5克、桂枝9克、甘草6克。

57.點傷正頭髮角脈（酉時點中）

【用藥】：蒿苯6克、生地3克、川芎4.5克、紅花4.5克、血竭4.5克、乳香6克、生枝子4.5克、碎朴4.5克、升麻6克、薑黃6克、赤芍6克、柴胡6克、防風6克、田三七6克、甘草2.1克。

58.點傷正腌骨尾脈（酉時點中）

227

【用藥】：蒿苯6克、穿山甲3克、澤蘭4.5克、地榆4.5克、川黃連9克、田三七6克、制川烏6克、碎朴6克、防風6克、酒大黃12克、五加皮2.1克、獨活6克、桔梗6克、莪朮6克、蘇木6克。

59.點傷正下陰脈（酉時點中）

【用藥】：車前子6克、澤蘭6克、木通6克、枳殼4.5克、枝子3克、赤芍3克、歸尾4.5克、生大黃3克、沒藥3克、田三七3克、乳香3克、甘草2.1克、赤小豆1.2克、小茴香4.5克、牡蠣12克。

60.點傷左腳背脈（酉時點中）

【用藥】：土茯苓12克、地龍9克、生枝子3克、赤茯苓9克、炮山甲6克、茯苓9克、丹皮6克、甘草3克、連鬚3克。

61.點傷右腳背脈（戌時點中）

【用藥】：木耳 21 克、木瓜 3 克、海馬 1 對、牛膝 2.1 克、防風 9 克、勾藤 12 克、酒白芍 18 克、制川烏 4.5 克、五加皮 3 克、薏米 9 克、續斷 8 克。

62.點傷左腳奇脈（戌時點中）

【用藥】：生地 6 克、薏米 6 克、牛膝 6 克、桔梗 6 克、木瓜 6 克、石鱉 6 克、海馬 1 對、碎朴 6 克、紅花 4.5 克、澤蘭 6 克、田三七 3 克、甘草 3 克。

63.點傷右腳奇脈（戌時點中）

【用藥】：牛膝 12 克、木耳 3 克、木瓜 6 克、海馬 1 對、勾藤 9 克、蘇木 6 克、獨活 6 克、沒藥 3 克、石鱉 6 克、澤蘭 3 克、五加皮 3 克、自然銅 9 克、田三七 3 克、甘草 3 克。

64.點傷左腳眼脈（戌時點中）

【用藥】：桔梗 6 克、牛膝 6 克、獨活 3 克、木瓜 4.5 克、澤蘭 6 克、勾藤 6 克、莪朮 6 克、碎朴 3 克、自然銅 9 克、血竭 6 克、薏米 4.5 克、蘇木 6 克、薑黃 6 克、田三七 3 克、甘草 2.1 克。

65.點傷左後甲心脈（戌時點中）

【用藥】：五加皮 4.5 克、田三七 1.5 克、甘草 2.1 克、蒿苯 6 克、莪朮 6 克、桃仁 6 克、獨活 6 克、川芎 6 克、枳殼 6 克、穿山甲 6 克、地榆 3 克、制川烏 3 克、生地 9 克、桔梗 9 克。

66.點傷右後甲心脈（戌時點中）

【用藥】：陳皮 9 克、薄荷 6 克、木通 6 克、桂枝 4.5 克、川芎 3 克、赤芍 3 克、紅花 3 克、歸尾 4.5 克、青皮 3

克、羌活4.5克、蘇木6克、桑皮6克、茯神6克、甘草3克。

67.點傷左上脅尾脈（亥時點中）

【用藥】：川芎6克、碎朴9克、自然銅6克、陳皮3克、白茯苓3克、枳殼3克、赤芍6克、薄荷3克、香附6克、田三七2.1克、乳香6克、澤蘭6克、白芥子6克、五加皮6克、薑黃6克、川斷6克、生地6克、甘草3克。

68.點傷右上脅尾脈（亥時點中）

【用藥】：陳皮6克、青皮6克、川芎6克、薄荷6克、枳殼4.5克、木香3克、木通6克、桂枝6克、赤芍3克、紅花3克、獨活3克、麥芽6克、蘇木6克、羌活3克、田三七2.1克、桑皮3克、茯神6克、沉香3克、甘草3克。

69.點傷合谷脈（亥時點中）

【用藥】：杜仲312克、川芎6克、桂枝6克、防風6克、桔梗6克、木瓜3克、丁香1.5克、木香6克、桃仁6克、自然銅6克、五加皮6克、松節6克、田三七3克、川斷6克、白芥子6克。

70.點傷正膀胱脈（亥時點中）

【用藥】：生地9克、紅花6克、赤芍6克、桃仁6克、血竭6克、鬱金香6克、乳香6克、沒藥6克、白芥子6克、澤蘭6克、木通3克、自然銅6克、大黃6克、田三七2.7克、甘草3克。

71.點傷左腳拇指考脈（亥時點中）

【用藥】：牛膝6克、木瓜6克、歸尾3克、紅花3克、澤蘭6克、酒白芍6克、川烏4.5克、獨活6克、蘇木

3克、自然銅3克、莪朮6克、勾藤3克、桔梗3克、防風3克、田三七2.1克、甘草2.1克。

72.點傷右腳拇指考脈（亥時點中）

【用藥】：牛膝6克、木瓜3克、石鱉4.5克、海馬1對、獨活6克、沒藥6克、五加皮6克、生地6克、川斷4.5克、枳殼6克、荊芥6克、防風3克、血竭6克、田三七3克、甘草3克。

（十）少林秘授妙方真傳（10方）

1.桃花散妙方

【用藥】：珍珠2.1克、白芷4.5克、川烏尖0.3克、松香6克、川龍骨（水飛）6克、血竭6克、琥珀1.5克、降香6克、血餘灰6克、大梅片0.7克、乳香（去油）6克、雞肉金2.4克、鬧楊花0.7克、沒藥（去油）6克、生大黃6克、象皮3克、石臘（搗碎）3克、白蠟（煉）3克。

2.治心口頭痛良方

【用藥】：石菖蒲12克、乳香12克、沒藥12克、車前子12克，共研細末沖酒服。

3.治跌打大傷妙方

【用藥】：生地9克、沒藥6克、鬱金香6克、歸尾6克、白芥子6克、砂仁6克、秦艽6克、金邊桂6克、川斷6克、牛膝6克、海南沉粉（另包）1.5克、紅花6克、山羊血12克、玉叩花6克、乳香9克、生薑3克、田三七2.1克、血竭12克。

4.治面傷良方

【用藥】：川芎6克、白芍12克、金毛狗脊6克、地龍12克、茯神12克、白附子3克、玉叩花9克、碎朴9克、秦艽9克。

5. 治打死救生妙方

【用藥】：鵝不食草搗爛絞汁灌入。若血塞心口，墨紫草並用千里水、紅刺菜，共搗爛加酒沖服即效。

6. 治發痧妙方

【用藥】：陳皮1.5克、霍香15克。若在路上緊急不能取藥，用白薑水食即效。

7. 治腰腿痛藥方

【用藥】：牛膝9克、川斷6克、白茯苓6克、川杜仲15克、大歸尾片6克、熟地18克、碎朴9克、灸草牡蠣6克、白芍9克、川芎9克、黑豆9克、巴戟1.5克、紅烏棗60克、山萸肉9克、寧枸杞9克。

8. 治小便不通方

【用藥】：車前子6克、木通6克、小茴香6克、赤小豆30克。

9. 治大便不通方

【用藥】：大黃3克、枳殼3克、厚朴3克、薄荷3克、陳皮3克、豬膽1個。

10. 治耳藥方

【用藥】：荔枝炭若干，研細末，麻油調敷外耳內，即消疾。

二、點穴與治病

宋代高僧福仁云：「得少林點穴法真傳者，必須守吾佛

規，勿輕易動手傷人，切倡於醫夫疾也。尤為 36 致命諸穴之點，萬不出一。否則，僧者驅之吾寺，徒者棄之門派」。

少林寺歷代武僧雖練成真功者頗多，但尚未聞之行點穴法傷人者，多有用此法給人醫病，見良效。

其因是由醫者用點穴法對準患者的病傷部位，進行適度的點、叩、揉、打，調和氣血，疏通經絡，使陰陽平衡，散淤消積，促進血液循環和人體的新陳代謝，改善和增進各組織的功能，達到預防疾病和延長壽命的目的。

（一）治療範圍

1. **消化系統**：胃病、腹脹、嘔吐、翻胃、腹瀉、食慾不振、便血等。

2. **呼吸系統**：咳嗽、痰多、哮喘、乾咳無痰、鼻流清涕、鼻塞等。

3. **泌尿系統**：小便不通、遺尿、淋病、尿血、尿痛、小便失禁、白濁等。

4. **心血管系統**：心跳、心悸、心慌、紫癜、牙齒出血、吐血、中風不語、肝陽上亢、半身不遂、狂症、眩暈。

5. **運動系統**：腿痛、臂不能舉、手腕無力、肘攣難伸、五指盡痛、四肢勾攣、四肢無力、腎虛腰痛、寒腰痺腿、柳拐等。

6. **神經系統**：健忘、頭痛、偏頭痛、言語錯亂、多夢、哭笑無常、暈厥、不省人事等。

7. **小兒病**：小兒慢驚風、小兒哭鬧、小兒腹瀉、小兒遺尿、小兒百日咳、小兒疳積、小兒麻痺、腦膜炎後遺症等。

8. **其他疾病**：面部胕腫、肢體異常、遺精、氣落底、肩

凝症、脊柱突出、瘧疾、落枕等。

9. 增進健康類：體虛自汗、飲食欠佳、面黃肌瘦等。

（二）點穴手法

寺僧根據中國醫學的「虛則補之，實則瀉之，寒則溫之，熱則清之」的醫療法則，創造出用點穴治病的有效手法，即點摸、點打、點揉和點劃四種方法。

1. 點摸（即補法）

醫者用手的食指或併用食、中、無名三指，在患者病灶部位和有關穴位輕輕點摸。手法以摸為主，逐漸用至中力，切勿用力過重。輕者，則醫者用手指輕輕點摸，僅感觸到患者穴位的皮膚表層，就像幼雀捉食一樣。點摸穴位，每分鐘40～45點，起指要滑，落指要輕。點摸5分鐘後，漸加力達中度，即醫者指點到穴，感到觸及穴表皮下肉層為度，每分鐘約60點，依法點摸3～5分鐘，若體質稍好者，可點摸6～10分鐘。每天點摸1次，連續7天為一個療程。中休3天，開始第二個療程，中休5天，連續3～5個療程。

2. 點打（即點法）

醫者用中指以較重的手法點打患者的有關穴位。不僅用力大，而且速度要快。點打時，中指所用之力由中度到重度，由慢到快。選準穴位後，醫者用中指對準穴位，先輕揉片刻，然後靠中指關節的彈屈力，連續點打穴位。一般每分鐘55～65發。中指離穴時，先向上崩起，次向下彈滑，再向左撩，後向右撥，此為1輪。依次類推，不可雜亂。

點打法適於體壯和急性病者，每天施術1次，7次為一個療程。若1個療程不癒者，可再點打2～3個療程。

3.點揉法（即溫法）

醫者用中指對準穴位，先以中度力點 2～3 下，然後由左向右揉 3～5 秒鐘，起指離穴，此為 1 發。再以上法連續點揉 5～10 發，每分鐘約點揉 50～55 發。

點揉法適用於風濕性疾病生切慢性疾病，每兩天施術 1 次，5 次為一個療程。中休 3 天，再進行第二個療程，直到痊癒。

4. 點劃法（即清法）

醫者用中指先點按患者的有關穴位，然後以食、無名指輔助中指，由穴中點上推下劃 3～5 下，再向左次向右橫劃兩下，此為 1 發。其用力由中度到重度，以指感觸皮下肉層為度。其速度由慢到快，每分鐘約點劃 35～50 發。

此法適於局部紅腫、痛疼和熱症疾患，一般每 1 日施術 1 次，7 次為一個療程。中休 3 天，再進行第二個療程。

以上四種點穴醫病法，是僧醫長期艱苦實踐的寶貴經驗，有一定的臨床實用價值，但也存在著一些不足之處，決非百點百效，希望讀者在臨床實踐中加以驗證。用點穴法治病，切記如下幾點：

（1）始終以「虛則補之，實則瀉之，寒則溫之，熱則清之」為醫病原則。再根據患者不同的年齡、體質、疾病的性質等，選用準確的穴位，施行適度的手法。

（2）每次施點穴位不可太多，一般 2～3 穴，最多不超過 4 個穴。點打時間不宜過長，一般 3～5 分鐘，最長不超過 15 分鐘。

（3）在患者精神不好或神經受刺激時，不宜施術。另外，天氣不好（如刮大風、下大雨、寒流等）或酒後，都不

適宜施術。

（4）施術時，對患者的體位必須合理安排，如點打腿和胳膊時宜坐位，胸腹部宜仰臥，脊背、腰部宜伏臥等，免得患者在點打中出現暈厥或其他偏差等不良現象。

（三）點穴治療配穴方

點穴治病同施藥一樣，也有周密的配方，決非亂點亂打。配方是根據患者的病情選用主穴、輔穴和備用穴。

【主穴】：對治癒一種疾病起主要醫療作用的穴位。

【輔穴】：協助主穴發揮治癒疾病的穴位。

【備用穴】：對較複雜的疾病，為加強療效，配合主穴和輔穴治癒疾病的穴位。

為了達到治癒疾病的目的，必須妥善和周密的選用穴位，組成好的配方。現將寺僧在臨床實踐中，用點穴治病取得良好療效的配方分述如下，供讀者參考。

235

1.消化系統疾病

（1）胃病

【主穴】：中脘。

【輔穴】：足三里。

【備用穴】：胃俞、巨厥。

（2）嘔吐

【主穴】：不容。

【輔穴】：中脘、內關。

【備用穴】：足三里。

以上諸穴用瀉法。每日施術2～3次。

（3）腹痛

【主穴】：中脘、天樞。

【輔穴】：足三里、中極。

【備用穴】：內關、胃俞。

以上穴用輕瀉法，每日施術 1 次。

（4）慢性痢疾

【主穴】：上脘、天樞。

【輔穴】：中極、委中。

【備用穴】：大腸俞、胃俞、足三里、內關。

以上諸穴用中瀉法。每日施術 1 次。

（5）上吐下瀉（急性腸胃炎）

【主穴】：內關、中脘。

【輔穴】：天樞、中極、足三里。

【備用穴】：胃俞、小腸俞、曲池、水分。

以上穴用瀉法。每日施術 1～2 次。

（6）不思飲食

【主穴】：足三里。

【輔穴】：中脘。

【備用穴】：胃俞、肝俞、三陰交。

以上穴用補法，每日施術 1 次。

（7）翻胃吐酸

【主穴】：巨厥。

【輔穴】：中脘、不容。

【備用穴】：足三里、內庭。

2.呼吸系統疾病

（1）咳嗽不止

【主穴】：肺俞、太淵。

【輔穴】：曲池、膻中。

【備用穴】：風池、大椎、合谷。

（2）咳嗽痰多

【主穴】：豐隆、膻中。

【輔穴】：曲池、列缺。

【備用穴】：風門、身柱。

（3）咳嗽吐血

【主穴】：膈俞、曲池。

【輔穴】：大椎、血海。

【備用穴】：風門、天突、少海。

（4）哮喘

【主穴】：天突、合谷。

【輔穴】：膻中。

【備用穴】：魚際。

237

（5）久咳不能入眠

【主穴】：天突、膈俞。

【輔穴】：百會、風池、合谷。

【備用穴】：神門、曲池、肺俞。

3. 血液循環系統疾病

（1）心悸

【主穴】：心俞、神門。

【輔穴】：百會、湧泉。

【備用穴】：膈俞、內關、小陵。

（2）心慌嘔吐

【主穴】：神門、足三里。

【輔穴】：心俞。

【備用穴】：曲池、大陵。

（3）冠心病

【主穴】：膈俞、神門。

【輔穴】：後谿、曲澤、百會。

【備用穴】：內關、足三里、血海、膻中。

（4）紫瘢（皮下出血）

【主穴】：足三里、環跳、陽陵泉。

【輔穴】：曲池、天樞。

【備用穴】：中脘、三陰交、外關、血海。

4. 運動系統疾病

（1）膝蓋痛（膝關節炎）

【主穴】：膝眼。

【輔穴】：陽陵泉。

【備用穴】：足三里、委中。

（2）腿寒痛

【主穴】：陽陵泉。

【輔穴】：承山。

【備用穴】：三陰交、鶴頂。

（3）足面浮腫

【主穴】：太衝。

【輔穴】：內庭、行間。

【備用穴】：崑崙。

（4）腰痛

【主穴】：腎俞。

【輔穴】：委中。

【備用穴】：志室、承山。

（5）胳膊痛

【主穴】：曲池。

【輔穴】：手三里。

【備用穴】：肩髃。

5. 骨料疾病

（1）骨折

① 脛骨骨折伴紅腫痛疼：取陽陵泉、崑崙、足三里（也可配合熱敷療法）。

② 臏骨骨折：取風市、環跳、外膝眼。

③ 肱骨骨折：取肩井、曲池。

④ 橈骨骨折：取手三里、神門。

⑤ 腕骨骨折：取後谿、外關。

（2）關節損傷

① 膝關節損傷：取膝眼、鶴頂、足三里。

② 踝關節損傷：取崑崙、三陰交。

③ 頸關節損傷：取大椎、風池。

④ 肘關節損傷：取曲澤、手三里。

⑤ 肩關節損傷：取肩井、肩髃。

⑥ 腰關節損傷：取腰眼、腎俞、命門。

⑦ 腕關節損傷：合谷、大陵。

⑧ 髖關節損傷：取環跳、伏兔。

⑨ 指關節損傷：取合谷、阿是穴。

⑩ 趾關節損傷：取太衝、阿是穴。

（3）脫臼

① 肘關節脫位：取外關、曲池、臂臑。

② 下頜脫位：取下關、耳門、頜下凹。

③ 肩關節脫位：外關、曲池、肩髃。

④ 胯關正脫位：取足三里、風市、環跳。

（4）損傷雜病

① 損傷致胃痛：取中脘、足三里。

② 損傷致腰痛：取命門、腎俞。

③ 損傷致頸項強直或不能轉動：取大椎、風池。

④ 損傷致偏頭痛：取太陽、風池、總維。

⑤ 損傷致全頭痛：取百會、風府、太陽。

⑥ 損傷致失眠：取神門、後頂、上星。

⑦ 損傷致手足拘攣：取曲池、外關、陽陵泉、崑崙。

⑧ 損傷致手足麻木不仁：取肩髃、合谷、足三里、風市、三陰交。

240

⑨ 損傷致半身不遂：取手三里、肩髃、肩井、百會、環跳、足三里、陽陵泉、行間。

⑩ 損傷致鼻衄不止：取上星、委中、湧泉、照海。

⑪ 損傷致全身僵直：取合谷、曲池、湧泉、陽陵泉、承山、委中。

⑫ 損傷致不省人事：取人中、合谷、百會、大椎。

⑬ 損傷致牙痛：取下關、翳風、合谷。

⑭ 損傷致眼目失明：取攢竹、睛明、光明。

⑮ 損傷致小便出血：取中極、曲骨。

⑯ 損傷致大便出血：取長強、大腸俞、中脘。

⑰ 損傷致便泌：取承山、豐隆。

⑱ 損傷致咳嗽：取天突、大椎、肺俞。

⑲ 損傷致吐血：取風池、湧泉。

⑳ 損傷致胸痛：取膻中、氣海。

㉑ 損傷致消化不良：取中脘、足三里。

㉒ 損傷致鼻青臉腫：取下關、迎香。

㉓ 損傷致耳內流血：取聽會、合谷、曲池。

㉔ 損傷致全身癱軟：取足三里、風市、陽陵泉、環跳、百會、風府。

㉕ 損傷致喉痹失音：取天突、合谷。

㉖ 損傷致氣急欲絕：取肺俞、膻中、神門。

㉗ 損傷致口吐白沫：取巨厥、足三里。

（四）百穴法歌

手之太陽經屬肺，尺澤肘中橫紋是。

列缺側腕寸有半，經渠寸中隱脈記。

太淵掌後橫紋頭，魚際掌後散脈裡。

少商大指內側尋，爪甲如韭此為的。

手陽明經屬大腸，食指內側號商陽。

本節前取二間定，本節後勿三間忘。

歧骨隱中尋合谷，陽谿腕中上側詳。

三里曲池下二寸，曲池曲肘外輔當。

肩髃肩端兩骨歧，五分俠孔取迎香。

足陽明分胃之經，頭維本神寸五分。

頰車耳下八分是，地倉俠吻四分臨。

伏兔陰市上三寸，陰市膝上三寸眞。

三里膝下三寸取，上廉里下三寸主。

下廉上廉下三寸，解谿腕上繫鞋處。

衝陽陷谷上二寸，陷谷庭後二寸舉。

內庭次趾外間求，歷兌如韭足次指。

足太陰之經屬脾，隱白大指內角宜。

大都節後白肉際，太白跖骨下陷為。

公孫節後一寸得，商丘踝下前取之。

內踝三寸陰交穴，陰陵膝內輔下施。

手少陰兮心經是，少海肘內節後明。

通里掌後才一寸，神門掌後銳骨精。

手太陰兮小腸素，小指之端取少澤。

前谷外側本節前，後谿節後仍外側。

腕骨腕前起骨下，陽谷銳下腕中得。

小海肘端去五分，聽宮耳珠如菽側。

太陽膀胱何處看，睛明目眦內角畔。

攢竹兩眉中間取，絡卻後髮四寸半。

肺俞三隔椎俞七，肝俞九椎之下按。

腎俞十四椎下旁，膏肓四五三分算。

委中膕窩橫紋中，承山腿肚中央按。

崑崙踝下五分後，金門踝下陷中撰。

申脈踝下筋骨間，不容爪甲慎勿亂。

少陰腎兮安所見，然谷踝前骨下識。

大谿踝下後五分，照海踝下四分即。

復溜內踝上二寸，向後五分太谿直。

手厥陽兮心包經，曲澤肘內橫紋作。

間使掌後三寸求，內關二寸始無錯。

大陵掌後兩筋間，中衝中指之端度。

手少陽兮三焦論，小指次間名液門。

中渚次指本節後，陽池表腕有穴存。

腕後二寸外關穴，支溝腕後三寸間。

天井肘上一寸許，角孫耳廓開口分。

絲竹眉後陷中按，耳門耳缺非虛義。

足少陽膽取聽會，耳前陷中分明揣。

目上入際髮五分，臨泣之穴於此存。

目窗泣上寸半處，風池髮後際中論。

肩井骨前看寸半，帶脈肋下寸八分。

環跳髀樞尋宛宛，風市髀外兩筋顯。

陽陵膝下一寸求，陽輔踝上四寸遠。

絕骨踝上三寸從，丘墟踝前有陷中。

臨泣俠谿後寸半，俠谿小次歧骨縫。

厥陰肝經果何處，大敦拇指有毛聚。

行間骨尖動脈中，太衝節後有脈據。

曲泉橫紋兩筋著，章門臍上二寸量。

橫取六寸看兩旁，期門乳下一寸半。

直下寸半二肋詳，日月肋脅需細尋。

督脈鼻下水溝穴，上星入髮一寸真。

百會正在頂中央，風府後髮一寸論。

亞門後項髮五分，大椎第一骨上存。

腰俞二十一椎下，請君仔細詳經文。

任脈中行正居腹，關元臍下三寸尋。

氣海臍下一寸半，神厥臍中是穴都。

水分臍上一寸求，中脘臍上四寸占。

膻中兩乳中間位，承漿唇下中位屬。

百穴取法盡細詳，勸君熟讀一莫忘。

點穴奇技別他術，差錯分毫皆失場。

若要出手制於人，百穴位處必知詳。

243

（五）取穴尺寸折算法

1. 頭部

前髮際至後髮際折作 12 節，定為 1 尺 2 寸。若前髮際不明者，取眉心直上行 3 寸；後髮際不明者，取大椎穴上行 3 寸。前後髮際俱不明者，折作 1 尺 8 寸。頭部尺寸依此法取之。眼內眥角至外眥角定為 1 寸，頭部橫寸依此取之。

2. 背部

大椎穴至尾骶骨穴，共計 21 椎折作 30 寸。上 7 椎，每椎穴 1 寸 4 分 1 厘；中 7 椎，每椎定 1 寸 6 分 1 厘；下 7 椎，每椎定 1 寸 2 分 6 厘。依此作背部直寸量取之。背部橫寸，依被量人的食、中兩指的併攏寬度，定為 1 寸 5 分；依食、中、無名、小指，四指併攏的寬度，定為 3 寸。依此作為背部橫寸量取之。

3. 腹部

以兩乳之間的寬度，定為 8 寸。依此作為橫寸取之。劍突骨下緣至臍中心定為 6 寸；臍下至毛際橫骨，定為 5 寸；天突穴至膻中穴，定為 8 寸。依此為腹脅部的直寸取之。

4. 手足部並背部

橫寸，用中指同身寸法取之。其法是男左女右，以中指向內勾屈，取中指中節兩橫紋間距為 1 寸。

以上諸部所折合的尺寸，均為被量者的肢體取算，盡量作到準確，靈活運用，但切不可亂用估計法，大意任作。

第三章
少林擒拿絕技

>>>>>>>>>>>>>>>>>>>>>>>>>>>>>>>>>>>>>>>

第一節　骨筋肌絡穴論

少林拳譜云：「擒拿者以五為本」，五本即：骨、筋、肌、絡、穴。

凡練擒拿術者，必須通其五本，悉曉人體骨節百骸，周身肌肉，筋脈位置，經絡循行，腧穴命關。

一、論　骨

（一）制骨旨要

骨是人體的支架，人體全身有骨 206 塊，分顱、軀幹和四肢 3 部分。（圖 191）

拳譜曰：

　　骨為人之柱，制人先卸骨，

　　骨斷賊必倒，骨傷賊必殘，

　　其法砸崩撞，猶為制頭顱。

凡習擒拿之功，必須深究人體骨骼之構造功能和對全身

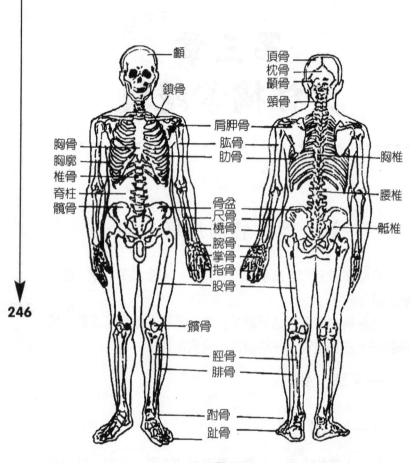

圖 191

之聯繫。人體之骨其要害者，首為頭顱，次為腰脊，再次為
四肢。制其頭顱骨斷或損者，勢必暈厥；制其腰脊骨，定至
腎傷（腎為精元之海，或斷或傷、全身無力）；制其手，則
失還力（手為人之刀槍，施招之銳，拿人之矛，或斷或損，
一則失防，二則無能制外）；制其足，則必跌仆倒地。

（二）各部骨之名稱

1. 顱骨
包括頂骨、額骨、枕骨、顳骨、上頜骨、下頜骨、鼻骨、顴骨、舌骨等。

2. 軀幹骨
包括椎骨、胸骨、肋骨、脊椎骨、骶骨、尾骨等。

3. 四肢骨
分上肢骨和下肢骨。上肢骨包括肩胛骨、鎖骨、肱骨、尺骨、橈骨、腕骨、掌骨、指骨等。下肢骨包括：髖骨、股骨、臏骨、脛骨、腓骨、跗骨、蹠骨、趾骨等。

（三）關　節

骨與骨之間以軟組織和韌帶相連接構成關節。凡習擒拿卸骨之法者必須悉其關節的部位和功能，方可量情施法，視位拿把。

拳譜曰：

擒拿卸骨技，必先挫關節。

先扭頸項椎，次為肩肘腕。

莫忘卸大腿，制他鬼推磨。

切踝連根拔，千樁風聲斜。

更有摘下頜，嬰時虎成傻。

與敵交手時，常挫拿之關節有：頜關節、頸椎（宜施砍法）、肩關節（宜施拿法）、肘關節（宜施扭法）、腕關節（宜施纏法）、腰椎（宜施跌扭或踢法）、骶椎（宜施踢和捶法）、髖關節（宜施砍和踢法）、膝關節（宜施踢或跪

法）、踝關節（宜施擺腳法）、趾關節（宜施踩踏法）。

二、論　筋

筋即為韌帶。筋性剛，主柔，附生於關節周圍而連接骨胳。若筋受傷，關節亦失聯協，肢體則難運動。

拳譜曰：

> 筋者骨之連，性剛如崩弦。
> 牽動百節骨，韌柔屈伸關。
> 傷筋必動骨，脫位或失連。
> 骨錯筋必裂，全身皆癱瘓。

三、論肌肉

248

肌肉是骨骼運動的動力，是保護內臟和支持各個器官的屏障，也是人體健康與否的標誌。肌豐力則雄，肌瘦力則弱。肌肉之全身分布有厚有薄，軀幹部較厚，頭面部和四肢則較薄。施擒拿之術應根據全身肌肉分布之厚薄，擇不同技法，以制服敵人。

如破其頭，僅用彈指之力即可。而四肢之肌雖薄，但卻剛中有柔，必施重力方能破之。面部肌肉薄而柔，必施爪甲搔爪，方能破而濺血，挫傷敵人銳氣，宜行別招制之。臀部肌肉豐滿，必施猛虎之招，如大斧劈山之勢，方能致殘。

歌訣曰：

> 肌者骨之母，力源自肌肉。
> 肌護內臟腑，支持百筋骨。
> 肌豐骨有力，肌瘦力則無。
> 擒敵觀其肉，虎勁疾速出。

制骨先破肉，肌破自露骨。

斷肌損臟腑，剎間制敵服。

擒拿之肌，主要指附骨之肌。因骨骼之肌藏有絡脈和神經，肌之收縮功能，全依賴絡脈供養和神經之指揮，否則成死肌也。

人體各部位肌肉名稱如下：

1. 頭面部

有額肌、顴肌、頰肌、顳肌等。擒拿制敵時，對此處可施以扳、搔、抓、扭、掠、撩、摳、推、扣、托、旋、點等法。

歌訣曰：

　　頭面諸肌滑薄柔，施招皆用扳搔扣，

　　推摳撩托兼點旋，莫忘尋機扭左右，

　　十二絕招須偷施，剎間成擒神鬼愁。

2. 頸部

有頸闊肌、胸鎖乳突肌等。擒拿制敵時對此處可施以搶、掐、推、卡、切等法。

歌訣曰：

　　頸肌一層薄如紙，內包食管與氣喉，

　　五穀四氣進口處，若被掐斷命必休。

　　練功切莫輕施招，粗心大意人亡時，

　　殺場臨敵大膽用，掐、卡、搶、切魔倒地。

3. 肩部

有三角肌、岡上肌、岡下肌、小圓肌、大圓肌等。擒拿制敵時，對此處可施以砍、抓、捏、推、擂等法。

歌訣曰：

肩仍臂力之峰巔，削去皮肉露禿山。

抓捏推擂可成擒，虎力一掌劈可斷。

暴客傷肩即失臂，膝下求饒哭連天。

4.臂　部

有肱二頭肌、肱三頭肌、喙肱肌、肱肌、肱橈肌、旋前圓肌、肘肌、橈側肌、尺側肌、掌長肌、指屈肌、指伸肌等。擒拿制敵時，對此處可施以抓、拉、推、扭、砍、纏、甩等法。

歌訣曰：

臂部諸肌易觸接，臂對臂來節對節，

法用拉推砍纏扭，剎時成擒不出訣，

更有一招泄眞機，閃身擒肘扭臂卸。

5.下肢部

有股直肌、半腱肌、股二頭肌、大收肌、股外側肌、股內側肌、脛骨前肌、腓腸肌、趾長屈肌、趾長伸肌、腓骨長肌、腓骨短肌、比目魚肌等，擒拿制敵時，對此處可施以踢、踹、踩、勾、拉、絆、掃、推、扭等法。

歌訣曰：

下部諸肌如樹根，上搖下撥如伐林。

法用踢踹膝勾拉，絆掃推扭把機尋。

手疾眼快上下進，智與技合立成擒。

樹若無根自倒地，還可借力壯我身。

6.腰　部

有腹外斜肌，腰方肌等。擒拿制敵時，此處可施以扭、甩、拉、推、踢、踹等法。

歌訣曰：

腰部肌薄脊節浮，骨藏腎命支身柱，
法用扭拉推甩踢，敵若傷腰身難豎。

四、論經絡

經絡是人體氣血循行的通路，起著聯繫、協調、平衡、營養人體各部組織的作用。它是人之體表與臟腑相聯繫的主要通道。氣血循行路線為十二經脈。即：手太陰肺經、手厥陰心包經、手少陰心經、足太陰脾經、足厥陰肺經、足少陰腎經、手陽明大腸經、手少陽三焦經、手太陽小腸經、足陽明胃經、足少陽膽經、足太陽膀胱經。

氣血在人體內的循行規律是：手的三條陰經，從胸沿臂內側運行至手，交接於手的三條陽經；再從手沿臂外側運行至頭，交接於足的三條陽經；又從頭沿胸、腹、背、下肢外側，運行至足的三條陰經；而後從足沿下肢的內側經腹運行至胸，復交接於手三陰經。（圖192）

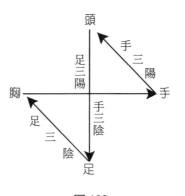

圖192

經絡之循行，眼目無法所望，但卻有絡點布於體外，即為穴道，又稱經穴。

古人悉知經絡之功能，亦知經絡異常所導致的惡果。要制人就必制其經絡，造成氣血凝滯，臟腑功能失調，身體各部活動受限，甚至息命。其法在於拿十二經所布之要穴。（圖193）

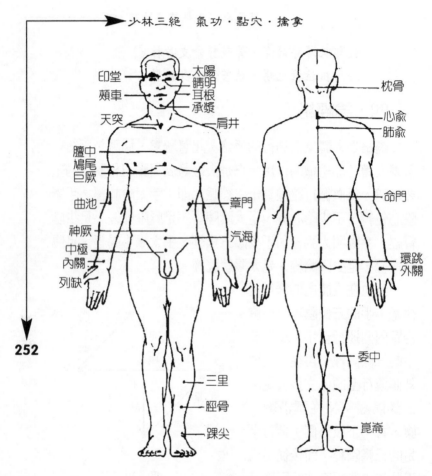

印堂
頰車
天突
膻中
鳩尾
巨厥
曲池
神厥
中極
內關
列缺

太陽
睛明
耳根
承漿
肩井

章門

汽海

枕骨
心俞
肺俞

命門

環跳
外關

委中

崑崙

三里
脛骨
踝尖

252

圖 193

歌訣曰：

十二經絡聯臟腑，氣血循行永規路。

若有一點凝阻絡，氣血滯積陰陽殊。

輕則肢僵失功能，重則性命如息燭。

擒拿亦循此妙理，拿穴阻絡制敵服。

現將擒拿制敵之要穴分列如下，望習此技者謹慎用之，

切莫亂施。

1. 手太陰肺經：列缺。

2. 手少陰心經：神門。

3. 手厥陰心包經：內關。

4. 手陽明大腸經：合谷、曲池、肩髃。

5. 手太陽小腸經：聽宮。

6. 手少陽三焦經：外關、耳門。

7. 足陽明胃經：地倉、頰車、天樞、足三里。

8. 足太陽膀胱經：睛明、肺俞、腎俞、承山、崑崙。

9. 足少陽膽經：風池、肩井、環跳、陽陵泉。

10. 足太陰脾經：三陰交、血海。

11. 足少陰腎經：湧泉。

12. 足厥陰肝經：曲泉、章門、期門。

13. 督脈：長強、命門、啞門、風府、百會、上星、人中。

14. 任脈：中極、關元、氣海、中脘、膻中、天突。

另外，經外奇穴有：太陽、印堂。

對以上所布之要害穴位，可用點、插、鑽、捶、踢等法拿之。

歌訣曰：

人體腧穴三百六，須擇要害穴印首。

何絡何穴尋血頭，何招何拿機不丟。

頭部多為致暈穴，莫忘致命三十六。

四肢梢穴俱致殘，腹胸肋穴把命勾。

拿穴之法點插鑽，捶背踢踝神鬼愁。

還須氣從丹田吐，氣與力合擒功就。

第二節　擒拿常用法

一、身體各部位擒拿法

1. 拿耳根法

如與敵對面而立，欲拿其左耳根，可用左手撐開虎口卡住其下頜，以大拇指用力按壓其左耳後之凹陷處。欲拿其右耳根，則用右手依法拿之。如在敵背後，欲拿其右耳根，可用左手撐開虎口卡住其後項，以大拇指用力按壓其右耳後之凹陷處。欲拿其左耳根，則用右手依法拿之。

耳根一經拿住，輕則頭昏目眩，暈倒於地；重則立即斃命，無藥可救。這是因耳筋通達於腦府，而相距又極近之故。此法非萬不得已勿使，不可濫用。

2. 拿太陽法

如與敵對面而立，可撐開左手之虎口，乘其不備，卡住其前額，以大拇指按住其左太陽穴，中、食二指按住其右太陽穴，且用力攏之。

太陽一經拿住，即不能自持，輕則昏厥，重則殞命。這是因此穴居前頭骨之翼縫中，稍被擠壓，便會直接影響腦部的緣故。切記，此法不可濫用。

3. 拿前頸法

如與敵對面而立，可撐開左手之虎口卡其頸，以大拇指按其左前頸筋，中、食二指按住其右前頸筋，用力拿之。如在敵背後，可依背後拿耳根之法。

前頸被拿，雖不致死，但亦可致昏厥。這是因前頸之

筋，上達腦際，且此處氣食二管受到壓迫，呼吸即不暢通之故。

4. 拿後頸法

如在敵背後，視具體情況，或用右手，或用左手大、中、食三指按住其頸椎左右之闊筋，用力拿之，後頸被拿，輕則昏厥，重則傷及內部，且可使頸椎脫節而致死。此法一定要慎重使用。

5. 拿前肩法

如與敵對面而立，欲拿其左肩，可屈右手大、中、食三指成鷹爪狀，以中、食二指插入敵肩井之中，大指則在前肩骨下摳入，三指用力將其骨扣住。此即俗稱鎖琵琶之法。欲拿其右肩，則出左手三指，依法拿之。欲拿其雙肩，則兩手齊發。

前肩被拿，即感筋骨酸麻，甚至手臂的活動能力會完全喪失。

6. 拿後肩法

如在敵背後，欲拿其右肩，可屈右手大、中、食三指成鷹爪狀，以中、食二指插入敵之肩井，大指則從肩胛骨狹端下面骨縫中摳入，用力拿之。欲拿其左肩，則出左手，依法拿之。欲拿其雙肩，則兩手齊發。

後肩被拿，必感酸麻不堪，甚至手臂完全喪失活動能力。

7. 拿外肩法

如與敵對面而立，欲拿其左肩，可以右手大拇指按其肩尖前面之骨縫，中、食二指按其肩尖後面之骨縫，用力拿之。欲拿其右肩，則用左手。如在敵背後，欲拿其右肩，可

以大拇指按其肩尖後面之骨縫，中、食二指按其肩尖前面之骨縫。用力拿之。欲拿其左肩，則用左手，方法同右手。無論前後，皆可雙手並拿。

外肩被拿，可使臂膀活動能力喪失，重者可致肩臂脫臼。

8. 擒拿大臂法

如與敵對面而立，欲拿其左臂，可疾出左手握住敵左腕或小臂，並使其伸直；同時右手大、中、食三指成鷹爪狀，直插其腋下，以大指按住其腋窩，中、食二指按住大臂外側之上骨端下面，用力拿之。欲拿其右臂，則兩手易位即可。此法著力之處，完全在於大拇指，中、食二指不過起攏輔作用。

至於拿大臂下部，手法亦無大異，只是拿手下移，而攏其大臂中部之鼠蹊筋，即俗稱老鼠肉處。此筋為臂部之主筋，一受束縛，全臂即失去活動力量。

9. 擒拿肘節法

如與敵對面屈臂而立，欲拿其左肘，則以右手大、中、食三指成鷹爪狀，從下綽起，拿其左肘節兩側，大指在外，中、食二指居內，皆按準骨縫，用力拿之。欲拿其右肘，則以左手依法施之。

如敵對面直臂而立，欲拿其左肘，可用左手擒住其左腕或小臂，而右手大、中、食三指成鷹爪狀拿其肘節，大指按於肘彎中央凹陷處，中、食二指按於肘節鷹嘴骨縫中，用力拿之。欲擒拿其右肘，則兩手易位即可。

肘節被拿，臂部活動能力則完全喪失，重者可使肘關節脫臼。

10. 擒拿小臂法

如與敵對面而立，欲拿其左小臂，可出右手大、中、食三指抓之，大指按住小臂內側，中、食二指則於外側摳住尺、橈二骨之空隙，用力拿之。欲拿其右小臂，則用左手依法拿之。如在敵背後，亦可依法拿之。如擒拿併用，則以另一手助而擒之，方法與擒拿大臂一樣。

小臂被拿，整個臂部會覺酸麻不堪，如拿之過重，可致尺、橈2骨分離，成為殘疾。

11. 拿手腕法

此法可分為側拿與正拿兩種。側拿是拿腕骨與掌骨及小臂骨兩側之關節，正拿是拿手腕之脈關。

如與敵對面而立，欲側拿其左腕，可用右手大、中、食三指捏住其腕，大指在內側，中、食二指在外側，皆扣骨縫，用力拿之。欲拿其右腕，則以左手依法拿之。欲正拿其左腕，可以右手大指按住其脈關，中、食二指扣住其腕背。欲拿其右腕，則以左手依法拿之。

手腕被拿，整個臂部會覺酸軟無力，脈關被按，可致人暈倒，重者且有生命之憂。

12. 拿腰肋法

如與敵對面而立，欲拿其左肋或左腰，可出右手大、中、食三指，大指在前，中、食二指在後。欲拿其右肋或右腰，則以左手依法拿之。

如在敵背後，可以右手拿右肋或右腰，左手拿左肋或左腰，手法與上述相同。

因腰肋為人身緊要之處，故拿人以不拿此部位為佳，萬不得已而用之，落手亦宜從輕。

13.擒拿腿骱法

如敵對面而立，且兩腿伸直，欲拿其左腿骱，可出右手，張開虎口卡住其大腿上部，大指按其內側骨縫，中、食二指按住其外側骨縫，用力拿之。欲拿其右腿骱，則以左手依法拿之。如敵抬左足踢來，可以左手抓住其小腿，同時出右手大、中、食三指，抓住其大腿骱，依前法用力拿之。如敵抬右足踢來，可左右手易位，依法拿之。

腿骱被拿，非但一腿失其力，且足以使全身受影響。

14.擒拿大腿法

如與敵對面而立，欲拿其左腿，可出右手，張開虎口卡住其腿，大指按住內轉股筋，中、食二指按住外轉股筋，用力拿之。欲拿其右腿，則出左手，依法拿之。如敵抬左足踢來，可用左手擒住其小腿，同時右手依上述手法拿之。如敵抬右足踢來，則可左右手易位，依法拿之。

15.擒拿膝蓋法

由於膝關節結構緊湊，臏骨（膝蓋骨）又被包在韌帶中間，所以施膝蓋拿法就應在其特殊的活動部位下手。一般在膝屈之時宜用單手拿，而在膝伸直時則宜擒拿併用。如敵飛右足踢來，欲拿其膝蓋，可先用右手擒住其脛或小腿，拽之使直，同時用左手拿其膝側面。大拇指和中、食二指分別向其內、外側骨縫間搵入，用力拿之。如敵舉左足踢，即換用左手擒住，右手拿之。如敵直立，則用單手拿法。其方法參見擒拿大腿骱法。一般擒拿這一部位，如方法和力量適宜，可使對手喪失反抗能力。

16.擒拿膝彎（膕窩）法

拿腿彎的手法有兩種。其一，拿膝彎的中央，即腓骨與

大腿骨接合處；其二，拿膝彎兩外側韌帶。如敵飛起右腳踢來，欲拿其膝彎中央，可先用右手擒住其脛或小腿，同時左手三指從側攔入拿之，大拇指居上按住其膝蓋骨，中、食二指在下，摳在骨縫中間，用力拿之。如想拿其韌帶，則左手自下綽起，大拇指居外側，中、食二指居內側，用力拿之。如敵飛左足踢來，可用左手擒住，用右手依上述方法拿之；如敵直立，拿其膝彎或韌帶，可從側面取之，其手法與以上各節單拿法相同，但此處較膝蓋易拿。

17. 擒拿小腿法

擒拿小腿有拿筋拿骨兩種手法。扣其後面主筋而使腿部失其力量，是拿筋之法。扣脛骨腓骨中間空隙使其腿失去抵抗力，是拿骨之法。如敵飛起右腳踢來，欲拿其筋，可先用右手擒住其脛，同時發左手以大拇指按住脛骨上面之中部，中、食二指摳其主筋，用力拿之；如欲拿其骨，則左手從下綽起，搭住其兩骨的空隙，大指居外側，中食二指居內側，用力拿之。如敵飛起左腳踢來，則用左手擒，右手拿，方法同上。如敵直立，可用單手拿，其手法完全不變，只是不用擒手。

對這一部位不論拿筋，還是拿骨，一旦拿中，可使其喪失活動能力，必被制服。

18. 擒拿踝骨法

由於踝骨在身體下部，所以在敵舉足踢來之時，用單手拿較為有利。如俯身去拿會受制於人。其手法亦分拿筋和拿骨兩種。

如果敵飛起左腳踢來，宜稍避其鋒芒。同時將右手從下面綽起，抓其凹陷間之骨縫。大拇指居內側，中、食二指居

外側，用力拿之，這是拿骨。若想拿筋，則讓過其左足以後，就將右手三指從側面攔入，抓其脛前後部。大拇指居上拿住主筋，中、食二指在後輔助，用力拿之。如敵起右足踢來，則用左手依上法拿之。

這一部位雖然小，但被拿住可使其全腿失去抵抗力。

19. 擒拿足心法

足心的湧泉穴屬死穴。所謂氣血之所繫，百脈之中樞。如被拿住，穴道封閉之後，輕則限期取命，重則立刻身亡，藥石皆不可救治。

擒拿足心主要用單拿。如敵起腳踢來，無論左右，可任舉一手從橫側攔入，用大拇指按住其湧泉穴，中、食二指緊扣足背，用力拿之。如果敵穿鞋，因鞋底阻隔，要求功力能透內部，才能有效。

按點穴法中氣血流注的順序推，每當亥正時分，氣血之頭就注入湧泉穴，亥時末刻氣血出宮而行入別穴，此穴始空。所以，在亥正時候切忌施用此法，免傷人命。如果在亥正之後施用此法，雖不制人死命，亦可使人酸麻無力，甚至肢體殘廢。

20. 擒拿足背法

足背上的穴位較多，但位於拇趾之後，第一蹠骨與第二蹠骨之間的太衝穴尤為重要，是制暈穴。當氣血循行此處，忽被人點拿閉住，可制人暈厥。

擒拿足背方法與拿足心相似。如敵使左足踢來，可用單拿法，先避其鋒芒，然後使左手向其左足內側攔入。以三指搭住其足，大拇指在足底，中、食二指在足背按於太衝穴上，用力拿之。如敵使右足踢方法亦然。

用此法拿時，若氣血正注於此穴，可以使敵立刻暈厥。若拿時為空穴，亦可使其足失去活動之力。這些都是以巧力取勝之法，但死穴切戒濫用。

二、擒拿十八法

歌訣曰：

> 短兵相接卸械甲，一呼一吸霎間差。
> 招勢應變更迅疾，鐵人銅骨可焚化。
> 征拿生擒狂暴客，不出少林十八法。
> 鎖扣切壓撑裹繞，點拿纏踩絆跪掐。
> 更使踢靠甩撞勢，渾身皆釵鈎紅花。
> 唯有普照多一招，玉顧碰破金石塔。

擒拿十八法包括鎖法、扣法、切法、壓法、撑法、裹法、繞法、點法、拿法、纏法、踩法、拌法、跪法、卡法、踢法、靠法、甩法、撞法。

1. 鎖　法

即用手腳或擋或壓，以制約住對方。鎖法分左鎖、右鎖、上鎖、下鎖、全鎖五法。

左鎖即出右手打對方，而用左手鎖住對方，以防止對方反擊。右鎖與左鎖只是左右手互換，方法一樣。上鎖即用足踢對方要害，用手鎖住對方，防止反擊。下鎖即用兩手去打擊對方，而用足踢鎖住對方。全鎖係兩腿以子午馬椿勢，兩手以金交剪之勢，死目盯注，全身戒備，鎖住敵方。

2. 扣　法

即由上向下翻轉扣打。多用於與敵交手中反向下打，或擊對方踢來之足。

3.切　法

即指縱劈（縱切）、橫劈（橫切）等法。縱切多用於切劈對方腕部、肘部、肩部；橫切多用於閃身反切對方側腹部、側頸部、外肩部等。

4.壓　法

也叫蓋法。多用掌、拳、前臂或軀幹壓蓋住對方，使其失去抵抗能力，如掌壓掌、拳壓腕、拳壓拳、拳壓前臂、軀幹壓軀幹等。

5.擰　法

即外撇法，又叫卸臂法。如敵方使沖天炮或取咽喉或擊胸部時，可速出雙手，一手拿其肘，一手抓其腕，向外用力擰，以卸對方臂膀。

262

6.裹　法

即內攔法。多用於在敵方由外向內閃擊時，抓住敵手，借其力內裹，擊其頭面部或側腹部。

7.繞　法

也叫拐法。是在擒拿受到對方攔擊時，閃身側繞以取敵方要害的一種方法。

8.點　法

即點中要害之手法。指在交手中，看準敵方要害部位，迅速點擊，以制殘敵方。

9.拿　法

即拿要害關節。若敵方出拳迎面打來，即拿其腕；若施鷂子鑽林，即拿其肘節、指節；若施飛腳撩陰，即拿其踝或脛部。

10.纏　法

即絞攔法。可以穿肘猛扣打，或勒頸、勒頭扣按，或勒腰纏打。

11. 踩　法

即用足踩、足壓的方法克制對方。如踩手、踩胸、踩背、踩頭等。

12. 拌　法

腿法中的一種，是常用技擊法之一。在兩人搏鬥時，虛攻於上，而實攻於下，足插敵腿內側後根部，使其不能移動，再抓其上身，用力或推或壓或甩。

13. 跪　法

亦腿法之一。先將腿插入敵方腿內側後根部絆制，然後用膝蓋跪壓其膝部或陰部。

14. 掐　法

即用指掐敵方要害部位的方法。如掐喉、掐眼，以使對方斷氣、失明。

15. 踢　法

用腳踢敵方要害處，是少林腿法之一，亦是技擊的重要方法。如踢陰部、脛部。拳譜云：「下取陰處一命亡，疾彈脛骨斷當場」。

16. 靠　法

此是脫身的一種方法。用於被敵方從身後攔腰抱住時，用背部、雙肘或臀部猛力靠擊，以圖脫身。

17. 甩　法

手法之一，分甩拿和甩擊兩種。甩拿用於與敵交手時，抓住對方腕部，把握好機會，疾速向外甩，使對方倒地或臂殘。甩擊即用閃躲回身法打擊背後之敵。

18. 撞　法

即用全身力量抖勁，撞擊對方要害部位，以使其喪失抵抗能力的方法。

三、解脫三十二法

1. 掃頂手

如被敵從背後用右手抓住左肩，可以右腳邁前一步，而後突然左轉身用左掌橫擊敵之脖頸，再出左腳扣住其右腳，同時左臂屈肘頂擊其左側肋。

2. 穿纏搶眼手

如掃頂手被敵仰身避過，可屈左肘向下，以小臂伸入敵右臂下並向上挑，托其右手關節，隨之將其右肘緊緊纏住。同時出右手，以雙指直插敵之雙眼。

3. 轉身頂肘手

如右肩被敵從背後用右手抓住，可立即以左手按住其右手，身體迅速右轉，右臂屈肘，用肘尖撞擊其胸側肋骨。

4. 擔肘手

如右肩被敵從背後用右手抓住，也可速以右手握住敵之右手，同時身體迅速左轉，出左手向上托其右肘關節。

5. 搭手橫擊手

如被敵迎面用右手抓住右肩，可速出右手按住其右肘關節，同時左腳上步扣住其右腳，並出左拳橫擊其心窩。

6. 外掛插喉手

如被敵迎面用左手搭住右肩，可右手握拳屈肘外掛敵之右臂，左手成掌直插其咽喉。

7. 擰腕手

如前胸被敵從背後用右手抓住，可立即以雙手左上右下擒其右掌兩側，隨之左腳向右跨成弓步，並速轉身，雙手合力向外擰其右掌，使其右腕折斷。

8. 攬腰叉喉手

如前胸被敵人從背後用右手抓住，也可立即以右手擒其右手，並速轉身出左腳插入其右腳後。同時出左手將其攔腰抱住，右手成掌疾出，叉其咽喉，使其仰身跌倒。

9. 擒腕側摔手

如敵出手抓來，可以右手擒其右腕，左手從敵身後攬其左側褲帶，並略下蹲，用左髖關節貼其髖關節右側或髖關節接近其大腿，兩腿突然直立，左手向上扣，右手向下帶，身體往右側，以髖關節左側為支點，將其整個抱起往前摔。

10. 扯髮膝頂手

如雙肩被敵正面用雙手抓住，可速出雙手穿其兩臂間，向上抓住其頭髮，用力向下扯，並抬右膝頂其面部。

11. 拉髮叉喉手

如被敵迎面用雙手攔腰抱住，可以左手抓住敵之頭髮並向其腦後拉拽，同時右手成掌直插其咽喉。

12. 斷頸手

如被敵迎面用雙手攔腰抱住，也可以一隻手抓住敵之腦後的頭髮，另一只手按住敵之面頰，兩手同時用力扳擰其頭，使其脖勁折斷。

13. 空中叉喉手

如被敵迎面用雙手攔腰抱起，可用雙手拇指緊扣其咽喉，其餘 8 指掐其頸部，使敵至昏。

14. 偷桃手

如被敵迎面用雙手將腰及雙臂緊緊抱住，可用手反抓其下陰，或用拳背擊其下陰。

15. 抱腰扣腿手

如被敵迎面用雙手攔腰抱住，也可以雙手同樣抱住敵之腰部，同時出右腿用馬步插入敵之左腿後側，屈膝將其左腿扣住，並且用頭部撞壓其面部。

16. 插蹬擒雙手

如被敵摔倒在地，可以雙手叉其腋下或握住其雙臂，用力向頭頂上帶，同時右腿屈膝，用腳掌頂其腹部，用力向上蹬，把敵拋摔過頂。

17. 前俯抱頸手

如被敵從背後用雙手攔腰抱住，可抬雙手向後扣住敵之頸部，向前勒拽，臀部向後上頂，同時身體向前俯，必然將敵摔出。

18. 撕指手

如被敵從背後用雙手攔腰抱住，也可以雙手各抓住敵之左右拇指，用力向兩側撇；同時臀部猛力向後頂，敵必鬆手。

19. 頂踏抱腰手

如被敵從背後用雙手將腰及兩臂一起抱住，可抬腳用力跺敵之腳面，敵腳被踏痛，雙手必然鬆開。此時可速屈左肘，用力頂其心窩或肋骨，或右手速抓住其右腕，隨即右轉身，用左手抱住敵之腰部往後掃，敵必倒地。

20. 插脅手

敵欲向前攬抱時，可乘敵不備，雙手成掌用指尖插其脅

肋部。

21. 夾肋打面手

如被敵攔腰抱起,可屈肘用肘尖撞其面部,或用兩腿盤夾其脅。

22. 弓步擰腰手

如被敵從背後攔腰抱住,可用雙手抓住敵之雙手,突然成右弓步,猛力向左擰腰,敵必向右前跌到。

23. 上下變幻手

如被敵從背後用雙手將腰及雙臂一起抱住,可用頭向後撞擊敵之面部。若敵鬆手護面,即蹲成馬步,上身前俯,雙手擒住其右腳並向上提,同時臀部用力往後下坐,敵必後仰倒地,否則敵之右膝關節必斷。

24. 外格手

如敵迎面用右手來叉咽喉,可屈左臂向外格其肘彎處或前臂,同時上身稍向後仰,並以右腳彈踢其下陰。

25. 雙壓手

如敵迎面用右手來叉咽喉,可立即出左手抓住其右手外側,出右手抓住其右拇指;同時身向前俯,用雙手拇指頂其右手心,小指壓其手腕,雙手用力扳壓其右手腕,其必疼痛倒地。

26. 插腋手

如敵迎面用右手來叉咽喉,還可速出右手抓住其右手,同時身體右轉,左手成掌插其腋窩。

27. 順手抓陰手

如敵迎面用右手來叉咽喉,還可速向左閃身避開,同時出右手擒住其右腕,左手向下抓其陰部。

28. 擒手過背摔

如敵從背後用右手鎖咽喉，可在其手剛至時，立即向右轉頭，把咽喉轉到其右手肘內彎處，同時以雙手擒其右臂向下拉，臀部向後上頂，上身前俯，敵必然被摔出。

29. 下跪過背摔

若施上勢因力氣小兩腿站不穩時，可以右腿屈膝下跪，其它動作均按上勢，只要跪摔連貫，也同樣能將敵摔出。

30. 頂肘叉喉手

如被敵從背後用右手鎖住咽喉，且左手肘關節亦被其擒住，可立即用力向右轉頭，以便能夠呼吸。同時右手疊肘，用肘尖頂其肋骨或心窩，身體右轉，左腳向右腳前方上步。抬右腳踏其右腳面，右手隨之成掌叉其咽喉，或用掌根擊其咽喉。

31. 後踢撩陰腳

如被敵從背後用手鎖住咽喉，也可速用腳跟向後上撩踢其陰部。

32. 上舉下撞手

如被敵從背後用雙手壓卡住脖頸，可雙手上舉，背部向敵身前貼靠，頭便可抬高。隨之兩手握拳，屈肘下撞其臂膀，以迫其鬆手。此時可乘機轉身頂右肘，撞其心窩或肋骨。

四、擒拿十技法

少林寺僧會可、妙興大和尚精研擒拿和點穴之法，尤擒拿一術，習之純熟，技藝卓絕，凡與人交手，無不勝矣。大軍閥吳佩孚在路經中原時，曾專程來少林寺在塔林與妙興大

師較技三合，皆敗於禪師，吳伸出拇指贊曰：「少林功夫果然名不虛傳」。說罷令副官當場賜銀元 500、好馬 1 匹、槍支數十支。妙興大師合十示謝，但卻拒收禮品。此為妙興大師一段軼事。

妙興大和尚曾指出：「習擒拿之技，恩師傳十。其一，精拳集招，功防自如。其二，悉知關節，通曉筋穴。其三，抓力虎勁，一抓成擒。其四，苦習手足技能，兼練全身之功。其五，尋機快進，疾中求疾。其六，審機招變，視變應變。其七，勝則先慮敗，敗則有志勝。其八，虛實兼施，以弱勝強。其九，智技合一，酌情進退。其十，嚴守戒約，高提武德。」

1. 精拳集招　功防自如

拳譜云：「拳為諸藝之源，擒拿一術亦不例外，少室歷代宗師凡具擒拿絕技者，無不先精於拳。拳法套路之一招一勢，亦均有攻防之用，如小洪拳之餓虎撲食一招，實意是審對方之弱，以速猛進攻之勢。伸右手抓其要害，而左手端於腰間，隨時備於防護應犯。又如六合拳之『抓肩』，螳螂拳之採手等都是實戰防衛的精華絕招。故凡習擒拿之術必先苦練少林拳，若精 30 套者，可知 200～300 招之攻防技法，通百套拳者，得千招有餘也。若獲千招之驗，繼之與同道交手，推敲其實戰意義，深遠探討，取精納華，百倍苦練，久則必成高手。」

2. 悉知關節　通曉筋穴

關節乃人體百骨之牽，行動之紐也。筋穴乃人體外形之標。因二者主宰人之命脈，擒拿一術故施招於此。若招中其位，必定奏效。此可制約對方反擊之要位，輕則動作受限失

靈，重則殘廢，甚則致命。

凡習擒拿功夫者，必須悉知人體諸關節之位，又聯以何骨，傷其何損，更要通曉人體所標筋、穴、脈、門等，方能發招中位，立時擒敵。否則，不知其位，招把著空，非但不能擒敵，反會遭擒也。

3.抓力虎勁　一抓成擒

凡與人交手，無分強弱，概抓為先著。抓之其位必有力，有力則制，無力反被制。故習擒拿之術，必遵師授之法，苦練抓力。力有大小，力大施擒拿之術方有效，力小則難於制敵。如成大力，需平日多練抓硬、展彈、握重、握同道之腕，日習300餘次，10旬則成虎力，一抓即可擒敵。

4.習手足技　練全身功

拳譜云：「手為人身之矛，足為人身之馬。」此言是指搏擊中手足之重要。

在擒拿一術中，手為擒敵第一著，足為擒敵之駿馬，兩者合而為一，兼用並施，必能出招擒敵。手之常法，多見抓、卡、掐、劈、折、撅、撇、摟、掠、撩、剪、插、點、勒、拿、纏、揉、抄……。足之常法，多見踢、蹬、踹、踩、絆、彈、勾……。手足之法，其用之廣，其力之猛，其變之無常，為擒拿之極要也。故習擒拿之術者，皆應苦練手足之能，著意練力、練疾、練剛，達到力疾結合，剛柔相濟，四者納一，招到成擒。

施擒拿之術，要求手到則步到，步到則身到，頭、肘、臂、背皆用力。這除苦習手足技能之外，還須加倍苦練全身各部之功，手、足、眼、身、腦共用，智技合一，方能百戰百勝。林公詩云：

擒拿神技法如叢，手抓腳蹬百招靈。

腿步頭身隨法進，通身動處全有功。

手者抓掐搬推拉，折摵摔摟撩扛撑。

撇揉插抱搶撕拿，卡托劈打提擂封。

足者蹬踩踢絆勾，頭者撞仰擺衝碰。

身者俯仰轉側進，肘者拐壓扛別崩。

臀者坐靠摵之力，膝者跪擠斷馬行。

眼者暴怒視如殺，牙咬鼻聞耳辨聲。

通身一動皆有技，百技合一擒萬能。

此訣乃吾少林本，解透練就得真功。

若得真機切莫露，泄秘必受戒規懲。

可傳真君術一二，重在效國立勛功。

5. 尋機快進　疾中求疾

　　林公云：「擒拿制敵，貴在疾中疾。」凡與人交手，心目中必須始終念著快字。據先師擒敵之驗，要做到五快，即審勢快、出招快、上步快、變招快、撤步快。平日交手之際，兩者皆盡其快，誰快誰得機，得機必取勝。若格鬥之中，兩者都具虎勁，誰若遲一瞬，即會遭擒，誰若疾一息，則可擒人。

歌訣曰：

與雄交手莫怯膽，貴在明勢快如箭。

手快步快出招快，著點把處觀鬼顏。

若遇對角超我速，變招雙疾方避險。

若勁遜於虎豹力，智疾招纏耗虎蔫。

同道皆有降魔力，疾中求疾常勝源。

6.審機招變　視變應變

凡卓技之士，與人交手，雖勝敗無慮，卻多得技驗，獲勝敗之理。捶把之威，進招之時，快慢之速，三者僅為此技之子，而審勢辨機才為此技之母。故習此法應先從其母，而後依其子也。

林公云：「擒拿之術重在審機，機明者生法。法者即力、即勢、即行、即疾、即變也。」凡習此技者必領悟其實意。每與人交技，必先審其機，如目（表善惡）、體（測其力）、神（露其志）、勢（現招）、行（露技）、疾（映速）、變（透智）等。審明對手之實機，宜行己之良機，方能以硬對硬，以智破智，以疾超疾，以技勝技，以強抵強或以弱勝強也。

7.勝則慮敗　敗則志勝

古人云：「欲取勝應先慮敗。」擒拿之交手實戰也需循此銘言，與人交手，先慮敗，敗可戒傲，慎重迎敵，優而再優，方可保萬無一失，百戰百勝也。但縱觀武林千秋，戰無常勝，必須敗不喪志，志審神清，借力施技，避實就虛，方可敗中求勝。故尚武者立志為本。

8.虛實兼施　以弱勝強

林公常言：「與人交手要虛虛實實，實實虛虛。下虛上實巧出手，上虛下實飛禤足，左虛右實開血庫，右虛左實摘心珠，虛虛實實誘敵進，實實虛虛痹敵志。」

凡習擒拿之技者皆須牢記林公之教。如關雲長古城斬蔡陽時，雲長問道：「天下幾個汝？」蔡答：「吾一也。」雲長即大呼：「汝看後面又來個蔡陽！」蔡不知是計，扭頭望之，被雲長一刀劈於馬下。此為虛實也。凡習擊技，交手之

際，須悉解虛實之法，方能以弱勝強。

9. 智技合一　酌情進退

凡擒拿制敵者，無不具備卓技，而技又為謀所使。武技者雖以技為取勝之本，但若無智，其必成老牛反被山鷹所戲背也。因之與力士交手，故不可以笨力取勝。林公曰：「凡擒拿技士、必技卓智足，智技合一，方能手到成擒，制敵降於膝下也。」

在實戰中，智技亦有首次之分。其一，技平於己者，智高 1 寸必勝。其二，技高於己者，智高 3 寸方平，智高 4 寸能勝。其三，技低於己者，雖憑技足可取勝，但如痹志，亦可以強敗於弱，切要警惕他智也。

10. 嚴守戒約　高尚武德

林公曰：「凡吾沙門徒輩，守寺規，遵武約，德行優著者，方可授於奇技，精點正法，望成雄傑。凡亂風妄言、不孝長輩，泄私復仇，持技作盜之徒，概不收容，技不傳一也。」此亦為少林寺習武之戒規也。

273

註：林公者，即少林禪寺武術大師恆林大和尚也。俗姓宋，河南伊川宋寨人，生於公元 1865 年，光緒 3 年（1878 年）皈依少林，跟師苦習少林功夫，擅長擒拿、點穴、氣功，武藝超群。

1913 年任少林寺住持兼登封縣僧會司，後任保衛團團總。在軍閥混戰、盜匪橫行的歲月，他曾多次率僧與匪搏鬥，施展少林擒拿絕技之威，除匪患、護鄉民、衛寺院。恆林大師於 1923 年秋圓寂，葬於寺郊。四縣民眾籌資專為林公立碑頌功，豐碑今日仍存少林寺東側。

五、擒拿七十二手法

少林 72 把擒拿手法，為宋代福居禪師所創，經歷代寺僧衍習至今。72 把擒拿法，完全以抓、托、纏、扳、攪、插、點、摟、掛、鈎、壓、扣、劈、擠、撥、崩、挎、挾等18 種手法為本，而隨機應變，擒拿破敵，無不靈驗。其具體手法如下：

1. 拿雲捉月手

如敵雙手來抓面門或雙肩，可雙手向上反腕外纏，抓擰敵腕向內擰折，敵即跪地。

2. 肋下插刀手

如敵出手來抓上部，可雙手向上猛力架開敵手，回手插進敵之兩肋下，敵即會仰天倒地，或後退。

3. 走馬擒敵手

如敵出手來擊胸部，可以一手抓敵手腕，另一手壓住敵臂，上步穿敵腋下，向後摟住敵腰，即可擒敵。

4. 破腹卡倉手

如敵出手來擊胸部，可一隻手拍封敵手，同時急上步用另一手摟住敵後胯，卡擠敵肚腹，可傷惡敵。

5. 蘇秦背劍手

如敵出拳擊來，可用一隻手抓住敵手腕，向外猛擰，隨即轉身把敵小臂拉擔在己肩上（如右手抓敵右手，擔左肩；左手抓敵左手，擔右肩），向下猛壓，敵臂必斷。

6. 佛頂摸珠手

如敵來抓頭部，可雙手抓住敵之手指，低頭向下反折，敵必跪地。

7. 五剛劈樹手

如敵出拳擊來，可用一手抓住敵手腕用力擰拉，另一手成掌向被擒之臂根處猛力斬劈，敵臂即可卸。

8. 金剛劈岔手

如敵出手擊來，可用一手抓住敵手腕向下猛帶牽拉，同時另一手成掌從被擒之手的腋下向上猛力托擊，敵大臂即卸掉。

9. 玉女穿梭手

如敵出兩手撲來，可以雙手抓敵兩手腕向外猛拉，（在抓時，左手反抓敵左腕，右手反抓敵右腕）且上步分手抖勁，敵即仰天倒地。

10. 天宮賜福手

如被敵迎面抱住腰，可單臂夾住敵頭用力一擠，手扣下頜隨即向外反手一擰，敵必仰面倒地。

11. 反江扳攔手

如敵出手來擊，可用一手抓敵手腕，同時上步擋住敵之退路，另一手由敵胸前向後一扳攔，敵即被扳倒。

12. 梅花絞纏手

如敵出雙手抓來，可用左手反抓敵左腕，右手反抓敵右腕，向上一絞纏，敵即栽倒於地。

13. 張飛扛梁手

如敵出拳擊來，可用一手抓住敵手腕，猛拉擔己之肩上，使其肘尖向上，同時用手狠壓敵腕，其肘關節必脫。

14. 二郎擔山手

如衣服被敵抓住，可以一手抓住敵之手腕，並向外翻；以另一手之小臂由下向上擔挑敵肘關節，敵肘即脫。

15. 走馬牽牛手

如敵出右手來擊，可用雙手抓住敵之小臂順勢向己右側一拉，且用右腳向前猛絆敵腿，敵即會撲倒於地。左右方向相反，用法同樣。

16. 懷中抱月手

如敵出手抓胸，可雙臂向懷中一抱，握住敵手，用力下壓，反折敵手腕，敵必跪地。

17. 海底偷桃手

如敵出手猛攻己之上身，可弓身低頭閃過，隨即用一手向前抓住敵陰，向後猛拉，敵即會失去反抗能力。

18. 海底撈月手

如敵攻勢迅猛，可跳步走下盤，躥到敵近前，一手抓住褲腿用力上提，另一手推向敵胸腹，敵即仰面倒地。

276

19. 單臂摘月手

如敵出手來攻，可用一手下壓敵之來手，另一手上托敵之下頜。

20. 黃鶯固嘴手

如敵出手抱住己腰，可用一手將敵嘴部按住，並向外猛推，敵即退步鬆手。

21. 壓臂換枕手

如敵出拳擊胸，可用一手壓撥敵手，另一手成掌砍敵腦後之枕骨，其必暈倒。而再按龍泉穴即可復醒。

22. 雙刀斬鼠手

即用雙掌斬劈敵之雙臂，使敵雙手失去戰鬥能力。

23. 撩臂摜膛手

如敵以一手來擊，可用一手撩開敵之來手，另一手拳擊

敵之腋窩，敵肋必傷。

24. 走馬截氣手

如敵出右手來擊，可用右手向右下撥開敵手，同時上左步用左掌插挑敵之右肋氣門，敵必中氣難接而仰面跌倒。

25. 打馬閉血手

如敵出左手來擊，可用左手向左撥開敵手，同時上右步右掌插挑敵之血府，敵即血道阻塞，而栽倒於地。

26. 白虎望路手

如敵出雙手來抓，可用雙手下撥敵之來手，並速反掌掃擊敵人之面門，敵即後退或被重擊而倒地。

27. 羅漢捧果手

如敵出雙手抓胸，可以雙手捧敵下頜向上猛托，敵即鬆手後退。

28. 雙龍爭珠手

如敵出雙手擊己兩肋，可以雙手下撥敵之來手，並迅速上抬，雙手擊敵兩頰車，即可使敵受傷。

29. 黑虎扒心手

如敵出手來擊，可用一拳壓下敵之來手，另一拳由上向下扒擊敵人前胸正中，敵即仰面跌倒。

30. 金絲裹腕手

如敵出手抓己之手腕，可用另一手猛力拍壓擠住敵手，兩手用力向外纏擰，敵腕必傷。

31. 大力碰碑手

如敵出雙手抓肩，可以雙掌上架敵之雙手，並迅速上步用雙手推敵人胸肋，定會致敵或倒或退。

32. 仙人拔蔥手

如敵出雙手來攻，可用雙手撥開，同時進步下腰，斜身倒抱敵之腰部，向上一拔，敵即雙足離地，而後可將其摔倒在地。

33. 橫掃千軍手

如敵迎面來攻，可用臂外擺橫掃，同時用腳裡絆敵腳，敵即會跌倒於地。

34. 仙人摘桃手

如被敵迎面攔腰抱住，可用雙手按住敵之下頜與後腦，用力上扭，即會使敵鬆開雙手。

35. 老虎坐身手（1）

如被敵迎面抓住衣領，可雙手抓敵手腕下壓，同時身向後坐、拉，敵即跪於地下。

36. 老虎坐身手（2）

如被敵抓住頭或耳，可雙手反腕挾擠敵手，同時低頭擰腕，向後坐身，即可將敵拉倒。

37. 金蛇退皮手

如被敵抓住手指並向後牽，可速用另一手向敵之手腕猛力拍擊，手即可脫，而後迅速變拳反擊敵之頭面。

38. 鍾離揮扇手

如敵用掌來打面部，可用手拍擊敵之肘彎，敵即鬆勁。再迅速反崩敵之腮部，即可使敵受傷。

39. 橫斬絕氣手

如敵出一手來擊，可用一手下撥敵手，另一掌直劈敵人頸部，以使之暈倒。

40. 金龍抱柱手

如敵出雙手抓來，可用雙手上展架開敵手，隨之迅速下

蹲，用雙手抱住敵之雙腿，用力上提，且用頭或肩撞敵上身，敵必仰面倒地。

41. 童子拜佛手

如敵猛撲過來，可雙手向上拱托敵頭，同時提膝頂敵襠部，敵即會倒地或退後。

42. 破草尋蛇手

如被敵迎面抱住，可用雙手下撥分開敵手，同時提單膝頂敵襠部，敵即會退後。

43. 鐵掃浮雲手

如敵出一手擊來，可先用一手架開敵手，用另一手掃擊敵臉面耳目，以致敵迷失方向。

44. 麒麟吐書手

如敵出一手來擊，可用一手上架敵手，另一手點刺敵腋下軟肋，敵必被擊傷。

45. 毒蛇鑽腸手

如敵出拳照頭部擊來，可以一臂架住，而另一手以掌插擊敵之腹部中脘，敵定疼痛難忍。

46. 金蛇尋穴手

如敵出一手擊來，可以一手上架敵手，另一手抓住敵之衣領，向身側猛拉，敵身即會前傾，此時可速出中指，點擊敵咽喉天突穴。

47. 仆地遊龍手

如敵出雙手來擊上身，可立即屈腿下蹲，用雙手抓住其兩腳脖，向上猛提，敵即倒地。

48. 湘子挎籃手

如被敵用左手抓住肩，可用左手按擠敵抓肩之手，以另

一臂由外向上再向下向內猛反敵之手臂，以致其臂折。

49. 羅漢單掛手

如被敵用一手抓住肩，可用一肘尖下壓敵肘彎，並向外別掛，以制敵倒地。

50. 羅漢雙摟手

如雙肩被敵用雙手抓住，可以雙手摟住敵之雙臂，用力向外側掛勾，敵即被拐倒。

51. 孫臏背團手

如被敵用雙手抓住右肩，可用右手挾壓敵之左臂，用左手抓敵右臂，並速向左轉身，彎腰低頭，敵即被甩翻在地。

52. 挨身伏虎手

如敵右手出拳擊來，可用右手抓住敵手腕，同時上步用左手反推壓敵臂肘，敵即俯身倒地。

53. 撬海翻江手

如一隻手腕被敵用雙手抓住，可用另一手臂從上向下插入敵之兩臂之間，用力向上一撬，敵即會倒地。

54. 掛塌降龍手

如一隻手腕被敵抓住，可用一手下掛敵手，用另一手按住敵肩，同時用腳向後勾掛敵腿，敵即會倒地。

55. 天星落地手

如敵出一手來擊，可用一手下壓敵手，另一手成拳由上向下直砸敵頂門，可將敵擊倒。

56. 七孔流血手

如敵出雙手來擊胸部，可以雙手下封敵手，隨後兩手變雞嘴指，點擊敵之七孔流血穴（即天柱穴），可制殘敵人。

57. 鶴嘴破瓜手

如敵出手來擊，可用一手封壓敵之來勢，而另一手變鶴嘴指，直點敵神庭穴，可重擊敵人。

58. 黑蛇吐信手

如敵出一手擊來，可用一手抓住敵手，另一手成金絞剪指，直插敵之眼睛，致敵失明迷途。

59. 摧枯拉朽手

如敵出一手來擊胸部，可以一手下劈敵手，且上步踏擊敵足尖，並迅速劈擊敵之手臂，掃崩敵胸肋，可將敵擊倒。

60. 摜耳招風手

如敵出雙手來抓前胸，可用雙手下斬敵手，並迅速反轉向上變拳摜擊敵雙耳，可將敵擊暈倒地。

61. 神射金錢手

如敵出一手擊來，可用一手架開敵手，另一手成掌直推敵肋，可將敵推倒。

62. 風隨豹尾手

如敵來勢凶猛，可速側身閃過敵之來勢，隨之用右手中指扣擊敵之鶴口穴，可使敵身軟無力。

63. 打馬金鐺手

如敵出一手擊來，可用一手下封敵手，同時上步，另一手成掌，插挑敵小腹臍下氣海穴，可擊傷敵人。

64. 冷雁扭頭手

如敵出一手擊來，可用一手下封敵手，同時上步用另一手臂猛挾敵頭，並向內扭拐，敵必倒地。

65. 順手牽羊手

如敵出一手用手指來點擊，可速抓住敵手指向下沉腕，

並向身後猛力拉帶，可致敵屈膝跪地。

66. 大鵬展翅手

如敵出一手來劈頭部，可以單手架住，並速抓住敵手腕，向外反纏，再向裡向下猛拉，敵即倒地。

67. 太公擺旗手

如被敵用一手抓住胸前衣服，可一手扣住敵大拇指，反向外撅，敵身體必向外歪斜，此時再用另一手上托敵肘尖，可致敵肘脫臼。

68. 就地搬磚手

如頭被敵用手按住，可用一手抓住敵足尖，另一手抓住敵足跟，向外或向裡猛力擰轉，敵必倒地。

69. 翻扣抱腕手

282

如一隻手腕被敵抓住，可速用另一手扣住被抓之手梢，將敵手腕擠壓住，敵即難以掙脫。

70. 太祖約客手

如敵出一手擊來，可用一手握抓敵手梢，另一手握抓敵肘尖，兩手上托下壓，即可制服敵人。

71. 仙人脫衣手

如胸前衣服被敵用一手抓住，可用一手扣住敵小指向上猛撅，敵必轉身，再用足尖點敵委中穴，敵即跪倒。

72. 玉帶圍腰手

如腰被敵從身後抱住，可用頭猛力後仰，碰磕敵面，敵即會鬆手。如不鬆手，可彎腰抓起敵腿，用力猛坐，敵腿可斷。

擒拿七十二手法歌訣：

　　拿雲捉月上雲端，肋下插刀穿胸前。

烏龍擺尾上下進，走馬擒敵把敵纏。
破腹卡倉挨身擠，蘇秦背劍放在肩。
佛頂摸珠抓一把，五剛劈樹卸敵肩。
金剛劈岔托腋下，玉女穿梭拉兩邊。
天官賜福懷中抱，反江扳攔敵朝天。
梅花絞手扭敵倒，張飛扛楔擔在肩。
二郎擔山挑在臂，走馬牽牛施腳絆。
懷中抱月挾敵手，海底偷桃取中盤。
海底撈月下盤找，單臂摘月下頜端。
黃鶯固嘴封敵口，壓臂換枕頸後邊。
雙刀斬鼠敵膊劈，撩臂摜腔腋窩間。
走馬截氣右肋下，打馬閉血左肋前。
白虎望路迎面使，羅漢捧果獻佛前。
雙龍爭珠頰車輟，黑虎扒心栽胸間。
金絲裹腕順手纏，大力碰碑推迎面。
仙人拔蔥拿敵起，橫掃千軍倒街前。
仙人摘桃敵首移，老虎坐身折敵腕。
金蛇退皮反手進，鍾離揮扇用力扇。
橫斬絕氣妙法巧，金龍抱柱成力掀。
童子拜佛手腳進，破草尋蛇膝出獻。
鐵掃浮雲迷敵目，麒麟吐書肋下穿。
毒蛇鑽腸插敵腹，金蛇尋穴刺喉咽。
仆地遊龍抓敵足，湘子挎籃反手纏。
羅漢單掛拐掛敵，羅漢雙摟敵觀天。
孫臏背圍身沉重，挨身伏虎壓肘關。
攪海翻江擊肋間，掛塌降龍按敵頑。

283

天星落地砸頭面，七孔流血在耳前。

鶴頂破瓜沖鼻下，黑蛇吐信把眼參。

摧枯拉朽手腳動，摜耳招風在兩邊。

神射金錢連連中，風隨豹尾有妙玄。

打馬金鏈切敵腸，冷雁扭頭面朝天。

順手牽羊敵跪地，大鵬展翅敵身翻。

太公擺旗卸敵肘，就地搬磚踝骨斷。

翻扣抱腕敵難躲，太祖約客赴席宴。

仙人脫衣反手找，玉帶圍腰回身轉。

七十二把擒拿手，少林古寺有真傳。

六、安公擒拿六妙法

擒拿者，少林武藝之精華也。其妙在勁、在智、在目、在腦、在敏、在變，六者歸一，融為一體，貫注一點，即可出手成擒，起足破固也。

1. 勁　法

勁者乃力也，宗師皆曰，無勁者不能成擒，反被他人所擒。故習術須先習勁。其法有十：一曰常習握腕力，二曰常習彈指勁，三曰常習反崩打，四曰常習反滾臂，五曰常習抓推拉，六曰掌習打木人，七曰常習劈樹杈，八曰常習指點石，九曰常習打砂袋，十曰常習雲風手。

上曰十法，須守三則：

一則須有恆心，不可急成。循序漸進，寒暑不誤，久則必成。凡逆規亂習，又急盼數日功成者，反不成功。凡半途而廢者，不問何故，概論為愚才也。

二則須有正心。首為壯體行禪，次為應詔征賊、守院驅

盜。行外者概不施技。若有仗技欺弱，泄私復仇者皆非正心，偶有兆象立罰戒板八十，甚者立時驅之。

三則凡習此術者，動前須用吾宗藥汁浸浴手指，內服練功靈丹，或喝助功酒，一炷香後再行術。否則易傷筋骨，珠汁外溢，大損元氣，終致體殘功廢。

吾宗秘傳習功前浴手方（鐵沙掌方）、行功靈妙丹方等參見本書「練功損傷藥方」。

2. 智　法

智者乃巧（或技）也，俗語云：「有勇無智難成雄。」擒拿術藝，尤是如此。先師聚公云：

「有勁無智勁則空，擒敵不住難稱雄。

出招反被他人制，虎將亦敗草木兵。」

先師銘教，字字明節。凡習擒拿之術者，若常勝，既須有虎勁之猛，還須合智，方能接手無敵，招到成擒。

3. 目　法

目者行之燈。若無燈則路不明，何去向？何起步？何舉招？何擒狂手乎？凡與人接，首在一透千層，知其手形、知其惡善、知其強弱，而後方可定取勝之策，出制敵之招。

4. 謀略法

腦者人之帥，統領夫勁智行，謀擒敵之策。何以剛？何以柔？何以攻？何以退？何以側？何以正？其百招之變，千勢之更，擒妖拿敵，勝敗局勢，皆由腦所帥矣。

5. 敏覺法

敏者夫之知覺靈銳也。接人之機、量人技之長短，應招之損利，擒拿之法術，重在敏覺測變。

6.機變法

變者人之應變力也。與夫接手，觀其技變，隨之應變，方能勝之。

上述勁、智、目、腦、敏、變六法皆吾宗師並世代武魁擒敵拿妖之驗。吾沙門習技眾徒，須銘刻心腦，循規習之，精習六法，合六歸一。六練一體，貫注一點，施招崩勁，無不成擒取勝矣。

註：安公即子安禪師。

七、擒拿八法

八法者，即折、纏、卸、卡、撇、捽、搶、踢也。

1.折　法

凡與敵接手，疾抓其指，反勁猛拉，立時斷指也。

2.纏　法

凡與敵接手，疾抓其腕，猛勁拉纏旋扭，或左或右，或前或後，立時斷腕也。

3.卸　法

上下見招。上以掌劈肩髃卸膀，猛砍列缺卸手，縱砍曲池卸臂，橫切頰車卸下頜；下以踹蹬環跳卸胯，直踢脛中斷小腿，中踢鶴頂卸腿。

4.卡　法

勁起雙龍爪抓擠，上可卡咽斷氣，中可卡倉搗心，下可開腸破肚。

5.撇　法

亦兩手同擊之招。上可撇肘，即一手抓固肘凸，向內使勁，一手抓住手腕，向外猛撇，可卸掉手臂也。下可撇腿，

一手抓固膝臏外側向裡按，一手抓住足踝向外扭，可斷腿也。

6. 摔　法

多用抓困之法，即抓住敵之兩手，向側方勁甩，可將其摔倒。

7. 搶　法

即出食、中二指成剪勢前搶，搶咽喉、搶眼目，可制敵斷聲失明。

8. 踢　法

即抬足猛踢脛部、陰部，可制敵斷骨亡命。

上言八法，須視敵勢，辨敵陣，隨機應變，合摻六妙神訣，勁智合一，可接手拿敵。

八、擒拿卸骨十九招

287

1. 張九推碑

如敵右馬步右拳打來，可以左馬步架擋，並乘其不防，繞其胸前，側身而過，用左肘向後扛擊其左肋，而後突然轉身用雙手托住其腰下部，向前猛推，其必倒伏在地。

2. 借力卸臂

如敵右馬步，屈右肘猛然衝來，可以左馬步踏前，以右手抓住其小臂向下向後猛擰，左手抓住其肘端向上向外猛托，同時速上右腿絆住其右腿，其臂可卸。

3. 巧拿後項

虛抬右腳作踢敵左脛骨狀，如敵出左手來抓右腳，可乘其上體前俯時，右腳迅速落地，出雙手掐其項部。

4. 老婆拐籃

　　如敵跳步出右拳來擊頷部，可向外稍閃身，同時出右手插進其肘內，拐緊其肘，用力向左甩纏拐180°，再出左手由其身後抓住其左手腕，使其失去戰鬥能力。

5. 金肘破心

　　如敵右馬步，出右拳來擊頭部，可上左馬步，出右手抓住其右腕部。並乘其不防，上右馬突然鬆開右手，屈肘衝其心窩，致其仰面倒下。

6. 伏虎擒羊

　　如敵迎面前撲，出右手來抓面部，可仆步俯身閃過，待其撲空後，速起身用雙手托其腰下部並向後甩。

7. 偷取虎腿

　　如敵左馬步，出左拳來擊頭部，可以左拳虛擋，乘其不防，速轉身，抬右腿踢其膝骨，致其膝斷，癱倒於地。

8. 鳴陽取陰

　　以左馬步出左手擊敵頭部，敵若出右手攔擋，可再出右手擊打，敵若又出左手攔擋，即可鬆開手，速抬右腿踢其陰部。

9. 順勢擰繩

　　如敵抬右腿照小腹踢來，可速出雙手抓住其右腳，並用力向右下擰，致其翻身趴下。

10. 回馬取陽

　　如敵踏右馬步，出右拳打來，可虛晃一下，轉身便跑，敵若追趕，可乘其不防，猛然停下轉身用雙拳擊其腹部，致其腹痛難忍，失去戰鬥力。

11. 空城放箭

　　如敵踏右馬步，出兩手撲來，可以左手虛擋，而實抬右

腳踢其陰部。

12. 拿卸大腿

如敵抬左腿來踢膝部，可速出左手抓住其足腕，出右手托住其膝外側，並用力向外猛擰，其腿必殘。

13. 回馬望槽

如敵以惡豹勢撲來，可速向外閃身躲過，並轉身出左掌擊其腰椎，敵必撲倒於地。

14. 打破金碗

如敵踏右馬步，出右拳打來，可上右馬步，出右手抓住其大臂；出左手抓住其手腕，並向外猛擰，使其轉身，而後速出左拳擊其後腦，敵必倒地。

15. 奪臂拿耳

如敵踏左馬步，出左拳來擊頭部，可上左馬步，出左手抓住其手腕，出右手抓住其肘部，然後用力向前向下擰，致其身向前俯，即乘機用左臂壓住其手臂，以右拳擊其耳根。

16. 順風打蛇

如敵踏右馬步，出雙手來抓面部，可先用雙手擋住，再抬右腳踢其陰部，敵若轉身逃跑，可速追趕，如敵猛然停下轉身用左腳向下腹踢來，可速出右手抓住其腳，而後將其推倒在地，再跳步向前，用右拳猛擊其後心。

17. 巧拿髖胯

如敵踏右馬步，出左拳打來，可上右馬步，出左手抓住其左手腕，並用力向後甩，而後鬆手，疾速向後錯身，出左腿，絆住其左腿，以雙拳猛擊其左胯部，大腿可卸。

18. 金雞鎖喉

如敵上右馬步，出左拳打來，可上左馬步，出左拳擋

住，乘其不防，速出右手插其咽喉。

19. 文王拉杆

如敵上右馬步，出右拳打來，可上右馬步，出右手抓住其右肩，出左手抓住其右小臂，疾速向下猛拉，使其前撲，抬腳踩壓其手，同時用右拳猛擊其項，再用左手猛按其後背。

九、卸骨論

（一）卸骨基本手法

卸骨及推拿要法為捏、卸、推、揉等。

1. 捏　法

即用姆指與食、中二指，捏握欲卸之關節，用手上之巧勁，使其關節錯位脫臼，失其正常功能。

2. 卸　法

則用掌、指、拳（虎爪拳、雞心拳），擊打骨與骨的連接處，使關節歪斜錯位，失去抵抗能力。

3. 推　法

則是察其應推之骨，用兩手或一手扶住，然後視其關節之方向，或從下向上推，或自外向內推，或斜推，以使其離臼之骨復位。

4. 揉　法

即推拿按摩之法。手抵傷處下壓為按，徐徐揉轉為摩，凡僅傷筋肉而骨未斷者，可以此法施之。

學卸骨一術，需先通習人體生理解剖之學，還需練就快與準之視力，方能在擒拿格鬥中把握住戰機，抓住應卸之

骨。除此之外，每日還要多練指彈發勁、穿敲、插沙等硬功之術，以使指勁充足。

（二）卸骨招法

1. 卸下頜法

即以砍掌法猛砍敵之耳根下部，可致其下頜脫位。

2. 卸肩法

一手抓住敵之大臂，一手抓住其肘端，猛勁向外向上擰，肩即可卸。

3. 卸腕法

乘敵出拳伸臂打來之際，抓住其手腕，借其衝力向上反折，其腕可卸。

4. 卸膝法

緊靠敵之身體，將一隻腳插入其腿內側，絆住其腿，而後猛推其大腿上部，可致膝關節脫位。也可施跪膝法致其膝骨折斷。

5. 卸肘法

以右手抓住敵之左手腕部，以左手托住其肘端，左手向裡扳，右手向外擰，其肘可卸。

6. 卸大腿法

乘敵抬腳踢來時，速以兩手抓住其腳腕，猛力向外擰，使其轉身，再抬右腳猛蹬其髖關節處，大腿自然可卸。

7. 卸腳法

乘敵抬腳踢來取陰時，速以雙手抓住其腳掌，猛向外撇，或以掌狠劈其腳腕，可致其腳殘。

十、解裁十法

解裁之法亦屬擒拿之範，拳譜云：「入戰者必先慮其敗，次後慮其勝。」凡與人交手，先觀其勢，次探其招，再應其招，施靈變之法，方能取勝矣。更須功防兼備，解裁得法。能擒住對方，還得破其解裁之技，然必首先精解裁諸術，方能百戰百勝。

歌訣曰：

> 解裁十法妙無窮，雲來風吹一掃清。
> 你豹我虎雄戰傑，你高我高硬對硬。
> 你低我低地交手，左右切挫不留情。
> 你弱我施洪門技，你強我借你勁能。
> 偶遇高手圍困我，先頭後足撞踢沖。
> 擒拿切勿近沾敵，免身僵困難轉動。
> 十法敏變技智合，五行貫一勝惡風。
> 擒住歹徒莫手軟，悉解此意即宗功。

武僧前輩對於行施擒拿技法中技不得當或技弱於他人時，如何轉敗為勝，如何巧擒歹徒或被擒而須解裁之術，頗有探討。總歸十法，分述如下：

1. 高來則挑托。

2. 平來則攔格。

3. 低來則砍切。

4. 勢猛則乘其勢以猛還之。凡來勢猛者，必上部重而下部輕，可先避其勢，而後乘其虛，取側勢而擊之，無不應手而倒。所謂以猛還猛，是精熟釋家之妙用也。

5. 若來勢力強，則借其力而順勢制之。借力之法即高師

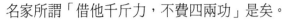

名家所謂「借他千斤力，不費四兩功」是矣。

6. 敵力勝於我，則取側鋒閃躲之。敵力強若用洪門之招，則易於被敵制而不能進退取機與變化。

7. 敵力弱於我，則踏洪門而進，名家通稱正入，此為吾宗洪門所論的上中宮。

8. 欲防敵足擊，須注意其肩窩。大凡用腿飛擊時，其肩窩必然聳起。

9. 如被敵從背後抱住，可急用半馬步，先以頭向後，撞擊敵之面鼻，因抱時彼此之頭部正對準也。若此法不中，再乘勢以足向後踢擊，以取敵之下陰部。若再不中，則吞氣一口，鼓力周身，猛起拐肘，以衝擊敵之胸肋腹部，則敵雖勇亦難支架，必退也。此為初學之解裁法。若係名家，精聽聲術者，雖在暗夜中，尚能有以自衛，不易輕為人制。即被敵制，亦能應變有方，使敵自斃。

10. 凡與敵搏，切不可用手沾實敵之手與物。不實則虛，虛則易於變化，實則難於變化。此初學者不可不知之術。若於吾宗拳術精習有得，則陰陽虛實、神變無窮。否則難得少林解裁法真傳也。

以上十法均通行之解裁術，惟有兩大端須精心求之：

一為求名家巨手之確有宗法者，悉心而學之。先練其常，後精其變。氣力交修，手足雙練。不安小就，苦求大成，循序漸進，則技純術專，自能強身濟世。此等解裁，一點即通矣。

二須自己有所悟入，始能受用人之手足，同具於天，此往彼來，舉動無甚懸殊，習之即久，始能隨機生巧，皈依精到。在學者勿騖馳虛泛，凡一切有形之手術，皆筌蹄之末技

耳。

　　澄遠禪師為吾宗技法之神手，能於百步之內令敵傾跌，莫能起立。人以為神功所致。師自言，此由平日精修純練得來，及到功夫圓滿，則神乎非神乎，自己亦莫測其妙。蓋以三十年練一印掌，初則懸薄板於壁，朝夕午頻頻遠掌心必印擊之。久則去板置有聲之物於夾壁中，習之如前。久則掌力印處，物為之應而有聲。如是由近而遠，十年則尋丈內外，人亦覺痛苦，則氣功神矣。

　　迨至勤修再二十年，雖百步內，人亦立足不住，似可謂之為神，而不得其然。實則平日精修積累而來。吾釋神通廣大，無量無力，區區小技，又何神之。特患世人不勤苦精恆以求之耳。吾實不敢以神功欺後人，效響江湖遊技之徒所為也。茲將禪師偈言記之於下：

　　　　工夫深處莫可言，可言之術皆筌蹄。

　　　　能於生死參解脫，佛法廣大正無邊。

第三節　擒拿秘傳歌訣

一、習技尚德歌

　　　　今日習武須牢記，武德為先次武藝，
　　　　學武先容別人打，腹內行舟柔肝氣，
　　　　仗技欺弱非君子，攔劫蠻橫非人矣。
　　　　今日習武須牢記，為國為民是大義，
　　　　外練筋骨健體魄，內練硬功除百疾，
　　　　武精體健神氣爍，保家衛國安社稷。

少林弟子千千萬，青勝於藍勢可喜，
繼承發展少林藝，誓當中華好兒女。

二、擒拿功志示意總訣

少林擒拿源千秋，北齊僧稠功始柔。
揭開少林秘拳譜，武功始於十八手，
三十二合十把捶，十二彈腿虎豹走，
龍飛鳳舞騰空雲，一百妙勢拿惡首，
更有七十二藝絕，三十六功越牆頭，
縱法飛上屋脊峰，十八兵器震宇宙。
夏練蒸籠冒火星，冬練冰霜凝眉頭，
立下慧可斷臂志，誓習曇宗臂懸揪，
技習月空戰寇勇，瞻榜小三勛功就。
宏志必生擒虎力，苦恆紅果彎枝頭，
真功不負有志人，白藍青紅映春秋。
英傑可注少林史，惡徒殘屍餵野狗，
即知少林功夫訣，立志苦練三十秋，
擒拿點穴卸骨秘，獻給後生練武藝。

三、點穴擒拿卸骨總訣

少林拳法威天下，巧中生妙匯精華，
短兵相接憑真藝，將遇良才鬥妙法。
擒拿對方一勢獨，飛騎伸手把他拉，
馬下勇將成降兵，一節失力則跪下。
點穴要辨對方勢，發勁指點印堂法，
點破心門敵必傷，輕易不可施此法。

295

卸骨需悉骨之位，推捏揉拿拉劈把，
未從卸他先護己，要害關鍵施絕拿。
融合各法並互用，尋機制他倒地下，
絕技僅對暴客施，若逢善弱莫出把。
少室三技莫輕傳，若失武德非真家。

四、護身訣

入陣心要沉，銳目判假真，
莫被虛玄迷，虎來莫怯心，
探兵多傳信，細辨良機晨。
退進須果斷，手足要靈敏，
退則不失眼，功則準而狠。
如力弱於他，閃躲錯身奔，
他猛虎撲來，我疾猴縮身，
他撲空而行，我縱身入雲，
伏兵擒驥馬，弱勝惡暴人。

莽豪鬥武不鬥智，文將憑智勝三分，
有智無勇非好漢，文武雙全列榜錦。

五、擒拿秘訣

單擒隨手轉，雙擒捏帶擎，
單拿手腕肘，雙拿肩腿胯。

扣指輕拿把敵傷，腕力一推我武揚。
鎖住敵人筋和骨，閉住穴門踢當場。

左手擒住右手拿，左右並用威力揚。
手法靈敏敵難躲，指勁精巧無人擋。

六、擒拿指要訣

短兵相接面對面，擒拿全憑兩隻眼，
對方地勢身姿顏，站樁欲起須詳辨，
審清敵勢量自力，靈活機變施硬軟。
敵虛虎勁推他去，敵實我虛借力源。
將遇良才虎對虎，擒拿妙術施當面。
防身兩臂護胸前，關閉陰門防下患，
上虛下實破陰泉，下虛上實卸右肩。
他變我變緊跟蹤，連環扣打莫等閒，
見縫插針取要害，破開缺口撲向前。
若遇惡撲先拿把，然後施擒一具拿，
順拿先抓節眼位，再拿硬把外搬拉，
抓拿搬拉向外撐，肉手可卸鐵人胛。

七、擒拿二十四穴歌

二十四穴法，妙在拿要把。
一法打太陽，拳中倒地下。
二通天突穴，鎖喉致昏啞。
三擊天柱處，七竅濺血花。
四打廉泉穴，絕氣一命休。
五法打肩井，可致上身殘。
六法拿臂臑，卸胛半身癱。
七法踢三里，脛骨兩節斷。

八法拿曲池，肘脫失牽連。

九法拿曲澤，胳膊兩節斷。

十法拿少海，上肢全可殘。

十一拿陽池，五指盡斷然。

十二拿陽谷，手掌失靈驗。

十三破期門，腸翻漏糞便。

十四擊章門，裂肝血滲染。

十五彈血海，暴客背朝天。

十六拿築賓，脛骨一聲斷。

十七拿公孫，歹徒失根源。

十八拿委中，敵必跪身前。

十九彈湧泉，送他三丈遠。

二十捋風底，擊中命歸天。

廿一揑脈腕，拿擒能致殘。

廿二擊巨骨，能擒彪形漢。

廿三拿鳳尾，能開鋼門栓。

廿四破精促，虎將亦閉眼。

二十四穴之位置：

1.太陽穴 在眉梢向外約 1 寸凹陷處。

2.天突穴 位於鎖骨切迹上緣處。

3.天柱穴 在項後髮際上半寸，旁開 1 寸 3 分處。

4.廉泉穴 喉結上方，舌骨下緣陷處。

5.肩井穴 第 1 胸椎之上（大椎穴）當肩峰連線之中點。

6.臂臑穴 垂臂屈肘，當三角肌止點稍前處。

7.三里穴 位於膝眼下 3 寸，兩筋中間。

298

8. 曲池穴　屈肘成直角，肘橫紋橈側盡頭處。

9. 曲澤穴　仰掌肘部微屈，當肱二頭肌下端的內側。

10. 少海穴　肘窩橫紋尺側端。

11. 陽池穴　俯掌在第 3、第 4 掌骨之上，腕橫紋盡頭處。

12. 陽谷穴　腕背橫紋尺側端盡頭處。

13. 期門穴　臍上 6 寸，旁開 3 寸半，即第 6 肋內端處。

14. 章門穴　腋中線向下，第 11 肋前端，屈肘合腋時，肘尖盡處。

15. 血海穴　屈膝，臏骨內上緣上 2 寸處。

16. 築賓穴　太谿穴上 5 寸，脛骨內緣後約 2 寸處。

17. 公孫穴　在足內側，第 1 蹠骨基底內下緣赤白肉際陷凹處。

18. 委中穴　膝膕窩橫紋之中點。

19. 湧泉穴　足掌心前 1／3，後 2／3 交界處。

20. 風底穴　位於湧泉穴後約 1 寸處。

21. 脈腕穴　手腕背部之中心，橈骨、尺骨之末，與腕骨結合之骨縫處。

22. 巨骨穴　肩井穴之外側 1 分處（肩骨與上臂骨銜接之骨縫處即肩井穴之中央）。

23. 鳳尾穴　肩胛骨縫下 3 寸，腋窩斜出處，適為第 7 與 8 肋之骨縫之間。

24. 精促穴　於鳳尾穴之下、笑腰穴之上，由腰節上數，當肋骨第 2、3 縫之間。

以上 24 穴，死暈皆有，然非萬不得已時，勿拿死穴。

八、擒拿二十部位法歌訣

短打臨前陣，擒拿惡歹人。
拿人先下手，遲慢要遭損。
少林二十法，出手辨風雲。
左手拿耳根，右手護頭身。
錯身拿太陽，嚴防腹側門。
閃電取前頸，鐵拳當矛金。
若取後頸部，箭步回馬槍。
順手拿前肩，須防下陰莊。
閃身取後肩，走馬戰當陽。
斜身拿外肩，外撇如削樑。
銀刀卸大臂，金刀守門旁。
雙手取肘節，上下撐反向。
銳刀斷小臂，須把前胸防。
返逆取手腕，城下防暗槍。
虛勢引敵人，束身取腰倉。
飛足彈風市，腿骨碎當場。
箭踢破前脛，兩拳衛腹膛。
馬踏膝蓋碎，不見足影晃。
要膝膕窩穴，閉法後追搶。
偷步喚風雷，外擺撇根樁。
他施撩陰腳，我足鑽腳尖。
他若施飛足，流星放當場。
他施撲虎勢，束身飛雷搶。
送他三丈遠，殘癱廢當場。

九、擒拿法歌

擒拿本是武中精，少林藝中稱神靈。
盯準敵人要關節，致他折臼失抵能。
乘勢尋勢施足拳，更有鷹爪捷速風。
功在刻苦千百練，悉解此意定成功。

十、三前六要歌訣

兩人來交手，勸君莫發愁，
三前與六要，深刻記心頭。
眼手腳三前，一節不能漏。
眼前拳械旋，銳目注兩頭，
手足上下來，擋躲憑眼瞅，
眼靈百合勝，目前須固守。
手前遇敵人，須把虛實究，
若虛任放過，若實虎力鬥，
可將計就計，打他尿灑流。
腳前遇敵腳，借力送客走，
避他閃躲去，回馬取咽喉。
六要沉壯明，快穩變節從。
一要心沉靜，遇敵莫驚慌，
不為虛勢痺，不怯虎勢雄，
從容迎暴客，百戰能百勝。
二要壯膽肝，遇敵不膽寒，
矗立泰山勢，壓倒萬重山，
巨功謀英氣，推出將歸泉。

三要明眼睛，細辨暴客行，
他實我躲避，他虛我猛功，
任他千勢變，難逃我手中。
四要雙手快，手隨眼風影，
身到兩手到，眼到手疾來，
打人不見手，見手非英才。
五要腳步穩，站足如生根，
轟雷擊不倒，颱風不動身，
腳隨身而行，飛腳可破陰。
六要應萬變，風雲須詳辨，
知其四方來，應其八方變，
聲東擊西陣，可迷英雄眼。
任你高將才，擒你下馬鞍，
少林交手訣，不可輕易傳。

十一、打法十六招歌訣

1. 鐵牛耕地勢

鐵牛耕地付拳短，縱步起手取虎眼，
回馬一步連環腳，青龍擺尾回身轉，
縱步蹲身臥地錘，硬崩實砸取虎眼，
雙拳連步取中間，左右斜橫連步閃。

2. 夜行擂身勢

回馬付手入反掌，提步摔驚迎面闖，
勾摟通背連三掌，挑手托肘鐵門閂，
頭錘起膝兩盤肩，大鵬挺翅回身轉，
雙手抱月取心尖，雙勾合手即收閃，

青龍擺尾鯉魚翻。

3. 金雞獨立勢

二郎擔山實不忙，金雞獨立左手央，
懷中抱月掛面腳，反身一步下底堂，
蹲身出手迎面掌，左右騙馬腿發狂，
出手拗步即雙掌，四封四閉短付長，
若能學成太祖拳，招前擋後一堵牆。

4. 轉身搏虎勢

太祖長拳真堪傳，八步六面實可觀，
七星四手居中間，左右斜步兩底然，
勢要下身法自如，左右跨虎如蹬山，
圈錘一步轉右邊，倒面參跳兩周全。

5. 騎馬變勾勢

騎馬一步用變勾，狹肋一錘即忙收，
天然一根通背骨，招前當後撞幽州，
提步回手翻身閃，雙拳護耳似蟒中，
統拳最急纏封破，穆陵關前把命休。

6. 跨步提綱勢

付住雙拳緊伏底，身出手起打對膝，
拔步纏攬靠身撞，翻進中門起頭膝，
仰面一掌打胲肘，回馬偷手走海底，
蹲身起月即參跳，翻身擺尾連步出，
左右騙馬下底勢，朝天一柱千斤舉，
翻身偷步跺子腳，一併雙錘隨腿出。

7. 高吊背弓勢

付手入拳撩陰腳，左右皆是燕子啄，

回身一步迎面罩，中身見錘急忙磕，
裡外兩門加仆按，回身轉按踩子腳，
起腿馬掌□□□，合手乒乓腳□□，
提步蹲身加參跳，身出手崩閣□□。

8. 撲腿扶巨勢

撲腿卻是盤跌勢，雙錘過腦當頂盤，
盤起左邊轉右邊，翻身拔步連環攢，
合乎一步倒提杆，崩掌纏封鐵門閂，
翻身車輪倒取卵，迎面直統頂背拳，
翻身一步再提肩，雙手入錘走趕月，
提手即忙還□□，□□□□□□□

9. 撒馬大刀勢

一併雙拳起當空，崩砸摔掠加纏封，
回身出手撩陰腳，金雞獨立取中間，
斜手只用騙馬勢，翻身偷步野雀登，
搬住腳彎破骨跌，底堂卻用兩掙掙，
中平站定連拳勢，冷似霸王硬上弓。

10. 跨馬大刀勢

出手貫來用回掌，提步回手窩肚閣，
鞭手回馬闖一步，遂手入手取乍腮，
合手採手使背劍，偷手連步手連肘，
西肮擺尾纏腰蹬，撲跌力慊藝全使，
免強鷂子翻身起，手腳任他滾跌當。

11. 撲腿盤跌勢

左右盤錘裡破膝，把步連滾翻身起，
回手一步迎面罩，野馬上槽緊伏底，

一出一入回身轉，開合收閉打對膝，
黏衣卻有十八跌，鷹拿燕雀雙手舉，
行手全憑要快妙，跌打擒拿合平理。

12. 擂錘付擋勢

出手眉頭先下掌，左右撕掠迎面闖，
迎面前手跟後手，偷手漏手疊雙肘，
黃龍翻身雙棍將，霸王拽弓入單手，
搬肩踩手忙起膝，倒提翻身回馬走，
夜夜探海手撲地，縱步起手打鎖口。

13. 夜行回手雙趕月勢

夜行回手雙趕月，採手蹬掌取膝肋，
入步蹲身破叉腿，通臂連環人人怕，
百發百中手無空，奧妙無窮隨減強，
千頭萬緒難遮擋，暗藏通臂看不徹。

305

14. 崩腿攔心勢

六回還通幾步□，前後左右皆然□，
掃堂八步滾連鑽，防備蘇秦背劍□，
左右彈馬起腿□，霸王舉弓當先□，
棍將內藏崩閣□，拳步倒轉入步□。

15. 拳入手勢

長拳入手實堪誇，韓通玄妙眼乘花，
回馬翻身撩陰腳，崩閣合手更不差，
鐵牛步□下底勢，泰山壓頂折金瓜，
蹲身龍頭心窩打，摔將一錘出取他。

16. 撲腿鞭掌勢

撲腿鞭掌下底勢，拽拳蹬盡全身力，

反身通拳迎面闖，蹲身起腿窩肚錘，

反身參跳忙收閉，轉身偷步踩子腳，

底漏尖尖加崩閣，內藏一根通臂骨。

註：文中劃「□」者為秘笈抄本缺字。

十二、擒拿七十訣

1. 正面迎賊疾應招，抓住賊手反折梢，
   兩人交手疾者得，若想解手往上挑。

2. 大意敵手進了門，疾抓其腕勁擠緊，
   另手握梢反使力，非有上托難逃遁。

3. 餓虎撲羊降雙爪，閃身疾抓敵指梢，
   順風反折一刹間，青龍翹尾禍自消。

4. 迎面撞來鐵頭功，疾撤足步抓天星，
   賊首如釘入鉗口，脫腕疾施另手崩。

5. 賊人似豹下了山，錯身飛爪偷抓肩，
   如若手梢遭反折，雙手推窗可避險。

6. 大熊出山鑽竹林，獵翁轉身抓頭筋，
   熊爪劫難反遭摔，金冠倒撞可脫身。

7. 大象搬柴連擺頭，壯獵猛插象身後，
   飛身勒鼻往後揪，非施鐵肘牙難留。

8. 偶來夜叉撞牛頭，接風抓頂時在驟，
   賊以左手來解脫，吾上左馬壓右肘。

9. 迎面偶遇大力士，青龍出海抱玉柱，
   非施金雞扭頭招，難解圍困勒身術。

10. 偶有大盜拳擊胸，雙手接應莫遲停，
    兩手上下內外勁，扭他鐵肘殘叫痛。

11.賊若偷招進抱腰，迅疾出爪掐喉哨，
　　賊若鬆手纏折腕，撩陰足起鬼狼嚎。

12.偶遇飛拳破鼻竅，閃身取其項後槽，
　　轉身推窗降臥龍，背中一捶截斷腰。

13.偶遇強盜摳鼻梁，疾抓其指反卷上，
　　折斷兩節終殘手，不用上挑必遭秧。

14.途中匆匆趕路忙，身後盜凶抓腮膛，
　　疾施羅漢後扛肘，崩穿盜心痛殘亡。

15.賊人迎面虛踢陰，實出惡爪鎖喉門，
　　不用雲手上挑勢，必然絕氣成啞人。

16.賊爪迎面來抓胸，迅疾摳指莫遲鬆，
　　若賊挑脫另手起，躍起飛腳濺血紅。

17.賊狂呈凶亮馬樁，可施盤根撩襠央，
　　賊側鐵掌猛劈打，正好乘機搬肘框。

18.賊出鷹爪抓胸倉，疾速挎肘抓腕上，
　　前壓後提兩反勁，折斷賊肘叫爹娘。

19.賊疾抓腹勢凶險，吾抓其腕托肘尖，
　　上下逆勁卸大臂，遲施纏腕必遭殘。

20.賊人抬足來破腹，疾出雙手托腿起，
　　崩使猛勁朝天舉，暴客仰面摔在地。

21.賊人出爪抓吾腕，反抓其腕向外纏，
　　賊受吾牽牛過嶺，鐵拳砸他臂殘斷。

22.迎面賊施虎撞勢，退出雙手挾脖疾，
　　內外力合猛擠壓，再施交剪定命息。

23.賊人虎爪抓臉皮，疾握其掌摳四指，
　　另手固腕錯揮斷，遲施挑招難解勢。

24.出手架住賊臂膀，巧拿其臂撐拉扯，
霎間反勁錯肘節，非施頭撞難得脫。

25.歹徒鐵拳迎胸擊，左右閃躲避峰尖，
下插鐵腳固底盤，上扭反勁纏其腕。

26.接手不懼腕被纏，疾滾搣肘莫遲慢，
再出斧掌砍賊腕，他必鬆手危轉安。

27.賊人餓虎撲食追，吾速閃身後抱腿，
縱肩扛柱投梭鏢，送他丈外朝天睡。

28.如遇賊人拳擊胸，疾施挾肘插臂中，
接勁牽臂隨滾身，其臂則斷難呈凶。

29.抓住賊人來犯手，滾臂外撐把腕揪，
猛用逆勁巧錯腕，賊叫一聲定垂頭。

30.失招跌伏倒在地，疾施插腿莫遲疑，
仰插轉側猛別勁，此名制敵剪腿技。

31.賊人凶猛剪穿肋，吾疾抓賊指反懷，
下插鐵臂逆勁挑，賊倒抬腳當胸踩。

32.賊施上勢金絞剪，吾速下擋免遭險，
側身拿賊臂雙推，疾出雙搶送丈遠。

33.夜行被賊後抱腰，吾疾取陰腿後撩，
若賊伸爪抓搬腳，身似大樑壓賊倒。

34.迎面賊拳擊前胸，吾疾挑臂鐵頭撞，
再施雙龍抱玉柱，肩扛口袋甩後牆。

35.如被賊人鬼抓頭，疾起雲掌雙托肘，
上舉霸王托頂勢，暴客低頭把招收。

36.如遭賊人標拳擊，吾疾大掌握賊手，
偷施鐵爪上托肘，卸下大臂情不留。

308

37.若遇賊人拿吾腕，疾起龍爪托頜上，
　　猛勁托擠前推窗，不施挑搶必遭殃。
38.賊人如用鬼爪襲，吾疾抓腕莫遲疑，
　　乘機轉身巧扛肘，仙人背柴拋在地。
39.賊人若施鷹展爪，吾施鐵牛耕地躍，
　　撞倉開爪下搬腳，沖頭勁崩花開早。
40.賊人若施鴛鴦腳，吾出雙手抓托牢，
　　臂隨身滾向外撐，羅漢輕身開懷笑。
41.一手若被賊抓腕，速出另手虎勁砍，
　　反掌針刺賊合谷，立時能解自安然。
42.若遇強手猛撲肩，迅疾出手壓其腕，
　　再用下實飛足招，賊必一命歸黃泉。
43.黑夜迎面遇賊犯，賊出兩手抓住肩，
　　吾架肘臂壓敵肘，猛勁一使致賊殘。
44.若被賊人迎面抱，疾施雙膝跪折腰，
　　他若滑膝我變招，猛衝鐵頭致他倒。
45.若被賊人拿住臂，迅疾搣他腕正迹，
　　猛勁逆搣必折斷，鬼哭狼嚎彎下膝。
46.若遇賊人來擊胸，迅疾抓腕快如風，
　　猛勁反折疾中疾，非施挑拳難解鬆。
47.敵若出手劈胸前，疾速反手抓住腕，
　　另手壓肘隨之轉，制敵殘肘臂癱瘓。
48.賊人飛拳擊腹前，速按其拳不可軟，
　　滾身壓肘猛使勁，霎間制敵肘臂斷。
49.賊凶驟施虎出洞，側身閃過回頭風，
　　飛腳一踹擊脊中，制其仆地定成功。

50.若賊出手來犯胸，迅疾抓腕勢要猛，
　　抖臂小纏折其腕，定聞賊之嚎叫聲。

51.迎面遭賊拳來襲，迅疾抓腕莫遲疑，
　　另手拿臂反使逆，橫搣肘拐撇斷枝。

52.賊出飛腳踢肚臍，疾出雙手抓股膝，
　　勁掐賊膝三里穴，致他腿癱倒於地。

53.若賊出手來劈胸，疾速接把抓腕中，
　　閃身撑裹錯面走，敵腕立時失功能。

54.賊若疾施虎出洞，迅疾閃身錯位縱，
　　回頭抓雁仆地勢，順勢斷頸難保命。

55.面前如遇敵猴手，可施金剪挾肘走，
　　敵若滑把則變勢，即以雙剪插咽喉。

56.賊若起腳猛踹腹，可疾抓托敵腳脖，
　　臂身隨滾擠壓膝，致他膝胯關節脫。

57.賊人迎面猛抱腰，速出龍爪卡喉哨，
　　若他崩手上挑解，再飛金剪把燈絞。

58.若被賊人拿一腕，另手疾出封喉關，
　　借力反勁力更猛，更有下實偷陰泉。

59.迎面賊施襲腕勢，迅疾挎肘向外擬，
　　勁須提撇絞滾膝，霎時卸臂鬼嚎泣。

60.賊人若施金絞剪，吾施紫燕抖翅環，
　　外合內摟聚一點，黑虎偷心一霎間。

61.賊人出招雙取眼，可疾抓指纏雙腕，
　　緊接雙起沖天炮，白馬分鬃臂定斷。

62.如若被賊抱困腰，可施摟纏樹根搖，
　　左右晃動猛前推，連根拔樹一妙招。

63.賊出右手拿肩峰，吾亦右手制敵腕，
　　疾出左手拿敵肘，驟施反勁擒虎成。
64.賊出左手拿前肩，吾亦左手卡敵腕，
　　疾出右手托敵肘，裡裏外撐敵臂斷。
65.賊若招施蛇吐信，剪指插吾咽喉近，
　　吾須疾手搣剪指，反勁卷驟功夫真。
66.賊以虛實迷吾招，偷使絆足制吾倒，
　　賊乘優勢雙卡喉，吾起禪足破金瓢。
67.賊襲陽拳取吾頷，吾須疾手來封攔，
　　抓腕托肘逆勁撐，敵臂寰間軟面前。
68.賊手雙成伏地勢，繼而縱起施足踢，
　　吾即接足掐交信，再送夜叉歸陰西。
69.如若迎面遭敵襲，一對虎爪掏心室，
　　吾疾抓敵兩手腕，先提後拉把羊牽。
70.賊以枯樹盤根勢，偷襲橫切吾胸腹，
　　吾疾驟步錯位走，回手拿耳卸面骨。

第四節　擒拿招勢圖解

一、拿法三十二招圖解

拿法三十二招歌訣

　　拿法絕招秋月傳，三十二招鎮嵩山。
　　招招降邪敗如土，征惡除暴安良善。
　　一招浪裡抛浮球，馬後掛拳陰招還。
　　二招老虎嘯出洞，老樹盤根妖火煙。

三招雙龍出海去，鬼腳穿心五腑爛。

四招向鬼撒鹽法，制伏歹徒一霎時。

五招雙手推開窗，運手排風奇招緣。

六招鯉魚纏水勢，牽牛過嶺一眨眼。

七招睡地拋刀把，冷箭射入亡陣前。

八招山中擒猛虎，始起臥地金絞剪。

九招單手斬劍勢，飛雷滾天如轟山。

十招仙人擔柴忙，一拉一挑背上肩。

十一倒截楊柳樹，夜叉漏底制人癱。

十二餓虎急退巢，猴子拉藤按襠前。

十三一字簽拳把，截虎千字不可慢。

十四盤拳劈槌勢，急上右馬疾盤拳。

十五側身掃槌架，秋風落葉倒一片。

十六羅漢忙滾臂，猛撲窮追虎下山。

十七側身上挑格，又來連環通天拳。

十八雙手車輪掌，大仙卸臂妖身殘。

十九燕子翻身抖，大聖拉身地哭天。

二十後馬護身軀，將軍帶馬制妖殘。

二十一招閃身過，猛然踢腳拋上天。

二十二招童踢球，魁星抱斗飛過鞍。

二十三招仰磕臂，二月鬼風虎推山。

二十四招盯心拳，霎間飛剪穿破眼。

二十五招山壓頂，潑水陰沉取下泉。

二十六招鳳展翅，春陽仙人來搶鑾。

二十七招盲牽驢，踏前單手露斬劍。

二十八招進沉拳，下虛上實金絞剪。

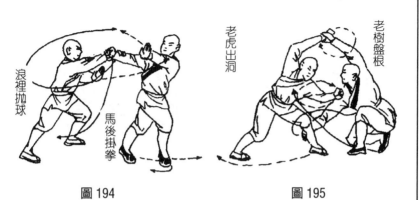

浪裡拋球

馬後掛拳

老虎出洞

老樹盤根

圖194　　　　　　圖195

二十九招手劈錘，始起餓虎爪扶攔。

三十招勢腳穿腸，禹王拔扇柱通天。

三十一招功攻字，循環連錘推開山。

三十二招返掃面，白鶴踏雪血染灘。

秋月大師拿把全，三十二招真決然。

苦練三旬藝出峰，禁對小人露半言。

1. 甲：浪裡拋球　乙：馬後掛拳

甲抬左腳向前，成左弓步，出右手擊乙，名為「浪裡拋球」。乙右腳向前，突然上體向左轉動，右手向甲右手掛拳，名為「馬後掛拳」。（圖194）

2. 甲：老虎出洞　乙：老樹盤根

甲上體右轉，出兩拳側擊乙，名為「老虎出洞」。乙上左腳，體向右轉成右跪步，出右手抓甲左小腿，左手向上抓住甲右手腕向內拉，名為「老樹盤樹」。（圖195）

3. 甲：雙龍出海　乙：鬼腳穿心

甲用右手打乙頭部，乙用左手挑起，甲又出左手搶擊乙胸口，名為「雙龍出海」。乙抬右腳蹬擊甲胸左側，名為

雙龍出海

鬼腳穿心

圖196

鬼腳穿心

向鬼撒鹽

圖197

314

「鬼腳穿心」。（圖196）

　　4.甲：鬼腳穿心　乙：向鬼撒鹽

　　甲用雙手盤開乙右腳，抬右腳踢擊乙胸部，名為「鬼腳穿心」。乙右腳後退側身，用右拳勾抽甲右腳，名為「向鬼撒鹽」。（圖197）

　　5.甲：雙手推窗　乙：運手排風

　　甲右腳下落成右弓步，出兩手推乙，名為「雙手推窗」。乙右腳後退一步，體向右轉成右弓步，出右手向外挑打甲兩臂，名為「運手排風」。（圖198）

　　6.甲：鯉魚纏水　乙：牽牛過嶺

　　甲抬左腳向右踮跳一步，成右弓步。兩手向前滾臂抓乙，名為「鯉魚纏水」。乙左腳上前一步兩手反臂抓住甲手臂，向後猛拉，名為「牽牛過嶺」。（圖199）

　　7.乙：牽牛過嶺　甲：臥地金絞剪

　　乙用右手「牽牛過嶺」拉甲。甲用右手拉住乙右手，身向後臥地，雙腳插剪乙左腳兩側緊纏，名為「臥地金絞剪」。（圖200）

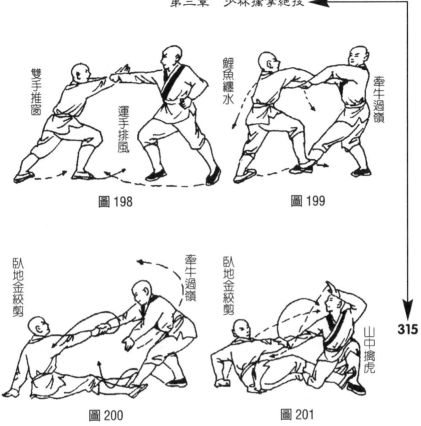

圖198　　　　　　圖199

圖200　　　　　　圖201

8. 甲：臥地金絞剪　乙：山中擒虎

　　甲右手拉住乙右手臥地，足施「金絞剪」法。乙右腳前跪，左腿屈蹲，制壓甲兩腿，又反右手劈打甲右臂，名為「山中擒虎」。（圖201）

9. 甲：單手斬劍　乙：翻雷滾天

　　甲起身左腳向前一步，出左拳向乙頸部沖擊，名為「單手斬劍」。乙起身右腳向前一步，右手反臂反掌掃住甲左拳。然後用左手向前崩打甲右臂，名為「翻雷滾天」。（圖

翻雷滾天

單手斬劍

單手斬劍

仙人擔柴

圖 202　　　　　　　　圖 203

202）

　　10. 乙：單手斬劍　甲：仙人擔柴

　　乙體向右轉，左腳上前一步，同時出右手砍擊甲頸部，名為「單手斬劍」。甲體向右轉，上左腳成左弓步，同時速用兩手抓住乙右手，然後抖肩向前拉扛乙臂，名為「仙人擔柴」。（圖 203）

　　11. 甲：仙人擔柴　乙：倒插楊柳

　　甲「仙人擔柴」，前拉擔乙右臂。乙右手用力回撤，左腳後退一步，用左手頂甲背部，名為「倒插楊柳」。（圖204）

　　12. 甲：餓虎退巢　乙：猴子拉藤

　　甲右手下沉，左肘頂乙腰部，同時兩腿下蹲，用臀部坐壓乙右腿，名為「餓虎退巢」。乙右手抓住甲腰帶回拉，名為「猴子拉藤」。（圖205）

　　13. 乙：截虎千字　甲：一字簽拳

　　乙起身，兩腿成右弓步，同時出右手搶擊甲胸左側，名為「截虎千字」。甲起身，移右腳向左轉身，同時出左拳擊

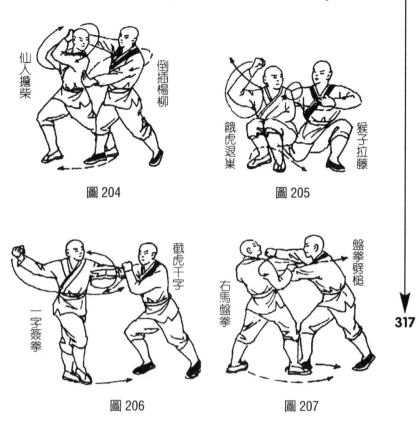

圖 204

圖 205

圖 206

圖 207

打乙右臂外側，出右拳擊打乙右臂內側，名為「一字簽
拳」。（圖 206）

　　14. 甲：右馬盤拳　乙：盤拳劈槌

　　甲體向左轉，成右弓步，出右拳盤打乙左臂，名為「右
馬盤拳」。乙左手借力盤打甲左臂，右拳崩擊甲下頜，名為
「盤拳劈槌」。（圖 207）

　　15. 甲：一字簽拳　乙：側身掃槌

　　甲上左弓步，出左拳擊乙左臂，名為「一字簽拳」。乙

圖 208

圖 209

體向左轉，屈左肘避開犯招，屈右肘扛擊甲左脅肋，名為「側身掃槌」。（圖 208）

16. 甲：猛虎下山　乙：羅漢滾臂

甲跳步向前，出兩手抓擊乙右臂，名為「猛虎下山」。

乙左腳向左跨一步，使兩腿成馬步。同時右手滾臂抖肘，擺擊甲兩手，名為「羅漢滾臂」。（圖 209）

17. 甲：連環通天　乙：側身挑格

甲兩腿成左弓步，左拳向上揣擊乙面部，右手前抓乙胸部，名為「連環通天」。乙體向右轉，右腳後退一步成左弓步，出右拳由內向外挑打格擊甲兩手，名為「側身挑格」。（圖 210）

18. 甲：雙手車輪掌　乙：大仙拿臂

甲抬右腳向前上成右弓步，速出兩手向前抓乙面部，名為「雙手車輪掌」。乙左腳後退一步，成馬步，同時出右手抓住甲右手腕向外撇，左手卡住甲右肘向內推，名為「大仙拿臂」。（圖 211）

19. 甲：燕子翻身　乙：猴子拉藤

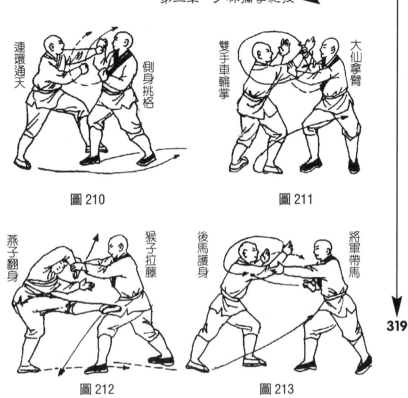

圖210　　　　　圖211

圖212　　　　　圖213

319

甲用右腳踢乙左大腿，右拳繞頭撩拳，上體右轉，名為「燕子翻身」。乙右腳後退一步，左手向前抓住甲右手腕，名為「猴子拉藤」。（圖212）

20.甲：後馬護身　乙：將軍帶馬

甲右腳下落，左腳上前一步，右掌向前撩，左手屈肘揚掌護身，名為「後馬護身」。乙左腳後退一步，出左手抓住甲右臂向懷內拉，名為「將軍帶馬」。（圖213）

21.甲：閃身踢腳　乙：將軍勒馬

甲向左閃身，並抬右腳前踢乙右大腿，名為「閃身踢

圖 214

「腳」。乙出左手拍擊甲右腳，甲出左手來擋，又出右手挑撥，乙速出右手抓住甲右手向內拉勒，名為「將軍勒馬」。（圖214）

22. 甲：浪子踢球　乙：魁星抱斗

甲收回右腳，又起右腳向前踢乙右腿脛骨，同時出左手向前推，名為「浪子踢球」。乙右腿速提膝，同時出左手向前抵抗，名為「魁星抱斗」。（圖215）

23. 甲：猛虎推山　乙：仰身磕臂

甲右腳下落，抬左腳上前一步，出兩手推乙，名為「猛虎推山」。乙上身後仰躲招，同時右拳由下向上磕擊甲右臂，名為「仰身磕臂」。（圖216）

24. 甲：盯心標拳　乙：飛剪千眼

甲上體左轉，抬右腳上前成右弓步，出右拳向前沖擊乙胸部，名為「盯心標拳」。乙抬兩腳向後倒跳一步，抬右腿提膝，同時出左手擋擊甲右拳，又出左手金剪指插甲左眼，名為「千剪飛眼」。（圖217）

25. 甲：泰山壓頂　乙：潑水陰沉

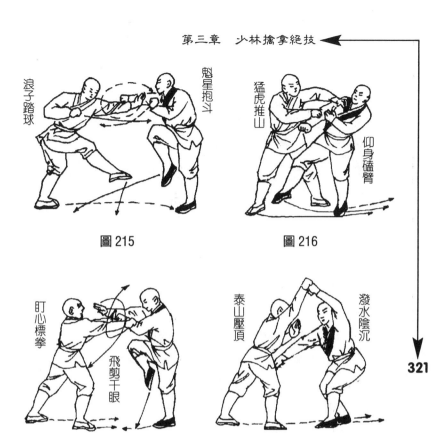

圖215　　　　　　　　　圖216

圖217　　　　　　　　　圖218

　　甲抬左腳向左踮跳一步，右腳落左腳前，成右弓步，同時抬右拳下砸乙頭頂，名為「泰山壓頂」。乙右腳下落，左腳向前半步成虛步，同時出左手向前上方擋住甲右手，再速出右拳向前下方撩擊甲陰部，名為「潑水陰沉」。（圖218）

26. 甲：鳳凰展翅　乙：仙人搶蠶

　　甲抬左腳向前上一步，體向右轉。乙左腳後退一步，同時出右手向前抓甲右手腕，名為「仙人搶蠶」。甲左拳屈肘

鳳凰展翅　仙人搶藝

瞎子牽驢　單手斬劍

圖219　　　　　　　圖220

向外展臂沉肘，砸擊乙右臂，名為「鳳凰展翅」。（圖219）

27. 甲：瞎子牽驢　乙：單手斬劍

甲體向左轉，右腳上前一步，出右手向前猛抓乙左手腕向懷內拉，名為「瞎子牽驢」。乙右腳後退一步，出右手由外向內斬砍甲頸部，名為「單手斬劍」。（圖220）

28. 甲：金絞剪勢　乙：進步沉槌

乙右腳上為右弓步，出右拳向前沖擊，名為「進步沉槌」。甲右腳後退一步，兩臂屈肘交叉夾擊乙前臂，名為「金絞剪勢」。（圖221）

29. 甲：餓虎憑攔　乙：運手劈槌

甲抬右腳向前潑踢乙腿膝，同時兩手向上撲抓甲頭面部，名為「餓虎憑攔」。乙右腳後退一步，同時出左拳向前沖擊甲面部，名為「運手劈槌」。（圖222）

30. 甲：鬼腳穿腸　乙：禹王拔扇

甲右腳下落，抬左腳速踢乙小腹部，名為「鬼腳穿腸」。乙體向左轉，左腳後退一步，同時出右手抓住甲左手

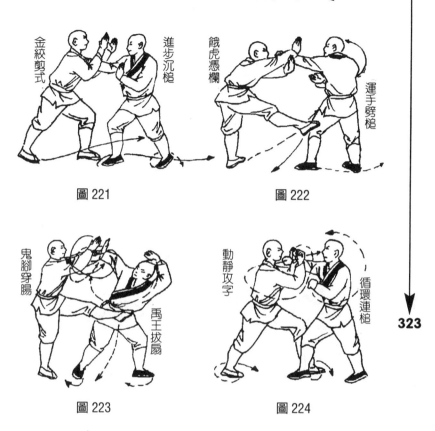

金鮫剪式　進步沉槍

餓虎憑欄　運手劈槍

圖 221　　　圖 222

鬼腳穿腸　禹王拔扇

動靜攻字　循環連槍

圖 223　　　圖 224

腕內提，抬右手護頭，名為「禹王拔扇」。（圖223）

　　31.甲：動靜攻字　乙：循環連槍

　　甲左腳下落成左弓步，同時兩臂屈肘握拳格擊乙上胸部，名為「動靜攻字」。乙體向右轉，成右弓步，先沖右拳，再沖左拳，名為「循環連槍」。（圖224）

　　32.甲：回頭掃面　乙：白鶴踏雪

　　甲兩腳碾地，體向右轉180°，突然再向左轉，兩手隨身向左掃打乙面部，名為「回頭掃面」。乙兩腳碾地，體向

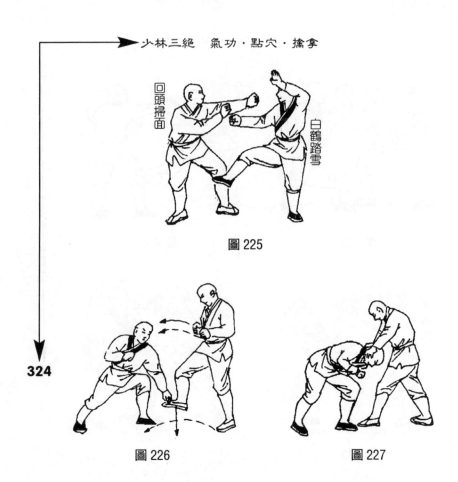

回頭掃面

白鶴踏雪

圖 225

圖 226　　　　　　　　　圖 227

右轉成右弓步，先出右拳，後出左腳，向前屈肘崩擊，名為
「白鶴踏雪」。（圖 225）

二、四十六擒拿法圖解

1.巧拿後頸

甲出右腳虛作踢乙左脛骨狀，以誘乙出左手擊甲右腳
（圖 226）。甲乘乙出左手上體前俯時，右腳落地，左腳向
前上一步，速出雙手拿住乙頸後部，用力下按。（圖 227）

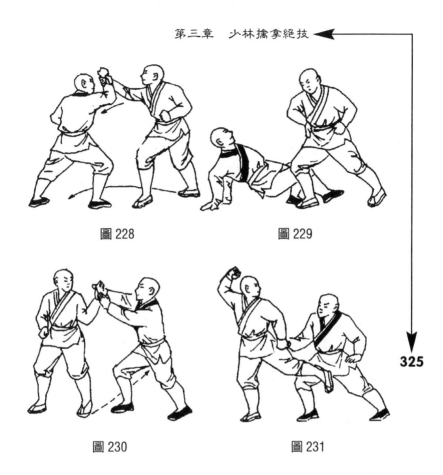

圖 228　　　　　　　圖 229

圖 230　　　　　　　圖 231

325

2. 金肘破心

乙右腳向前上步，同時出右拳擊甲頭部。甲可左腳向前上一步，出右手抓住乙右手腕部（圖 228）。而後突然鬆開右手，右腳向前上一步，用右肘端沖乙心窩，使乙仰身倒下。（圖 229）

3. 空城放箭

乙右腳上前一步，出雙手向甲撲去。甲用左手攔擋（圖230），並抬左腳踢乙襠部。（圖 231）

圖 232

圖 233

326

圖 234

圖 235

4. 手卸大腿

乙抬左腳踢甲膝部。甲可速出右手抓乙腳脖，用左拳砸乙膝蓋（圖232），並迅速變左拳為掌，用兩手向左猛擰乙左腿，使乙大腿被卸而倒地。（圖233）

5. 奪臂拿耳

乙左腳向前上一步，出左拳擊甲頭部。甲可出左手抓住乙左手腕，右手拿住乙左肘部（圖234），用勁向左下擰乙的左臂，並用左手壓住乙手臂，同時出右拳猛擊乙耳根。（圖235）

圖 236

圖 237

327

圖 238

圖 239

6. 巧拿髖胯

乙左腳上前一步，出左拳打甲。甲可用右腳上前一步，用右手抓住乙左手腕（圖 236），用勁將乙左臂向自己的左邊甩，然後鬆手，同時側身進左腿，絆住乙左腿，出雙拳猛擊乙髖胯部。（圖 237）

7. 文王拉縴

乙右腳上前一步，用右拳打出。甲可速出左手抓住乙右腕，右手抓乙右肩（圖 238），疾速向下猛拉，使乙前俯，隨即用左手拿住乙後腰，用右掌猛按乙頭。（圖 239）

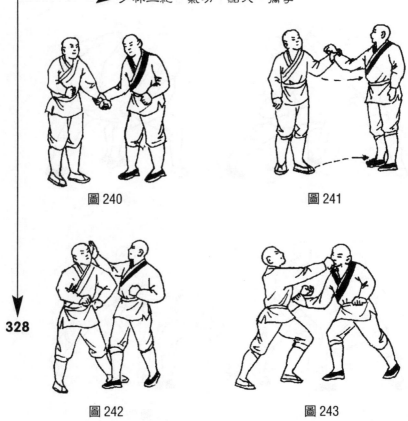

圖 240　　　　　　　　　圖 241

圖 242　　　　　　　　　圖 243

8. 上托腕

乙出右手擒住甲的左手腕（圖 240）。甲左手可速成八字掌向上崩挑，同時左肘關節彎曲，托擒乙的右手腕（圖241），並左腳向前一步，插到乙右腳後，左臂屈肘，用肘端頂乙胸部。（圖 242）

9. 擰手沖拳

乙出右手擒住甲左手腕。甲可左手變拳，迅速向回擰收，同時出右拳，猛擊乙面部。（圖 243）

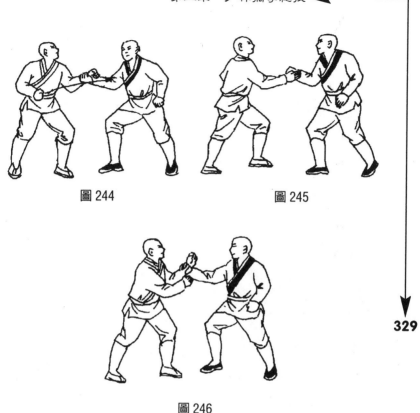

圖 244　　　　　　　圖 245

圖 246

10. 擒劈手

　　如甲用左拳打乙，被乙右手抓住手腕（圖 244）。甲可用右掌由上向下劈乙右手腕，同時左手向回收，即可脫手。（圖 245）

11. 擒挑手

　　如甲出左手被乙右手擒住，甲可用右手由下向上挑乙的右腕下側，同時左手向下甩，便可脫手。（圖 246）

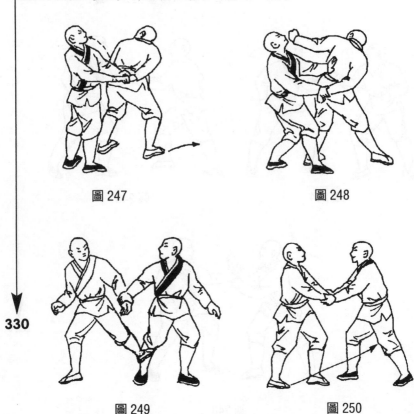

圖 247　　　　　　　　　圖 248

圖 249　　　　　　　　　圖 250

12. 轉身崩拳

乙雙手擒住甲右手，並把甲手向背後擰轉。（圖 247）甲可在被擰轉時，右腳上前一大步，把乙向前牽帶，同時疾出左拳崩擊乙面部。（圖 248）

13. 低踹腳

如甲左手腕被乙擒住，甲可疾出左腳踹乙右膝關節側彎處或膝膕窩。（圖 249）

14. 反擒踢襠

如甲的雙手被乙用雙手擒住。（圖 250）

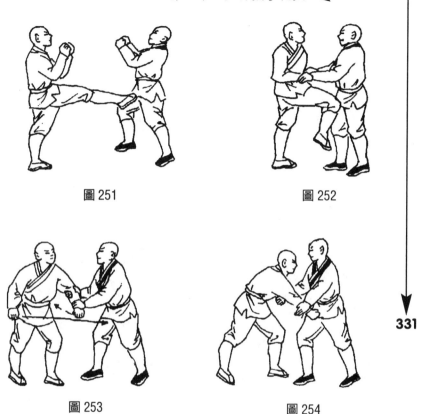

圖251

圖252

331

圖253

圖254

甲可乘乙失防下部之際，速抬右腳猛踢乙的襠部，乙必鬆手。（圖251）

15. 屈肘頂膝

如甲雙手被乙擒住時，甲可兩臂屈肘回拉，並用右膝蓋頂乙襠部。（圖252）

16. 屈肘撩襠

如甲左手臂被乙雙手擒住，（圖253）甲可左手握拳屈肘，用力從乙的雙手中抽出，右手順勢向前抓乙襠部或變拳猛擊打乙的襠部。（圖254）

圖 255

圖 256

圖 257

圖 258

17. 挑上劈下

乙右手擒住甲的左手腕，左手抓住甲的左手指。（圖255）甲可右腳上前一步，右手由下向上崩挑乙的左手腕（圖256）。但右手上挑不要太高，上挑後立即向下猛劈乙右手腕，左臂配合屈肘向上，便可解脫。（圖257）

18. 劈下挑上

乙左手擒住甲的左手腕，右手抓住甲的左手四指時，解脫方法和「挑上劈下」一樣，只是先劈下（劈左手腕）後挑

圖259

圖260

上（挑右手腕），左手配合向後下回拉即可。

19. 插腋手

甲在右手擒住乙右手時，體向右轉，左掌乘機插乙的腋窩。（圖258）

20. 上步頂肘

如乙出右拳打甲胸，甲可出右手抓住乙的右手腕，順勢向後帶，同時左腳上步，用左肘尖頂乙胸右側。（圖259）

21. 挎托肘

如乙出右拳打甲胸部，甲可用右手抓住乙的右手腕，左臂從乙右臂下向上托乙右肘。（圖260）

22. 肩擔臂

甲兩手同時擒住乙右手，體向右轉，用左肩與大臂頂托乙右肘。（圖261）

23. 手壓肘法

如乙右拳打來，甲可用右手擒住

圖261

圖262

圖263

334

乙的右手腕，再用左手壓乙的右
肘關節。（圖262）

24. 腋壓肘手

如乙出右手擊甲腹部，甲可
出右手拿住乙右手腕，左手抓住
乙的右前臂，左腳上步向右，用
左腋上臂挾住乙的前臂下壓。
（圖263）

圖264

25. 托肘踢襠

如乙右手向甲胸部打去，甲可用右手抓住乙右手固定在
胸前不放，左掌由下向上托乙右肘關節，並用左腳踢乙襠
部。（圖264）

26. 插眼踢襠

甲右手擒住乙的右手在胸前不放，疾出左手插乙的雙
眼，同時抬左腳踢乙的襠部。（圖265）

27. 雙手扳指

如乙右手向甲胸前推來，甲可用雙手抓住乙的手指，用

圖265

圖266

力向前下方扳，上身配合前俯，致乙下跪。（圖266）

28. 壓肘解胸

甲右手按住乙抓甲胸的右手，再用左手按住乙的肘關節，屈臂向下按壓，致乙下跪。（圖267）

335

圖267

29. 插喉解胸

甲右手按住乙抓甲胸的右手，並速出左掌從乙右臂上直插乙的咽喉。（圖268）

30. 外掛踢膝

如乙出左手抓甲胸，甲可速出右手按住乙左手，再用左手從乙左臂下穿過，用手或用肘彎纏住乙的前臂往左掛，同時抬右腳踢乙左膝部。（圖269）

圖268

圖 269

圖 270

31. 掃腿壓肩

（1）如乙右手抓甲胸部，甲可速用右手抓住乙右手，左手壓乙右肩，左腳往乙右腳前邊插，接著，左腿用力後掃。（圖270）

（2）乙左手抓甲胸部，甲速用右手抓住乙左手，左手壓乙左肩，左腳往乙左腳後邊插，接著，左腿用力後掃。（圖271）

圖 271

32. 轉身擰手

如乙雙手抓住甲前胸（圖272），甲可速出雙手抓住乙的左手，同時上左腳絆住乙左腳，雙手用力向外擰乙左手。（圖273）

圖 272

圖273

圖274

33.左肩被擒解法

如乙在甲後面，用右手抓甲左肩，甲可採用以下方法解脫：

（1）向左轉，同時左腳後撤，用左手臂橫掃乙頭頸部。（圖274）

圖275

（2）向左轉，左腳插到乙右腳後，絆住乙右腳，同時左臂屈肘，用肘尖猛頂乙胸肋。（圖275）

（3）急速向左轉身，同時出左手橫掃掌擊乙頸部，乙仰身避開，甲左掌越過乙頸後，突然屈肘向下繞過乙的右臂後面，緊纏並上托乙的右肘（圖276），同時以右手雙

圖276

圖 277　　　　　圖 278　　　　　圖 279

指，直插乙雙眼。（圖277）

　　（4）左手立即抓住乙右手，右腳後撤，體向右轉，右臂屈肘，用肘端撞擊乙胸肋或腋下。（圖278）

　　34.右肩被擒解法

　　如乙在甲後面，用右手抓甲右肩，甲可採用以下方法解脫：

　　（1）速出右手抓住乙右手，體向左轉，用左手向上托乙右肘關節。（圖279）

　　（2）速出右手擒乙右手腕，左手從乙身後抓乙左側腰帶，略下蹲，然後兩腿突然直立，以髖關節為支點，左手向上提，右手向下拉，猛用力把乙整個抱起來往前摔。（圖280）

　　（3）右手擒住乙右手腕不放，向左轉體，左腳往乙右腳後面插去，左肘尖用力頂擊乙心窩或肋骨。（圖281）

　　如乙在甲前面，用右手抓甲右肩。甲可速出右手抓住乙的右前臂，同時左腳上步到乙右腳後邊，左拳擊乙腹部。（圖282）

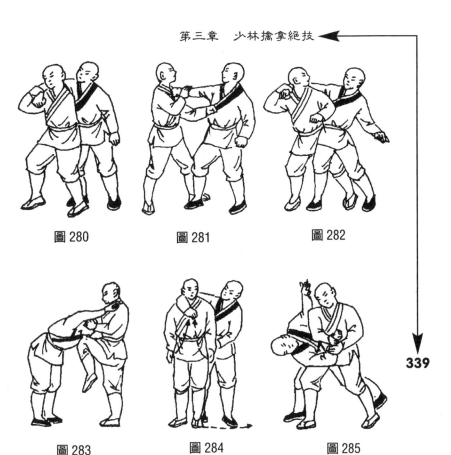

圖280　　　　　　圖281　　　　　　圖282

圖283　　　　　圖284　　　　　圖285

35. 雙肩被擒解法

　　面對面乙用雙手抓甲雙肩，甲雙手從乙雙臂中穿過抓乙兩耳，用力向下扯，同時用膝蓋頂乙的面部。（圖283）

36. 擒前胸解法

　　如乙在甲後面，用右手過甲右肩抓甲前胸，（圖284）甲可採用以下方法解脫：

　　（1）雙手抓住乙右手向外擰，同時左腳向右跨步，右腳絆住乙右腳，上體左轉。（圖285）

圖286　　　　　　圖287　　　　　　圖288

（2）右手抓住乙右手，體向左轉，左腳插到乙右腳後，左手從乙右側將乙的腰部摟住，（圖286）右手成八字掌插乙咽喉，致乙仰身後跌。（圖287）

37. 面對面上身被擒解法

如乙從對面，用雙手把甲攬腰抱住，（圖288）甲可採用以下方法解脫：

（1）左手用力推按乙面額部，右手直插乙的咽喉，便可解脫。（圖289）

圖289

（2）左手抓住乙腦後部，使勁向回拉，右手抓乙面部，並用掌心壓住乙嘴向前推，兩手同時用力擰。（圖290）

（3）如被乙抱起，可速用雙手拇指摳乙咽喉，餘指掐乙頸部。（圖291）

如乙從對面把甲上體連同手臂一齊抱住，甲可採用以下方法解脫：

（1）雙手也抱住乙的腰，並把右腿

圖290

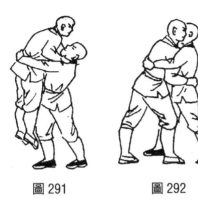

圖 291　　　　圖 292　　　　圖 293

移到乙左腿後，用頭
部側面壓乙面部，同
時上體前壓。（圖
292）

　　（2）若被乙推
向後倒地，可雙手迅
速插乙腋下向上托，
同時用左腳蹬乙腹
部。（圖293）

圖 294　　　　　圖 295

38.後面摟的解法

　　乙從後面用雙手摟住甲腰，但甲雙手仍可活動。甲可採
用以下方法解脫：

　　（1）雙手向後抱住乙的後頸部，上體前俯，用力向前
下方摔乙。（圖294）

　　（2）左手擒乙左拇指，右手擒乙右拇指，雙手用力向
左右兩側分，即可解脫。（圖295）

　　如乙從後面用雙手把甲雙臂連同上體一起摟住，甲可採

圖 296

圖 297

用以下方法解脫：

（1）用左腳跟踏乙左腳面，雙臂屈肘往上抬，即可解脫。（圖 296）

（2）用頭後部突然向後使勁撞乙面部，即可解脫。（圖 297）

39. 插喉解法

圖 298

如乙用右手插甲咽喉，甲可左臂屈肘，向外格乙右肘，同時上身後仰，抬右腳彈踢乙襠部。（圖 298）

40. 雙壓手

如乙用手抓甲頭，甲可立即用雙手按住乙的右手，同時身向前俯，頭向前低，致乙疼痛而鬆手。（圖 299）

圖 299

圖 300　　　　圖 301　　　　圖 302

41. 插腋手

如乙用右手抓甲頭，甲可出右手抓住乙右手不放，同時體向左轉，用左掌插乙腋窩。（圖300）

42. 頸部被擒解法

乙從背後用右手臂摟住甲的頸部鎖喉，甲可採用以下方法解脫：

圖 303

343

（1）頭向右轉，把咽喉轉到乙肘內彎處（免得封死），同時出右手擒住乙右手腕，左手迅速向後抓乙襠部。（圖301）

（2）頭部立即向右轉，把咽喉轉到乙肘內彎處，突然出雙手擒住乙右前臂，使勁往下拉，臀部往後頂撞，上身前俯，把乙過背掀翻摔倒。（圖302）

（3）速屈右膝下跪，上身前俯，雙手抓住乙右臂向前下拉，可將乙過背摔倒。（圖303）

圖304　　　　　圖305　　　　　　　圖306

344

（4）頭立即向右轉，左手抓住乙右手，向右轉體，用右肘尖頂乙肋骨（圖304），隨之用右腳踏乙右腳面，右手成八字掌向上插乙咽喉。（圖305）

（5）如咽喉被乙鎖住，可立即用左腳跟向後踢乙襠部。（圖306）

圖307　　　　圖308

43.雙手壓頸解法

如乙在甲後面用雙手從甲臂下穿過，往上到甲頸後部交叉握，用力壓住甲頸部，迫使甲低頭。（圖307）甲可雙臂向上舉，用背部緊靠乙前胸，頭便可抬起（圖308）。同時兩臂屈肘往上撞乙雙臂，即可解脫。（圖309）

44.上挑崩拳

如甲乙並排坐在凳上，乙右手搭甲右肩上，用左手抓住甲右手。（圖310）甲可右臂屈肘上挑，左手握拳向乙面部

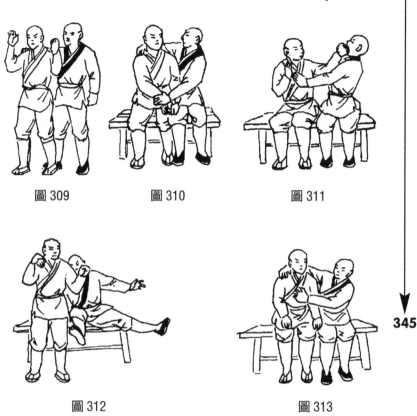

圖 309　　　　　圖 310　　　　　圖 311

345

圖 312　　　　　　　圖 313

崩打。（圖 311）

45.頂肘後掃

坐在凳子上，如乙右手搭甲右肩上，企圖搬倒甲，甲可立即出右手擒住乙右手，同時左臂屈肘，用肘尖擊乙心窩處，致乙仰身後跌。（圖 312）

46.擰腕踏胸

坐在凳子上，如乙出右手抓甲右肩，並用左手抓甲前胸。（圖 313）甲可乘乙不防，突然出雙手擒住乙左手兩

圖 314

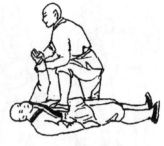

圖 315

側，用力猛擰乙左手腕，致乙仰身倒地。（圖 314）而後甲擰乙左手腕往上拉，再用左腳踏乙胸肋骨。（圖 315）

第五節　練功及損傷救治藥方

一、強身健骨、舒筋活絡藥方

1.練功洗手如意湯

【功能】：暢血順氣，舒筋靈骨，壯膽柔節。適練氣功，用於練掌。

【處方】：象皮（切片）、鯪魚甲（酒炒）、制半夏、制川烏、制草烏、全當歸、瓦松、皮硝、川椒、側柏葉、透骨草、紫花地丁、海鹽、木瓜、紅花各 50 克，鷹爪 1 雙。

將以上 16 味藥倒入瓷罐內，加陳醋 3.5 公斤，清泉水 4 公斤浸泡。一週後，加上等白酒 200 克密閉存放。每練功前取出藥汁 250 克，加沸水 1 公斤燙泡，和勻後擦洗手和臂。

2.少林運氣妙丹

【功能】：溝通氣血、調和陰陽、統攝三氣、氣隨意行。

【處方】：廣木香、海縮砂、甘草、赤降香、人參、參三七、箭芪、大熟地、小茴香各 5 克、紅花、益智仁、靈芝草、柏籽仁、陳皮各 10 克，全當歸 25 克、金瓜蔞 1 枚。

將以上 16 味藥研成細粉，用老陳醋和勻，製成綠豆大丸，晾乾，密閉瓷罐中，置乾燥處存放。每次運氣前取 20 丸，用黃酒 50 克送服。

3.練功保筋通脈法

【處方】：桑寄生、川斷、補骨脂、峰峰蛇、全蝎、虎脛骨、菟絲子、金毛狗、龍骨各 5 克。

347

將以上 9 味藥研成細末，以淡鹽開水泛和，製成碗豆大丸，用百草霜掛衣晾乾。每次練功前吞服 10 粒，再喝黃酒兩口，片刻即感百節靈活，脈順氣從，渾身輕靈，強壯有力。

4.少林練功暢通氣血方

【功能】：可舒氣血、橫順左右、上下暢通。

【處方】：生甘草、當歸、陳皮、木香、蔞仁各 5 克，生地、熟地、白朮、黃芪各 10 克，山藥 25 克、小茴香 2.5 克、敗沉香 1 克。

將以上 12 味藥研成細末，裝入瓶內密閉。每練功前用老白酒 25 克送服藥粉 10～15 克。

5.練功舒筋丹

【功能】：主治初練武所致的腰腿痛、筋傷氣滯、四肢拘攣、全身不舒等。

【處方】：當歸、舒筋草、紅花、木爪、赤芍、川牛膝各150克，防風、白芷各100克，木香、陳皮各50克，小茴香25克、制車前子10克。

將以上12味藥研成細粉，用黃米粉打糊製丸，如梧桐子大，晾乾。成人每服15克，用黃酒送下，孕婦忌用。

6. 劍仙十八羅漢練功藥酒

【功能】：調活氣血、振神舒筋、增力壯膽。

【處方】：石蘭花、人參、淫羊藿、三七、陽起石、故紙、海馬、碎蛇各25克，白芍、桃仁、杞果、金櫻子、菟絲子、杜仲各20克，青皮10克、沉香5克。

將以上16味藥，置瓷罐內，倒入上等白酒700克，密封浸泡100天，濾出酒汁即成。每日兩服，每服飲核桃大酒盅半杯。內熱邪盛者禁用。

7. 竹葉手練方

【處方】：川草烏、天南星、蓁瓦蒂、蛇床子、半夏、百部各3克，花椒、狼毒、透骨草、藜蘆、龍骨、海牙、地骨皮、柴花、地丁、硫磺各30克，青鹽120克、劉寄奴60克。（如其中某些藥缺，可用性質相仿之藥代替）

將以上藥物倒入盆中，加水、醋各5碗，在火上熬至7碗量。洗手時將藥水置爐火上，待其微溫，將手放入，熱極取出。每33日按原方更換一劑，共3劑，用百日。

8. 臂腿練功方

【處方】：紅花24克、枳殼4.5克、牛膝6克、五加皮4.5克、杜仲4.5克、青皮3克。

將以上藥物煎湯洗臂及腿。練鐵臂功、鞭勁、鐵掃帚之類時均可用之。

9. 抓鐵砂洗手法

【處方】：川烏、草烏、天南星、半夏、蛇床子、百步草、狼毒、藜蘆、龍骨、透骨草、海浮石（研末）、地骨皮、花椒、紫菀、地丁各 50 克，大青鹽 200 克、硫黃 100 克。

將以上藥物倒入盆中，加醋、清水各 5 碗，置火上熬至 7 碗量，每練功前加熱浴先 1 次。

10. 行功內壯方

【功能】：壯內資外、提高行功效果。

【處方】：藥用蒺藜（炒去刺）、白茯苓（去皮）、白芍藥（焙）、地黃（酒蒸熟）、甘草（蜜炙）、長砂（水飛）各 5 克，人參（去蘆）、白朮（土炒）、全當歸（酒洗）、川芎（醋炒）各 1 克。

將以上藥物研成細粉，蜜煉為丸，丸重 5 克。每次練功前內服 1 丸，溫開水或酒送下。

11. 行下部功蕩洗方

【功能】：調和陰陽、促進血液循環、暢通經絡、滋潤肌膚。亦可軟堅導滯、調盈守氣、益於行功。

【處方】：蛇床子、生甘草、地骨皮各等份。

將以上藥物倒入盆中，加適量水，文火加熱。每次行功前蕩洗。

12. 行五拳功洗方

【功能】：疏通氣血、養潤肌膚、調盈三氣。

【處方】：地骨皮、象皮、蒺藜、全當歸各等份，食鹽少許。

將以上藥物倒入盆中，加適量水，置火上煎熬。每次行

功前浴洗全身。

二、損傷急救方

1. 拳擊致鼻出血急救方

取鮮小薊葉數片，揉爛，迅即塞入鼻內即可止血。

又：取人頭髮一撮，燒成灰。將灰投入鼻內也可止血。

2. 拳擊致吐血急救方

生白芍 30 克、三七 0.6 克、血餘炭 9 克、梔子炭 15 克、大黃炭 9 克、炒白芍 9 克、馬燈草 30 克。

將以上藥物研成粉末內服，一次 9 克。

3. 拳擊百會穴暈倒方

附子 9 克、人參 30 克、白尤 12 克、炙黃芪 30 克、石菖蒲 9 克、蘇合香 0.9 克、乾薑薑 3 片。

將以上藥物加水煎熬成 1 碗，待溫後灌之。

4. 擊小肚致疼痛、小便尿血解救方

小薊炭 30 克、白茅根 30 克、三七 0.9 克、瞿麥 30 克、冬葵子 15 克、血餘炭 9 克、生甘草 6 克。

以上藥物加童便 1 小杯，水煎服。

5. 傷後血暈方

人參 30 克、附子 9 克。

水煎，灌服。

6. 擒拿致傷洗方

荊芥 6 克、防風 6 克、透骨草 6 克、羌活 3 克、獨活 7.5 克、桔梗 6 克、祁艾 6 克、川椒 6 克、赤芍 15 克、蓍草 15 克。

將以上藥物濃煎成湯，趁熱洗傷處，每日 3 次。專治被

擒被拿或因跌打致皮膚紅腫、隱隱作疼者。皮破流血者禁用此方。

7. 割頸斷喉急救方

割頸斷喉，急宜早治，遲則額冷氣絕。乘初割時，輕輕使其仰睡，將頭墊起，合攏刀口，將血拭去。取大雄雞1隻，迅速去其毛，生剝其皮，乘熱貼傷口，內服玉珍散，癒後雞皮自落。

8. 錘傷頭頂而致暈倒方

蘇合香0.6克、薄荷冰0.06克。

將以上藥物研為細末。用黃酒沖服。

9. 棍棒擊倒猝死方

麝香0.06克、犀角粉0.6克。

用黃酒灌服。

10. 奪命囊

麝香0.3克、冰片0.15克、生半夏3克。

共研極細末，裝入小竹囊。遇拳擊昏倒或跌落馬下不省人事者，開囊取出少許，吹入其鼻中即可甦醒。

11. 少室復生散

麝香0.3克、地鱉蟲7.5克、巴豆霜3克、蘇合香9克、自然銅（醋炒）24克、乳香（醋製）3克、沒藥（醋製）3克、朱砂3克、木香3克、血竭3克。

將以上藥物研成細粉裝瓶。

12. 鼻衄散

生梔子90克、雲南三七30克（另研）。

先取梔子炒成炭，研末，過細羅，再取三七研細，而後將兩藥摻勻，裝入瓷瓶。用於治療鼻衄不止。用時取出適量

藥粉塞入鼻孔內，然後用衛生棉堵之即可。

13. 少林行軍散（夏天用）

薄荷冰 0.3 克、柿霜 0.9 克、枳殼 30 克、藿香 30 克、胖大海 30 克、安息香 1.5 克、麝香 0.9 克、山楂 30 克、生甘草 15 克、牛黃 0.9 克、桔梗 30 克、廣木香 15 克、乾薑 6 克、制半夏 9 克、神曲 30 克。

先將草木質類藥碾碎過細羅，再將麝香、牛黃、薄荷冰、安息香分別研細，兌入調勻，裝入瓷瓶內密封。成人每服 0.3～0.45 克，用黃酒或涼開水沖服。

功能為清熱解暑、生津止渴、健胃消食、祛痰醒神。用於治療口乾舌燥、口瘡、咽喉腫痛、不思飲食、噁心嘔吐、胸悶呃逆、眩暈昏倒者。

352

據先師貞俊講，此方是歷代僧兵奉旨行軍和作戰、練武的良方。據秘方記載，明代嘉靖年間，倭寇侵擾我國東南沿海一帶，月空和尚奉旨率僧兵南征，僧兵原居北方，偶轉南方，氣候炎熱，不服水土，加上行程幾千里，所以病倒多數，月空和尚即以此法解之。

14. 解酒醉不醒方

偶有飲酒過量致醉或中毒昏迷不醒者，可用葛花 30 克、遼五味子 9 克，煎湯一碗，加灰灰菜水半杯為引，灌服，片刻即可蘇醒。

15. 落馬致氣厥急救方

麝香 0.03 克、牛黃 1.5 克、廣木香 15 克、蘇合香 15 克、冰片 0.3 克、樟腦 0.3 克、朱砂 3 克。

將以上藥物研成細末，裝瓶密閉。每服 1.5 克，用黃酒沖服。

功能為開竅、復蘇、醒神。

三、內傷醫治方

1. 小腹止痛方

當歸 15 克、元胡 9 克、川芎 9 克、香附 9 克、木香 4.5 克、赤芍 9 克、桃仁 6 克、丹參 30 克、五靈脂 6 克、生蒲黃 4.5 克。

將以上藥物加水煎服。用於小腹被擊，疼痛難忍者。

2. 擊小腹致大便下血方

生地榆 30 克、大生地 30 克、川黃連 9 克、葛根 30 克、連翹 1 把、甘草 6 克、槐花炭 15 克。

將以上藥物加水煎服。

3. 胸脅止痛方

乳香 4.5 克、沒藥 4.5 克、當歸 15 克、自然銅（醉淬 7 次）1.5 克、紅花 9 克、木香 4.5 克、鬱金 6 克、赤芍 9 克、甘草 4.5 克、血竭 1.5 克、蘇木 9 克。

以上藥物加泉水 2000 毫升，煎至 500 毫升。加童便 1 盅同服。用於胸肋被擊痛者。

外用方：麝香 0.9 克、龍腦 1.2 克、樟腦 0.6 克、輕粉 15 克。

共研成細末，撒於豬脂上敷痛處。

4. 解痛化瘀方

當歸 24 克、澤蘭 24 克、紅花 9 克、桃仁 9 克、丹皮 9 克、蘇木 9 克。

以上藥物加酒、水各 1 碗，煎至 1 碗量。用時頭傷者加藁本；手傷者加桂枝；腰傷者加杜仲、白芥子、牛膝。

5. 止血方

當歸 18 克、生赤芍 15 克、阿膠 12 克、白及 9 克、紅花 3 克、桔梗 8 克、炒枳殼 12 克、田三七 3 克、生地 15 克、黑荊芥 12 克、百草霜 9 克。

以上藥物加水煎服，紅糖為引。用於肺部擊傷，吐血不止者。

6. 下陰解痛方

當歸 15 克、紅花 9 克、虻蟲（去足、翅）1.5 克、生蒲黃 15 克、五靈脂（醋製）9 克。

以上藥物加水煎服。用於下腹被擊陰部疼痛者。

7. 消滯化瘀方

當歸 15 克、川芎 9 克、紅花 9 克、陳皮 6 克、木香 1.5 克、枳殼 6 克、桃仁 9 克、木通 6 克、乳香 1.5 克、沒藥 3 克、甘草 6 克。

以上藥物加水煎服。用於瘀血內積者。

8. 止痛散瘀方

虻蟲 5 隻、丹皮 30 克、紅花 15 克、鮮赤芍 15 克。

以上藥物加水煎湯 1 碗，兌入童便 1 杯。用於胸部被擊瘀血，下陰疼痛者。服 2 付即癒。

9. 內傷散瘀方

桃仁 9 克、紅花 9 克、赤芍 12 克、甘草 6 克、枳殼 6 克、木香 4.5 克、劉寄奴 9 克、鬱金 9 克。

以上藥物加水煎服。童便 1 杯為引，用於各種內傷。

10. 少林活血丹

紅花 30 克、桃仁 21 克、乳香（醋製）15 克、沒藥（醋製）15 克、血竭 15 克、蘇木 15 克、兒茶 30 克、當歸

尾 30 克、赤芍 60 克、元胡 30 克、麝香 30 克、梅片 6 克、朱砂 30 克、白芷 30 克、制南星 2.1 克、生甘草 27 克、大頭三七 9 克。

將麝香、朱砂、冰片 3 味取出單研，其餘諸藥一起碾碎，用細羅過後，將前 3 味藥粉加入摻勻，取黃米粉 75 克，打糊製丸，如豌豆大，晾乾裝瓶。成人每服 3～5 粒，黃酒送下，每日服 2 次，小孩酌情減之。在未製成丸以前，也可取出部分藥粉，用生芝麻油調之，敷於患處立效。用於治療拳、棍、錘、棒等一切武傷所致的紅腫、跌打損傷、金瘡出血、閃腰岔氣、血瘀作疼。

11. 少林展筋丹

當歸 60 克、川芎 60 克、紅花 75 克、桃仁 45 克、自然銅（煅透，醋淬 7 次）60 克、地鱉蟲 60 克、制馬前子 30 克、血竭 60 克、薑黃 30 克、白芷 90 克、木香 30 克、陳皮 30 克、沉香 15 克、小茴香 15 克、三七參 60 克、乳香 90 克、沒藥 90 克、赤芍 90 克、香附 90 克、兒茶 90 克、雞血藤 120 克、川烏（製）30 克、鳳仙花 60 克、麻黃 60 克、朱砂 9 克、冰片 3 克、麝香 30 克。

將前 24 味藥研細過羅，後將冰片、朱砂、麝香分別置乳鉢體內，研細兌入摻勻。再取泉水燒沸，用生甘草水泛丸，如梧桐子大，晾乾即成。成人每服 3～4.5 克，黃酒送下。孕婦禁用。用於治療跌打損傷、血瘀作疼、傷筋動骨、肢體拘攣、行動困難。

12. 順氣散

柴胡 12 克、廣木香 3 克、炒枳殼 1.5 克、陳皮 6 克、青皮 6 克、檀香 1.5 克、當歸 6 克、赤芍 9 克、香附 1.5

克、川楝子 9 克、元胡 4.5 克。

將以上藥物研成細末，每遇拳、械擊傷所致的氣滯、氣逆、氣厥、噯氣時，即服 4.5～9 克，用黃酒沖服甚效。

13. 少林保將酒

當歸 60 克、川芎 24 克、紅花 30 克、蘇木 24 克、乳香 15 克、沒藥 15 克、白芷 15 克、桂枝 9 克、黃芪30 克、木瓜 24 克、川斷 15 克、桑寄生 30 克、補骨脂 15 克、桑枝 24 克、熟地 30 克、川鬱金 9 克、桃仁 30 克、赤芍 30 克、透骨草 30 克、鹿角 24 克、白朮 30 克、太子參 15 克、木香 9 克。

將以上藥物分別搗成粗末，盛瓷缸內，兌上等白酒 4.4 公斤，將缸口用草泥封固，放通風乾燥的避光室內。每天震搖 1 次。釀製 35 天，濾出藥酒，再將藥渣用白布包之絞汁，與前藥酒混合裝瓷瓶內密封即成。每日服 3 次，每次 1 小杯，喝完速飲溫開水 1 杯，用於跌打損傷。若局部未破者，可用少量擦塗傷處。若能兌入男童便半杯，療效更佳。

14. 壯筋續骨丹

當歸 60 克、川芎 30 克、白芍 30 克、熟地 120 克、杜仲 30 克、川斷 60 克、五加皮 60 克、骨碎補 90 克、桂枝 30 克、三七 30 克、黃芪30 克、虎骨 30 克、破故紙 60 克、兔絲子 60 克、黨參 60 克、木瓜 30 克、劉寄奴 60 克、地鱉蟲 90 克。

將以上藥物研為細末，砂糖水泛丸。每服 12 克，黃酒引服。

功能為祛瘀生新、消腫止痛、舒筋活絡、接骨續筋。用於治療拳、械擊傷、跌仆摔傷、瘀血青腫、疼痛難忍、折骨

斷筋、腰腿疼痛、步履困難。凡被卸拿筋骨受傷、非洗藥所能治者，服此可見效。

15. 練功舒筋丹

當歸 90 克、紅花 90 克、赤芍 90 克、木香 30 克、防風 60 克、舒筋草 90 克、木瓜 90 克、川牛膝 90 克、小茴香 15 克、白芷 60 克、陳皮 30 克。

將以上藥物研為細粉，用黃米粉打糊製丸，如梧桐子大，晾乾。成人每服 9 克，用黃酒送下，孕婦忌用。用於治療初練武功所致的腰疼腿痛、四肢拘攣、全身不舒。

16. 活血散瘀湯

赤芍 9 克、桃仁 9 克、乳香（醋製）9 克、沒藥（醋製）9 克、蘇木 9 克、澤蘭 9 克、元胡 9 克、白芷 9 克、失笑散 4.5 克、生甘草 6 克。

每服 6～9 克，用黃酒沖服，每日 2 次。用於治療跌打損傷未破或已破的紅腫疼痛者。

17. 少林九虎丹

乳香（醋炙）90 克、沒藥（醋製）90 克、當歸 150 克、防風 90 克、生甘草 60 克、膽南星 90 克、川芎 90 克、紅花 90 克、白芷 90 克。

將以上藥物研為細粉，過羅，用黃米粉適量打糊為丸，如豌豆大，放陰涼通風處晾乾。成人每服 9 克，用黃酒沖服，每日服 2 次。忌服大蒜、羊肉。也可外敷，療效甚佳。孕婦禁用。用於治療跌打損傷、傷筋動骨、血瘀作痛、紅腫不散、閃腰岔氣、扭傷轉筋、四肢拘攣。

18. 少林平風丹

遼細辛 18 克、生白附子 21 克、全蝎 18 克、天麻 18

克、白芷 18 克、生南星 18 克、羌活 18 克、防風 21 克、珍珠（豆腐製）0.6 克、生甘草 30 克。

　　將以上藥物研為細粉（珍珠單研），混合拌勻，取全藥的一半，用冷開水泛丸，如綠豆大。每服 5～7 粒。另一半裝瓶密封，需要時取出少許用白酒調敷傷處，內外合用者甚效。用於治療金傷、破傷風。

19.少林八仙散

　　馬燈草 15 克、車前子（油炙）60 克、乳香（醋製）90克、沒藥（醋製）60 克、地鱉蟲 30 克、水蛭 30 克、麻黃45 克、梅片 30 克。

　　先將梅片研細另包，再將其餘 7 味藥碾細過羅，與梅片混合調勻，裝入瓶內密封。用時取 3 克，以黃酒沖服，日服2 次。也可用上等白酒把藥粉調成糊狀，敷於傷處，內外兼用，療效更佳。用於治療跌打損傷、落馬墜車、紅腫疼痛、血瘀發青、傷筋動骨。

　　此方是德禪法師的師父素廣大和尚秘抄保存，臨終前親手交於德禪。德禪法師用此散治療跌打損傷、閃腰岔氣、局部紅腫疼痛數百例，確有良效。

20.少林武打輕傷療治主方

　　三棱 15 克、莪朮 3 克、赤芍 4.5 克、血竭 3 克、當歸3 克、木香 3 克、烏藥 3 克、青皮 3 克、桃仁 3 克、元胡 3克、蘇木 3 克、紅花 3 克、骨碎補 4.5 克。

　　將以上藥物加水煎服。

　　根據病傷輕重酌量增加以下諸藥：

　　傷腹部加牛膝、木瓜、三七。

　　傷頭部加羌活、白芷、防風。

傷胸部加枳殼、茯苓、枳實。

傷胃部加桔梗、厚朴、菖蒲。

傷兩肋加龍膽草、柴胡、紫荊皮。

傷背部加烏藥、五靈脂、威靈仙。

傷手臂加續斷、五加皮、桂枝。

傷腰部加大茴香、破故紙、杜仲。

21. 三仙散

生甘草（去外粗皮）90克、川黃連6克、冰片少許。

將以上藥物研為細末，用時敷於患處。用於治療跌打損傷所致紅腫、傷口潰爛。

22. 壯膽散（德禪僧醫經驗方）

當歸、白朮、生地、白芍各30克，炒棗仁、炒柏子仁各15克，神曲、山楂各18克，益智仁、茯神、黃芪、天冬各12克，朱砂3克。

將以上藥物研為細粉。每服4.5克。功能為補血益氣、安神定志。用於治療面黃肌瘦、氣短心慌、不思飲食、四肢無力、失眠頭痛、神志恍惚。

23. 拳傷胸脅止痛方

桃仁6克、紅花9克、川鬱金3克、木香4.5克、蘇木9克、地鱉蟲3克、自然銅1.5克、當歸15克、川芎9克、赤芍、白芍各9克。

將以上藥物加泉水3000毫升，煎取1000毫升，加童便1杯，溫服。

24. 胸部化瘀止痛方

失笑散6克、童便1杯。

加黃酒適量沖服。

25. 止血方

牛角（燒存性）9克。

用涼開水沖服。用於上腰被拳擊而吐血者。

26. 止血方

鮮白茅根一大把。

煎湯1碗，待冷後一次飲下。用於小腹被踢而尿血者。

27. 小便止痛方

黃柏250克。

水煎，加童便1杯，一次服下。用於傷小腹致小便痛者。

28. 少林行軍散（冬天用）

荊芥30克、防風30克、白芷30克、麻黃15克、桂枝21克、羌活15克、獨活15克、當歸30克、川芎30克、乳香15克、沒藥15克、川椒4.5克、乾薑3克、炙甘草9克。

將以上藥物用水煎成稠膏，再置瓦片上焙乾，碾成細粉，每包1.5克，每日2次，每次1包，用紅糖水或薑水送服。功能為散寒祛風、舒筋活絡、通利百節。用於治療感受風寒、惡寒發燒、頭痛、鼻塞、全身疼痛、四肢拘攣、腰腿酸痛。

29. 少林解毒茶

金銀花30克、貓眼棵（新鮮）30克、翻白草1棵、生甘草2寸、白糖90克。

將以上藥物置碗內，沖入開水，加蓋泡30分鐘，然後徐徐作茶飲，次數不限。功能為清熱解毒、消腫止痛。

30. 少林消毒飲

金銀花 15 克、連翹 15 克、蒲公英 30 克、紫花地丁 15 克、鮮蘆根 3 尺、赤芍 9 克、白芷 9 克、天花粉 30 克、丹皮、龍葵各 9 克、生地 30 克、生甘草 6 克、陳皮 6 克。

將以上藥加水 3000 毫升，煎取 1000 毫升。每日服 2 次，每次用黃酒 30 克沖服，2 日漸癒。

忌大蒜、羊肉。

31. 逐毒湯方

乳香 1.5 克、沒藥 1.5 克、穿山甲 9 克、蒲公英 30 克。金銀花 15 克、黃柏 9 克、丹皮 12 克、玄參 9 克、連翹 15 克、野菊花 30 克、赤芍 15 克、皂角刺 9 克、生甘草 6 克。

煎湯，加黃酒送服。3～5 日即癒。

四、外傷醫治方

1. 金傷成瘡醫治方

輕粉 12 克、兒茶 12 克、乳香 15 克、沒藥 15 克、三七 3 克、麝香 1.5 克、梅片 1.5 克、白芷 15 克、蛤蟆墨 15 克。

將以上藥物分別研成細末和勻，用生芝麻油調敷傷處。用於治療金瘡已潰者。

全蝎、蛤蚧各等份，研細。加入紅花 15 克、野菊花 30 克，水煎。加童便 1 盅，黃酒沖服。用於治療金瘡未潰者。

2. 箭瘡醫治方

紅粉 6 克、輕粉 1.5 克、黃藻 6 克、雄黃 9 克、黃柏 1.5 克、蟾酥皮灰 1.5 克、白礬 6 克、爐甘石 3 克、梅片

1.5克。

　　將以上藥物研為細粉，撒於傷處。用於箭擊成瘡，日久不癒。若潰爛發青者，先用鹽水洗滌後，再用白礬、甘草粉和上藥撒於傷處。

　　又方：當歸24克、川芎6克、乳香9克、沒藥9克、皂角刺9克、穿山甲3克、澤蘭9克、劉寄奴9克、白薇9克、紅花9克、桃仁6克、甘草6克。

　　將以上藥物加水熬煎，黃酒沖服。若大便秘結者加大黃9克、芒硝9克。

3.毒箭傷骨醫治方

　　先取巴豆（去油）1粒、活蜣螂（去頭、足）1隻，杏仁5粒、桃仁5粒，共砸成細泥，塗於傷口周圍，誘引傷口發癢，去掉藥泥，用火罐吸其毒液。

　　再用鹽水將傷口洗1～2遍。取麝香0.3克、明礬0.6克、雄黃9克、三七6克、白芷9克、研為細末，撒於傷處。

　　次日以紅粉6克、麝香0.3克、梅片0.6克、乳香3克、沒藥3克、白芷6克、天花粉9克，研為細末，用蜜汁調成膏，敷於傷處。

　　另取當歸24克、川芎9克、金銀花15克、白芷9克、天花粉30克、透骨草15克、生甘草3克，水煎服。

4.武打損傷通治方

　　新傷者，須即服七厘散，另取其少許外敷患處。若傷7日未癒，可用行瘀活血之藥。若骨折、斷骨者，可選用少林接骨丹服之。

5. 外傷止血散

馬勃 30 克、黃柏 30 克、三七 9 克。

將以上藥物研為細末，撒於傷處。刀傷出血者用之甚效。

6. 棍傷腳面醫治方

虻蟲 5 隻、地鱉蟲 2 隻、蝸牛 2 隻、桃仁 9 克、乳香 4.5 克、沒藥 1.5 克。

將以上藥物研為細末，用生蜜調之，塗於傷處。

又方：當歸 24 克、川芎 9 克、紅花 9 克、桃仁 9 克、蘇木 9 克、生甘草 6 克、赤芍 15 克。

將以上藥物加泉水 3000 毫升，煎取 1000 毫升，加童便 1 碗兌服。用於治療棍棒打傷腳面致紅腫疼痛者。若破者，加三七粉 6 克、白芷粉 6 克、大黃炭 6 克，拌勻，撒於患處。

363

7. 少林金傷散

沒藥 15 克、乳香 15 克、血竭 9 克、蘇木 9 克、當歸 24 克、龍骨 15 克。

將以上藥物放瓷罐內，外用黃泥密封，用文火煅燒 5 炷香許停火，待涼後打開，取出，研粉，過羅。再入三七粉 30 克拌勻。

功能為止血止痛。用於治療金傷出血。

8. 摔傷醫治方

當歸 15 克、川芎 9 克、紅花 9 克、桃仁 9 克、赤芍 1.5 克、生地 6 克、生甘草 6 克、木香 1.5 克、三七 3 克。

將前 8 味藥加水煎服。三七研末沖服。

9. 緊那羅棍傷筋骨醫治方

麝香 1.5 克、車前子（油炸，去毛）120 克、紅花 150 克、桃仁 120 克、沒藥（醋製，去油）120 克、乳香（醋製，去油）120 克、地鱉蟲 60 克、麻黃 90 克、白芥子 60 克、當歸 90 克、川芎 90 克、自然銅（醋製）90 克、生甘草 60 克、血竭 30 克。

先取麝香單研成極細粉，後將餘藥共碾成細粉，全部混合拌勻。取蜂蜜 1300 克，煉至黃泡沫下，過濾後摻入藥粉，搓丸，如彈子大（每丸藥重 4.5 克），用蠟紙包，製盒密封，放陰涼乾燥處。成人每服 1 丸，每日服 2 次，用黃酒送下。用於治療傷筋動骨、棍棒擊後所致的皮膚紅腫、疼痛。孕婦禁用。

10. 楊家槍傷散

麝香 3 克、兒茶 60 克、沒藥（醋製）30 克、朱砂 30 克、乳香（醋製）15 克、馬燈草 30 克、白及 30 克、血竭 240 克、桃仁 30 克、赤芍 30 克、生大黃 30 克。

將以上藥物研成細粉（麝香單研），密藏。成人每日 2 次，每服 1.5 克，用黃酒 90 克送服，幼兒者酌減。外用時取藥粉適量撒於患處，或用白酒調成糊狀，塗於患處，效果更好。用於治療槍、劍、刀、戟、叉等擊傷。

11. 少林止血散

三七 9 克、血餘炭 9 克、白及 15 克、馬燈草 24 克。

將以上藥物研為細末，加梅片少許裝瓶。刀傷者將粉撒於患處包紮之，即能止血止痛。

內服者，3～5 劑即癒。忌大蒜、羊肉。

12. 棍傷頭部醫治方

桃仁 9 克、紅花 9 克、乳香 4.5 克、沒藥 4.5 克、血竭 4.5 克、當歸尾 15 克、地鱉蟲 9 克、自然銅（醋淬 7 次）9 克、白胡椒 1.8 克。

先將前 8 味藥研成細末，再加入白胡椒，用泉水 3000 毫升，煎至 500 毫升，泛上藥為丸，如綠豆大。成人每服 4.5 克，用黃酒沖服。用於治療棍棒致傷。凡破者撒上藥粉，未破者用白酒調成糊狀塗傷處，既可內服又可外用。孕婦禁用。

此方係緊那羅王所傳秘方。

13. 金傷癒傷丹

當歸 15 克、川芎 9 克、自然銅（醋煅）15 克、沒藥（醋製）6 克、乳香（醋製）9 克、豹骨 6 克、蘇木 9 克、地鱉蟲 9 克、穿山甲 6 克、甘草 6 克、虻蟲 4.5 克、失笑散 15 克。

將以上藥物研為末，加煉蜜 30 克，兌入適量米泔水和之，每稍放涼，加蒸半熟之小米，製丸，如豌豆大，晾乾密封。服 7 丸，用黃酒 60 克送下。

14. 癒將散

麝香 0.3 克、輕粉 0.6 克、枯礬 6 克、黃丹 6 克、松香 6 克、黃芩 6 克、梅片 0.6 克。

將以上藥物研末，裝瓶。金傷時先用鹽甘草水洗淨傷處，然後將藥面撒之，用紗布敷蓋，次日再用提毒膏敷貼。

15. 傷處已破者秘方

三七 9 克、血餘炭 1.5 克、麝香 0.3 克、白芷 1.5 克、花粉 1.5 克。

將以上藥物研成末，撒於傷處，血即止。

又方：當歸 15 克、川芎 6 克、乳香 4.5 克、沒藥 4.5 克、白芷 9 克、元胡 12 克、甘草 6 克、赤芍 9 克、金銀花 9 克、連翹 15 克。

將以上藥物加水煎，黃酒送服。用於擊傷破潰者。

16. 擊傷致疼痛不止醫治方

天麻 9 克、白芷 9 克、白附子 9 克、生南星 9 克、防風 9 克。

將以上藥物研為細末，加失笑散 30 克，和勻。每服 9 克，用熱白酒 1 盅調服，再取藥粉適量，用酒調成糊狀，敷於患處，1～2 日可癒。

17. 拳、棒傷筋醫治方

蝸牛 2 具，鱉頭 1 具。

共搗成漿，加入雞蛋清和之，敷於患處，3 日即癒。

18. 拳傷面部致紅腫醫治方

取肥豬肉半斤，黃花菜一大把，搗爛和之。敷於患處。

19. 拳擊太陽穴頭痛醫治方

當歸 30 克、川芎 9 克、白芷 9 克、山羊角（銼末沖服）9 克、細辛 3 克、紅花 15 克、桃仁 9 克、甘草 6 克。

將以上藥物加水煎服。

20. 少林七厘散

地鱉蟲（去頭、足）24 克、硼砂 24 克、蓬莪朮（醋炒）15 克、五加皮（酒炒）15 克、菟絲子 15 克、木香 15 克、五靈脂（醋炒）15 克、廣陳皮 15 克、生大黃 18 克、螻蛄 18 克、朱砂 12 克、猴骨 12 克、巴豆霜 6 克、三棱 9 克、青皮 9 克、赤芍（醋炒）6 克、烏藥 6 克、炒枳殼 6

克、當歸（炒）15 克、蒲黃、生地、熟地各 6 克、麝香 1.5克。

將以上藥物研為細末，以陳酒沖服。輕傷者每服 0.21克，重傷者每服 0.42 克，最重者每服 0.6 克。凡瘀血攻心者，服之即醒。

21.棍傷腰、頸醫治方

棍傷腰部：

當歸 30 克、紅花 15 克、川芎 9 克、自然銅（醋煅）6克、川牛膝 15 克、雞血藤 30 克、蘇木 9 克、大黃 9 克。

將以上藥物加水煎服。

棍傷頸部：

杏仁 5 個、桃仁 10 個、川黃連 15 克、血竭 1.5 克、花椒 0.9 克。

將以上藥物共搗為泥，敷之即止痛。

22.鞭傷肩部致腫痛醫治方

當歸 15 克、川芎 9 克、生蒲黃 3 克、川椒 0.6 克、澤蘭 9 克、紅花 9 克、桃仁 9 克。

將以上藥物加水煎，黃酒 30 克送服。

23.拳、械擊傷致全身腫疼醫治方

白芍 15 克、黃柏 9 克、丹參 30 克、劉寄奴 9 克、秦艽 9 克、雞血藤 15 克、松節 9 克、木瓜 9 克、木通 6 克、茯苓 9 克、紅花 9 克、川斷 9 克、川牛膝 15 克、生黃芪15克、甘草 6 克。

將以上藥物加水、酒各半，煎至 1 碗，加童便 1 杯。日服 2 次，約 3 日可癒。

24.摔傷散

血竭 3 克、兒茶 3 克、紅花 9 克、當歸 15 克、赤芍 6 克、龍腦 3 克、朱砂 1.5 克、桂心 1.5 克、附子 1.5 克。

將以上藥物研為細末，用白酒 30 克沖服。

25.少林藥捻

紫花地丁根、黃花菜根各 30 克、金銀花 24 克、乳香、沒藥各 9 克、兒茶 12 克、紅粉 15 克、輕粉 18 克、血竭 24 克、梅片 4 克、麝香 0.3 克。

先將前 3 味藥研成細粉，再將後 8 味藥分別研細，與前藥粉摻勻，取優質棉紙，卷成如綠豆粗細的 5 分、7 分、2 寸三種長短不同的藥捻，裝入瓷瓶內密封。用時先清除處患膿液，用冷鹽水洗滌，然後酌情將藥捻插入患處 1〜3 根，下勘直達患處基底。每 3 日換 1 次藥。一般 3 次膿盡，5 次生新，7 次癒合。功能為祛腐、解毒、生肌。用於治療金傷成膿、潰爛流水、瘡口泛青、久日不癒。

德禪法師云：「此方一能清熱瀉火、抗疫，二能消毒醫瘡。同時對疹腮、喉痧均有良好效果。」

26.少林五香酒

丁香、木香、乳香、檀香、小茴香各 9 克、當歸 30 克、川芎 24 克、紅花 15 克、蘇木 24 克、懷牛膝 24 克。

將以上藥物切成粗片，置瓷瓶內，加入優質白酒 0.5 公斤，用黃泥封固。每天震搖 3 次。10 天後埋入地下 3 尺。20 天後取出，濾出酒藥汁，再砸藥渣取盡藥汁，合併之。每服 1 小杯。也可外用塗於患處，內外合用效果更好。

功能為活血散瘀、消腫止痛。用於治療拳、械擊傷，局部紅腫疼痛、骨折脫位掣痛、皮膚青腫隆起，閃腰岔氣。

27. 止血萬應散囊

參三七 9 克、白芷 9 克、馬勃 9 克。

將以上藥物研為細粉，裝入竹囊。受傷出血時取出敷於患處，立可生效。

28. 解毒囊

生綠豆粉 30 克、金銀花 30 克、連翹 24 克、生甘草 9 克、黃花菜根 15 克。

將以上藥物研為細末，裝入竹囊。食物中毒者，可取出 9～12 克，用溫開水沖服，連服 3 次即癒。

29. 生肌囊

乳香（醋製）9 克、沒藥（醋製）9 克、白芷 9 克、黃芪 15 克、自然銅（醋淬 7 次）4.5 克、珍珠（豆腐製）0.6 克、赤芍 9 克、紅花 9 克、血竭 4.5 克、麝香 0.3 克、人中黃 1.5 克、冰片 0.6 克。

369

先取麝香、冰片分別單研，再將其餘藥物研細，摻入前者拌勻，裝入竹囊密封。局部受傷破損後，可取適量撒於患處，用少林護皮膏蓋之，每天換藥 1 次，可止血消腫止痛。若成痂者可用生香油調粉成膏，直接敷於患處，1～3 日即癒。

30. 醫瘡囊

白芷、金銀花各 9 克、連翹 6 克、紫花地丁 9 克、血竭 15 克、紅粉 6 克、輕粉 6 克、沒藥（醋製）9 克、乳香（醋製）9 克、川黃連 6 克、生甘草 6 克、麝香 0.6 克、冰片 0.6 克、大黃 9 克、黃柏 9 克、天花粉 15 克。

先取麝香、冰片、輕粉、紅粉分別置乳鉢內，單研成極細粉；再將其餘藥物研成細粉。兩者合併拌勻，裝入竹囊

內，密封。用於槍刀劍戟損傷，日久成瘡不癒者。如已破潰
流膿水者，可撒上藥粉，外敷少林護皮膏。如果未破或局部
嚴重紅腫，或已成瘡痂者，取生香油加適量生蜂蜜，調藥粉
成糊狀，敷於患處。每日1次，3～5日可癒。

31. 接骨續筋囊

杜仲（鹽炒）9克、續斷9克、川牛膝9克、破故紙6
克、三七9克、雞血藤6克、桃仁6克、舒筋草4.5克、透
骨草9克、當歸6克、赤芍9克、乳香（醋炒）4.5克、沒
藥（醋炒）4.5克、黃芪6克、生地9克、白芷9克、血竭
6克、自然銅（醋淬7次）6克、生雞蛋3枚。

將以上藥粉研為細末，裝入竹囊。如發生骨折，先復
位，然後取藥粉9克，用黃酒30克沖服。再取生雞蛋2～3
枚，用其蛋清，調藥粉敷於患處，用桐木薄板固定，以布條
纏之，每1炷香時辰加鬆1次，臥床養之。再配服加味桃紅
四物湯，15～30天可癒。

32. 蔥蜜膏

蔥白、香灰、白蜜各等份。

搗融，烘熱敷之。用於跌打損傷而致的腫痛難忍者。

33. 跌打外傷不收口醫治方

人指甲15克，用紅棗去核包之，以長髮若干根將棗捆
扎，同15克象皮共放瓦片上，炭火炙融成團，存性，加麝
香2.1克、冰片0.9克，共研細粉，加入香灰，收貯。用時
取藥粉撒於患處，甚效。

34. 跌打致傷風感冒醫治方

荊芥、黃蠟、魚鰾（炒黃色）各15克、艾葉3片、白
酒1碗，同煎之，待煎1炷香時，趁熱飲，汗出即癒。唯有

日內不得食雞肉。

35. 跌打內有積血大小便不通醫治方

當歸尾 6 克、生地、川芎、桃仁、大黃、紅花各 3 克。

將以上藥物加酒、水各半，煎服，不飲酒者無酒亦可。

36. 金傷潰膿日久不癒醫治方

浙貝母 30 克、花粉 30 克、白芷 15 克、川黃連 15 克、黃柏 12 克、生甘草 6 克。

將以上藥物研為細末，敷於患處。

37. 各種瘡毒醫治方

金銀花 12 克、紫花地丁 15 克、連翹 9 克、生地 15 克、白芷 9 克、蒲公英 30 克、生甘草 6 克。

將以上藥物加水煎服，黃酒 30 克（為引），每日 2 次。

371

38. 珍玉散

明天麻、羌活、防風、生南星（薑汁炒）、白芷各 15 克、白附子 30 克。

將以上藥物研為細末，收入小口瓷瓶，以蠟封口，不可泄氣。用時取藥粉以生香油調膏敷患處。用於治療跌打損傷已破口者。無論傷口大小，或傷口潰爛與否，甚或口眼喎斜、抽搐，只要心跳未停，皆可用此藥敷於傷口。如用熱酒或開水沖服，有起死回生之效。

39. 惡瘡醫治方

蝸牛、蟾酥墨、黃柏、浙貝母、生甘草各等份，冰片少許。

將以上藥物研為細末。如瘡已潰者，可將藥粉撒於患處。若未潰者，用優質白酒調成糊狀塗於患處。如配合內服

少林消毒湯，效果更佳。

40.傷口久流膿水醫治方

金銀花 30 克、連翹 30 克、白芷 9 克、乳香 6 克、沒藥 6 克、黃芪30 克、防風 6 克、赤芍 6 克、甘草 6 克。

將以上藥物加水煎服。藥汁飲盡，再飲優質白酒 1 盅。2～3 日膿漸退，顏色由青變紅。繼服 3 付癒。

41.少林消毒湯

蒲公英 30 克、鮮生地 30 克、紫花地丁根 30 克、貓兒眼 1 棵，生甘草 6 克。

將以上藥物加水煎至 1 碗，加白糖 30 克，放涼後 1 次飲下，連服 2 付。功能為清火毒、濕毒、瘡毒、疫毒。

42.少林傷科萬應散

生甘草、浙貝母、天花粉、滑石粉、黃柏炭、赤石脂各等份。

372

將以上藥物研為細末。先用淡鹽水洗瘡口祛腐，然後撒上藥粉，用少林千錘膏敷之即效。

五、少林膏藥

1. 少林傷科提毒膏

金銀花 15 克、麝香 0.3 克、輕粉 6 克、松香 6 克、紅粉 15 克、乳香 4.5 克、沒藥 4.5 克、自然銅（醋煅 7 次）6 克、雄黃 4.5 克、梅片 0.9 克。

將除麝香、紅粉、輕粉外的藥物，共碾成細粉，再把紅粉、輕粉同麝香共研細，摻勻，取香油適量調成糊狀，塗於患處，以白紗布蓋之。

2.少林回春膏

乳香 30 克、沒藥 30 克、蜈蚣 30 克、金銀花 150 克、連翹 150 克、紫花地丁 150 克、黃柏 150 克、白芷 150 克、穿山甲 150 克、兒茶 30 克、川黃連 150 克、生梔子 150 克、赤芍 150 克、豬苓 150 克、當歸尾 150 克、川芎 90 克、生黃芪150 克、生甘草 60 克、白薟 150 克、樟腦 30 克、輕粉 30 克、紅粉 30 克、鉛丹 90 克、梅片 9 克、血竭 30 克。

先將乳香、沒藥、輕粉、紅粉、樟腦、梅片、血竭、兒茶 8 味藥分別單研另包，再將餘藥砸成粗末，取麻油 12.5 公斤，倒入鐵鍋內，把砸成粗末的藥放入油內，炸枯時撈出藥渣。將藥油過濾再入鍋內，用文火熬煉，待藥油煉至滴水成珠（即藥油沸面清煙轉濃黑煙至白煙時），油花由鍋壁移於油鍋中心時，離火下丹。

每 300 克藥油下丹 110 克，下丹時，邊下邊攪，防止丹落鍋底和溢出。下丹完畢，立即用冷水噴灑油膏，待鍋中冒黑煙降溫後，將油膏分成小坨投入冷水中，浸泡 10～15 天，每天換水兩次，以去火毒。去盡火毒，再將麝香等 8 味細粉兌入油膏中（將油膏置鍋內，逐漸加溫，軟化後加入細粉和勻），後攤膏外用。用於治療金傷成瘡流膿水、日久不癒、時癢時痛、無名腫毒、陰陽惡瘡等。

德禪僧醫用此膏治療千餘人，一般 1～2 貼即癒，重者 3～5 貼癒，貼膏後患處發癢不可去掉。

3.少林千錘膏

杏仁 40 粒、桃仁 40 粒、生巴豆 7 個、陳銅綠 6 克、冰片 6 克、香油 150 克。

　　將前3味藥置於石槽內共搗（去皮）成泥狀，再取出放板上用錘砸細加入銅綠和冰片，同時摻入香油搓揉。傳曰錘1000棒，故名千錘膏。裝瓶封閉。用時敷於患處。用於治療無名腫毒，乳癰初起，紅腫疼痛。

　　德禪僧醫用此膏治癒數百人，一般敷1次即癒。先師素光圓寂前，對德禪近耳相囑：此方妙如神，不可輕易傳於無德之人。

4. 少林五仙膏

　　生甘草（去皮）60克、麝香0.6克、鉛丹6克、梅片0.6克、黃連30克。

　　先將黃連、甘草研為細末，再把餘藥粉和勻，取香油適量，把藥粉調糊，裝瓶備用，用時塗抹患處。用於治療癰疽、瘡毒、膿腫、疼痛。

5. 少林觀音膏

　　桂皮60克、桑枝30克、紅花30克、桃仁90克、乳香（醋製、去油）60克、沒藥（醋製，去油）60克、天花粉60克、白芷60克、大黃（酒製）60克、赤芍60克、木瓜60克、蘇木30克、牛膝60克、自然銅30克、舒筋草30克、丹皮30克、劉寄奴60克、木通30克、雞血藤60克、元胡（醋製）60克、兒茶60克、當歸60克、川芎45克、廣木香30克、輕粉30克、紅粉30克、麝香30克、生甘草30克、鉛丹300克、冰片15克。

　　先將乳香、沒藥、自然銅、兒茶、紅粉、麝香、冰片、鉛丹8味藥單研另包，再將桂枝等22味藥砸成粗末，取6斤香油炒枯。撈去殘渣過濾後用文火慢熬，使藥油浮面由青煙轉成膿黑煙，再轉成白煙，油花由鍋壁移到油鍋中心時，

取藥油試之。若滴水成珠不散時，離火下丹。每300克藥油，約下丹105克。下丹時邊下邊攪，然後用冷水噴入油鍋中，待溫度降至不燙手時，將油膏分成小坨投入冷水中浸漬，每天換2次冷水，共浸15天，以去火毒。最後將油膏製鍋內溫化，兌入麝香等8味細料，揉細攤膏即可。

用於治療拳、械擊傷、脫臼骨折、紅腫疼痛、日久成瘡、已潰未潰、筋拘難伸、行動困難、腰痛腿痛。

德禪僧醫的師爺貞俊用此膏治療上千人次，聞名偃師、鞏縣、登封、臨汝等縣。人謂「少林神膏」。德禪僧醫用此膏也治癒跌打損傷、傷筋動骨、腰腿疼痛患者500餘人，實有神靈之驗。

6. 少林白衣菩薩膏

當歸頭30克、赤芍、白芍各30克、紅花30克、黑丹皮30克、乳香（醋製）45克、沒藥（醋製）45克、穿山甲45克、生牡蠣45克、兒茶45克、廣木香15克、南丁香6克、生甘草21克、輕粉30克、紅粉30克、桃樹枝60克、柳樹枝60克、梅片9克、桂枝30克、鉛丹300克、麝香30克。

依製少林觀音膏法製膏。用於治療武打傷筋動骨、跌打動損、骨折脫臼、跌仆閃腰、血瘀腫疼、碰傷摔傷。

德禪僧醫用此膏治療跌打損傷、閃腰岔氣、跌仆、傷筋動骨或金瘡等600餘例，療效甚佳。尤其對於跌打損傷、血瘀腫痛者，有貼之痛止的效果。

7. 少林八仙膏

生黃芩30克、生南星30克、生草烏24克、生甘草15克、貝母24克、川黃連15克、豬牙皂9克、梅片2.8克、

生香油 225 克。

　　先將除梅片外的 7 味藥碾成細粉，梅片另研，與諸藥混勻，取香油與藥粉調成流浸膏，裝入瓷瓶內密封。用時先清除患部膿腐，再用鹽開水洗滌 3 遍，然後塗抹藥膏，用白紗布蓋之。每日更換 1 次，10 日即癒。用於治療金械所傷、成膿潰爛、日久不癒。

　　德禪法師用此法曾治癒各種瘡癰潰破、久日不癒的患者近 500 名，效果甚佳。

大展出版社有限公司
品冠文化出版社　圖書目錄

地址：台北市北投區(石牌)　　　電話：(02) 28236031
　　　致遠一路二段 12 巷 1 號　　　　　28236033
郵撥：01669551＜大展＞　　　　　　　28233123
　　　19346241＜品冠＞　　　傳真：(02) 28272069

・熱門新知・ 品冠編號 67

・名人選輯・ 品冠編號 671

・圍棋輕鬆學・ 品冠編號 68

7. 中國名手名局賞析	沙舟編著	300 元
8. 日韓名手名局賞析	沙舟編著	330 元
9. 圍棋石室藏機	劉乾勝等著	250 元
10. 圍棋不傳之道	劉乾勝等著	250 元
11. 圍棋出藍秘譜	劉乾勝等著	250 元
12. 圍棋敲山震虎	劉乾勝等著	280 元
13. 圍棋送佛歸殿	劉乾勝等著	280 元
14. 無師自通學圍棋	劉駱生著	280 元

·象棋輕鬆學· 品冠編號 69

1. 象棋開局精要	方長勤審校	280 元
2. 象棋中局薈萃	言穆江著	280 元
3. 象棋殘局精粹	黃大昌著	280 元
4. 象棋精巧短局	石鏞、石煉編著	280 元

·智 力 運 動· 品冠編號 691

1. 怎樣下國際跳棋國際跳棋普及教材(上)	楊永編著	220 元

·鑑 賞 系 列· 品冠編號 70

1. 雅石鑑賞與收藏	沈泓著	680 元
2. 印石鑑賞與收藏	沈泓著	680 元
3. 玉石鑑賞與收藏	沈泓著	680 元

·休 閒 生 活· 品冠編號 71

1. 家庭養蘭年年開	殷華林編著	300 元

·生 活 廣 場· 品冠編號 61

1. 366 天誕生星	李芳黛譯	280 元
2. 366 天誕生花與誕生石	李芳黛譯	280 元
3. 科學命相	淺野八郎著	220 元
4. 已知的他界科學	陳蒼杰譯	220 元
5. 開拓未來的他界科學	陳蒼杰譯	220 元
6. 世紀末變態心理犯罪檔案	沈永嘉譯	240 元
7. 366 天開運年鑑	林廷宇編著	230 元
8. 色彩學與你	野村順一著	230 元
9. 科學手相	淺野八郎著	230 元
10. 你也能成為戀愛高手	柯富陽編著	220 元
12. 動物測驗—人性現形	淺野八郎著	200 元
13. 愛情、幸福完全自測	淺野八郎著	200 元

14. 神奇新穴療法	吳德華編著	200元
15. 神奇小針刀療法	韋丹主編	200元
16. 神奇刮痧療法	童佼寅主編	200元
17. 神奇氣功療法	陳坤編著	200元

・常見病藥膳調養叢書・ 品冠編號 631

1. 脂肪肝四季飲食	蕭守貴著	200元
2. 高血壓四季飲食	秦玖剛著	200元
3. 慢性腎炎四季飲食	魏從強著	200元
4. 高脂血症四季飲食	薛輝著	200元
5. 慢性胃炎四季飲食	馬秉祥著	200元
6. 糖尿病四季飲食	王耀獻著	200元
7. 癌症四季飲食	李忠著	200元
8. 痛風四季飲食	魯焰主編	200元
9. 肝炎四季飲食	王虹等著	200元
10. 肥胖症四季飲食	李偉等著	200元
11. 膽囊炎、膽石症四季飲食	謝春娥著	200元

・彩色圖解保健・ 品冠編號 64

1. 瘦身	主婦之友社	300元
2. 腰痛	主婦之友社	300元
3. 肩膀痠痛	主婦之友社	300元
4. 腰、膝、腳的疼痛	主婦之友社	300元
5. 壓力、精神疲勞	主婦之友社	300元
6. 眼睛疲勞、視力減退	主婦之友社	300元

・休閒保健叢書・ 品冠編號 641

1. 瘦身保健按摩術	聞慶漢主編	200元
2. 顏面美容保健按摩術	聞慶漢主編	200元
3. 足部保健按摩術	聞慶漢主編	200元
4. 養生保健按摩術	聞慶漢主編	280元
5. 頭部穴道保健術	柯富陽主編	180元
6. 健身醫療運動處方	鄭寶田主編	230元
7. 實用美容美體點穴術＋VCD	李芬莉主編	350元
8. 中外保健按摩技法全集＋VCD	任全主編	550元
9. 中醫三補養生	劉健主編	300元
10. 運動創傷康復診療	任玉衡主編	550元
11. 養生抗衰老指南	馬永興主編	350元
12. 創傷骨折救護與康復	鍾杏梅主編	220元
13. 百病全息按摩療法＋VCD	王富春主編	500元
14. 拔罐排毒一身輕＋VCD	許麗編著	330元

15. 圖解針灸美容　　　　　　　　王富春主編　350元
16. 圖解針灸減肥　　　　　　　　王富春主編　350元

·健康新視野· 品冠編號651

1. 怎樣讓孩子遠離意外傷害　　　高溥超等主編　230元
2. 使孩子聰明的鹼性食品　　　　高溥超等主編　230元
3. 食物中的降糖藥　　　　　　　高溥超等主編　230元
4. 開車族健康要訣　　　　　　　高溥超等主編　230元
5. 國外流行瘦身法　　　　　　　高溥超等主編　230元

·少 年 偵 探· 品冠編號66

1. 怪盜二十面相　　　（精）　江戶川亂步著　特價189元
2. 少年偵探團　　　　（精）　江戶川亂步著　特價189元
3. 妖怪博士　　　　　（精）　江戶川亂步著　特價189元
4. 大金塊　　　　　　（精）　江戶川亂步著　特價230元
5. 青銅魔人　　　　　（精）　江戶川亂步著　特價230元
6. 地底魔術王　　　　（精）　江戶川亂步著　特價230元
7. 透明怪人　　　　　（精）　江戶川亂步著　特價230元
8. 怪人四十面相　　　（精）　江戶川亂步著　特價230元
9. 宇宙怪人　　　　　（精）　江戶川亂步著　特價230元
10. 恐怖的鐵塔王國　　（精）　江戶川亂步著　特價230元
11. 灰色巨人　　　　　（精）　江戶川亂步著　特價230元
12. 海底魔術師　　　　（精）　江戶川亂步著　特價230元
13. 黃金豹　　　　　　（精）　江戶川亂步著　特價230元
14. 魔法博士　　　　　（精）　江戶川亂步著　特價230元
15. 馬戲怪人　　　　　（精）　江戶川亂步著　特價230元
16. 魔人銅鑼　　　　　（精）　江戶川亂步著　特價230元
17. 魔法人偶　　　　　（精）　江戶川亂步著　特價230元
18. 奇面城的秘密　　　（精）　江戶川亂步著　特價230元
19. 夜光人　　　　　　（精）　江戶川亂步著　特價230元
20. 塔上的魔術師　　　（精）　江戶川亂步著　特價230元
21. 鐵人Q　　　　　　（精）　江戶川亂步著　特價230元
22. 假面恐怖王　　　　（精）　江戶川亂步著　特價230元
23. 電人M　　　　　　（精）　江戶川亂步著　特價230元
24. 二十面相的詛咒　　（精）　江戶川亂步著　特價230元
25. 飛天二十面相　　　（精）　江戶川亂步著　特價230元
26. 黃金怪獸　　　　　（精）　江戶川亂步著　特價230元

·武 術 特 輯· 大展編號10

1. 陳式太極拳入門　　　　　　　馮志強編著　180元
2. 武式太極拳　　　　　　　　　郝少如編著　200元

國家圖書館出版品預行編目資料

少林三絕 氣功、點穴、擒拿／德虔 編著
－初版－臺北市，大展，2003 [民 92]
面；21 公分－（少林功夫；3）
ISBN 978-957-468-209-6（平裝）

1. 少林拳
528.97   92002930

【版權所有・翻印必究】

少林三絕 氣功、點穴、擒拿

著　　者／德　　虔
責任編輯／張　清　垣　　何　芳　桂
發 行 人／蔡　森　明
出 版 者／大展出版社有限公司
社　　址／台北市北投區（石牌）致遠一路 2 段 12 巷 1 號
電　　話／(02) 28236031・28236033・28233123
傳　　真／(02) 28272069
郵政劃撥／01669551
網　　址／www.dah-jaan.com.tw
E-mail／service@dah-jaan.com.tw
登 記 證／局版臺業字第 2171 號
承 印 者／傳興印刷有限公司
裝　　訂／建鑫裝訂有限公司
排 版 者／弘益電腦排版有限公司
授 權 者／北京體育大學出版社
初版 1 刷／2003 年（民 92 年）4 月
初版 2 刷／2010 年（民 99 年）9 月　　　　　　定價／300 元

●本書若有破損、缺頁敬請寄回本社更換●

大展好書　好書大展
品嘗好書　冠群可期

大展好書　好書大展

品嘗好書　冠群可期